복면을 한 운명

복면을 한 운명

릴케의 고통의 해석과 인문학

김재혁

고려대학교출판부
KOREA UNIVERSITY PRESS

프롤로그

시인은 속이는 사람.
어찌나 감쪽같이 속이는지
자신이 느끼는 고통마저도
은근슬쩍 속여 넘긴다네.
— 페르난두 페소아(1888-1935)

1

서양에서 중세의 필사본과 관련하여 쓰는 말 중에서 "팔림프세스트Palimpsest"라는 낱말이 있다. 그리스어의 "Πάλιν(*palin*)" 즉 "다시"라는 말과 "ψάειν(*psaein*)" 즉 "문지르다" 또는 "문질러 벗겨내다"라는 말을 합쳐서 만든 복합어이다. 우리말로는 재록양피지라고 한다. 양피지가 귀하던 시절에 앞사람이 써놓은 글을 지우고 거기에 자신의 글을 적는 행위에서 나온 표현이다. 대체로 신약성경이 양피지로 많이 제작되었기 때문에 성경의 글귀를 지우고 거기에 성직자가 자신이 설교할 내용을 적는 경우가 많았다. 그러나 현재의 과학기술로 이 양피지를 비추어보면 거기에 숱하게 쓰고 지운 흔적들이 한꺼번에 다 드러

재록양피지의 한 예

난다.《어느 영국인 아편쟁이의 고백》을 쓴 영국의 작가 토마스 드 퀸시(1785-1859)는 인간의 기억력을 이와 같은 재록양피지에 비유했다. 인간의 기억력은 지우고 쓰는 것의 반복이기 때문이다. 작가의 입장에서 다시 벗겨서 지운다는 것은 일단은 창작 행위를 뜻한다. 하지만 그런 글쓰기의 바탕엔 무의식적으로 무언가가 작용하고 있다. 글쓰기는 다른 것의 존재를 전제로 한다는 뜻이다. 서양이나 동양의 많은 시문학 중 전대의 것 없이 완전히 새롭게 태어난 것은 없다.

실제로 문학작품을 읽다보면 많은 시인과 작가들 사이의 유사한 사고와 표현 방식들과 마주친다. 하나만 놓고 보면 그 자체로 아주 독특하여, 때로는 해석을 거부하기까지 하지만, 다른 것과 비교하여 영향관계와 유사성을 따지면 그 구절이 품고 있는 뜻을 어렵지 않게 가늠할 수 있다. 이렇게 비교를 한다는 것은 세계를 이해하고 세계와 소통하는 한 방식이다. 나와 너를 비교하고, 또 제삼자끼리의 비교를 통하여 세계를 이해하는 것은 인간이 가진 세계 이해의 본성에 가깝다고 할 것이다. 세계 속의 존재가 주변의 영향에서 벗어나기 어렵고 또 그 영향 아래서 성장하고 독창적인 창조를 해나간다는 것은 분명하다. 세계 속에 위치한 인간 존재는 세계를 해석하여 자기의 것으로 내화하려 한다. 여기에 예술의 기본 충동이 있다.

우리에게 널리 알려진 작곡가 펠릭스 멘델스존(1809-1847)은 그의 대작〈스코틀랜드 교향곡〉을 완성하는 데에 꼬박 13년의 시간을 바쳤다. 글래스고와 에딘버러 등지를 여행하고 스코틀랜드의 이국적 풍광과 역사를 익히면서 그 안의 모든 것을 그는 음악으로 번역했다. 글래스고에 부는 바람, 헤브리디스 제도의 동굴, 에딘버러에 내리는 비, 우레처럼 밀려오는 파도, 메리 여왕의 궁전 등 모든 것이 그의 손길 아래 음악으로 전이되면서 그곳의 자연과 인간, 역사 속의 아름다움과 슬픔, 고뇌는 음표들의 조화 속에서 음악으로 되살아났다.

이 모든 것의 출발점은 낯설고 새로운 것에 대한 예술가적 관심과 사랑이었고 자연에서 예술언어를 찾아내려는 열정이었다. 그리고 거기서 통일성을 찾아 새로운 미학을 만들어내고자 하는 지혜가 뒷받침이 되었다.

문학 역시 시인이 남긴, 자연과 인간 그리고 역사와의 소통의 흔적이다. 멘델스존이 음표로 옮겼던 것들을 문학은 문자로 옮긴다. 그렇기 때문에 문학작품 속에는 시인이 겪어낸 고뇌의 침전물들이 일일이 문자로 번역되어 있다. 독자들은 시인이 겪었던 고뇌의 흔적을 읽으며 시인의 영혼과 소통하고, 이미 시인은 우리가 앓을 병을 대신 앓아준다. 독자들은 현실의 압박감을 시인을 통해 벗어나기도 하며 현실에서 경험하기 어려운 색다른 인생을 배우기도 한다. 한마디로 시인은 독자와 하나의 인간이라는 사실을 연대한다. 일종의 유사요법을 통하여 독자는 약간의 고통을 이겨내고 그 결과로 새로운 삶의 활기를 찾아내는 것이다. 이 모든 것의 바탕에는 인간적 소통을 향한 염원이 깔려 있다.

2

유명한 외국 시인의 경우 그 이름을 많이 들어서 이미 익히 다 알고 있다고 느낄 수도 있다. 그렇다면 질문을 해보자. 라이너 마리아 릴케(1875-1926)의 《말테의 수기》는 끝까지 다 읽어봤는가? 무엇을 느꼈는가? 큰 홀에서 가족들이 식사를 하는 중에 나타나는 오래전에 죽은 소녀는 무슨 의미인가? 릴케에게 고통에 빠진 파리의 거지들과 그 자신의 어린 시절은 왜 묘사의 대상이 되는가? 수많은 역사 이야기들은 무엇인가? 릴케는 《말테의 수기》 집필 시 프랑스의 어떤 시인에게서 힌트를 얻었는가? 반면 장 폴 사르트르(1905-1980)는 릴케의 어떤 작품에서 자극을 받아 《구토》를 지었는가? 《말테의 수기》를 릴케는 왜 스스로 《두이노의 비가》를 위한 "거푸집"이라고 했는가? 이런 일련의 물음을 물어갈 때 시인에게 가장 중요한 것은 무엇인가? 그것은 인간에게 주어진 도구, 바로 언어이다. 그리고 그것의 바탕이 되는 시적 사유이다. 이런 사유와 언어에 이르게 되는 바탕은 무엇인가? 그것은 지금의 자기를 바꾸기 위한 처절한 변모의 꿈이었다.

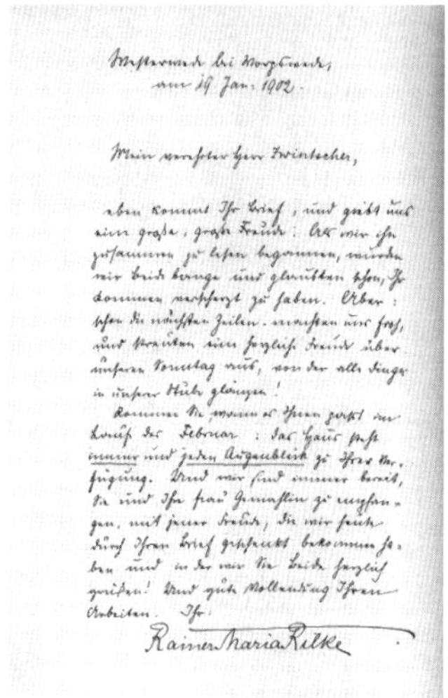

화가 오스카 츠빈처(1870-1916)에게 보낸 릴케의 편지.

릴케의 동시대 독자들은 그의 작품에서 감동과 위안을 받아 시인에게 자신의 고민을 털어놓는 편지를 썼으며 그로부터 푸른 편지지에 아름다운 필치로 정성껏 쓴 답장을 받아보았다. 릴케의 편지에는 늘 동일한 잉크와 색깔이 들어갔다. 그만의 컬러와 개성을 지키려는 생각이 그 안에 있었기 때문이다. 편지는 두 사람이 마음 안쪽의 길을 은밀하게 함께 산책하는 것이다.

왜 사람들은 릴케에게서 감동과 위안을 느꼈을까? 독일의 실존철학자 하이데거가 말했듯이 현대인의 불안과 신을 잃은 시대의 고통과 존재의 아픔을 이처럼 시로써 형상화한 예가 없기 때문이라고 말할 수도 있겠지만, 나는 이렇게 답하고 싶다. 우리의 생의 소망들을 향해 은근히 말을 거는 그의 시 속에는 바로 한 인간으로서의 생 앞의 겸허함과 진솔함이 들어 있기 때문이라고. 실제 릴케의 글들은 그 자신이 편지에서 표현한 대로 "몸소 위험에 처했던 상황"을 통해서 생겨났다. 자신을 표현하는 진실성이 공감의 객관성을 담보해준 것이다. 많은 여류 예술가들은 릴케의 이 같은 진실한 모습에서 자신들의 정신적 멘토를 발견했다. 열아홉 살 때 이미 다음 같은 내용의 편지를 썼던 릴케였다. "제가 바라는 유일한 은총은 제 작품들이 어여쁜 여인들의 가슴속에 가서 부드러운 반향을 일으켰으면 하는 것입니다." 약간은 치기 어린 내용을 담고 있지만 아무튼 훗날 시인의 삶에서 이 바람은 그 현실적 실현을 본다. 프랑스 상징주의 시인 샤를 보들레르(1821-1867)의 말대로 절대적 솔직함이 가장 독창적인 것인지도 모른다.

《말테의 수기》, 소리로 듣는 책.

우리가 릴케를 사유의 대상으로 삼는 이유는 그에게서 스스로를 소모해가면서 점점 더 발전해가는 한 인간의 전형을 보기 때문이다. 그는 어릴 적부터 천재성을 발휘했던 오스트리아 시인 후고 폰 호프만스탈(1874-1929)과 달리 시인의 도구인 언어에 대하여 철저하게 연구하여 자기만의 세계를 개척한다. 호프만스탈이 나중에까지 답보 상태에 머물렀던 반면 릴케는 발전에 발전을 거듭하여 독일 현대시의 완성자라는 평가를 받게 되었다. 그러므로 혹자가 "릴케 속에 무엇이 있느냐?"고 묻는다면, 자신의 삶을 몽땅 미학적 대상으로 삼은 시인이 있다고, 그리고 시적 진정성(眞情性)을 추구했던 한 치열한 인간이 있다고 할 것이다. 나는 이 책을 통해 릴케의 언어가 어떻게 단단하게 여물어 가는지, 그 과정을 그의 삶과 엮어서 보여줄 생각이다. 다시 말해 나의 라이트모티브는 릴케의 시어의 견고화 과정이다. 슈테판 츠바이크가 릴케를 위한 추도사에서 말했듯이.

> 그는 결코 다할 수 없는 언어의 성당을 지으려 했던 경건한 석공입니다.
> 그는 이 모든 위대한 작업을 묵묵히 수행해왔습니다.

릴케는 자신의 언어를 탄탄하게 하기 위해 늘 인접 예술, 특히 조형예술과 깊은 관계를 맺었다. 그의 주변에 있던 수많은 화가와 조각가들이 이를 말해준다. 결혼 직후 미술평론을 써서 먹고 살려고 했던 일, 독일 브레멘 근교에 있는 보르프스베데의 화가들과 사귀었던 일, 파리로 조각가 오귀스트 로댕(1840-1917)을 찾아가 그의 비서가 되어 일하면서 로댕 전기를 썼던 일, 세잔과 고흐에 대해 열광했던 일, 제1차 세계대전 중 여류 화가 루 알베르 라사르(1885-1969)와 뮌헨 근교에서 동거했던 일 등등 그의 삶과 예술에서 조형예술의 존재는 항상 그의 영혼 주위로 부는 바람과 같았다. 그러므로 우리는 릴케의 시를 살피면서 늘 조형미에 시선을 두지 않을 수 없다. 네덜란드의 역사학자이자 문화학자인 요한 호이징가가 《호모 루덴스》에서 말한 것처럼 시인은 이미지를 가지고 놀이를 하는 사람이기 때문이다. 이미지에 어떤 신비스런 외관이 얹히는지 파악해 보면 우리는 그 과정에서 시인의 많은 비밀을 캘 수 있을 것이다. 조형적 이미지 속에는 성찰이 생존하고 사유가 집을 짓는다. 헤럴드 블룸의 다음 말은 왜 우리가 릴케를 읽어야 하는지 다시금 확인해준다.

> 독일어로 쓴 문학이 강한 서정시의 전통을 지니며 시종일관 산문 서술과 희곡보다 굳건한 위치에 있는 것은 놀라운 일이다. 괴테 이전에도 있었지만 릴케의 명성으로 입증되었고 유럽 대륙에선 아직 그에 맞설 시인이 없다.
>
> – 헤럴드 블룸, 《세계문학의 천재들》(이정원 옮김)

프라하의 길모퉁이에서 그리고 뮌헨의 '영국 정원' 정문 앞에서 누군가에게 선물하려고 꽃을 들고 서성이던 시인은 이제 수많은 독자들의 가슴속을 흰 장미를 들고 거닐고 있다. 시인은 우리에게 우리의 늙지 않는 기억과 소중한 추억을 풍요롭게 다시 만날 기회를 준다. 시인의 말 속에는 이를 위한 진실한 이미지가 살아 있기 때문이다. 릴케가 우리에게 건네주는 꽃을 생생하게 되살리는 것은 시인의 고독한 삶의 터전을 둘러보며 우리의 의식의 한계를 벗어나 그것을 향유할 줄 아는 우리의 몽상의 힘이다. 릴케의 시가 우리에게 진정한 예술이란 무엇인지를 알려주기를 기대한다.

3

이제 우리는 릴케의 시의 정원을 따라 함께 산책을 하면서 인생의 고뇌를 함께 가슴으로 공감해보고자 한다. 초기에서 후기에 이르는 중요한 시들을 한 편 한 편 함께 읽고 또 그러는 가운데 시인의 삶과 사랑, 시 쓰기의 비밀, 고독과 방랑, 행복한 책 읽기 등의 이정표를 거치면서 릴케의 세계 속으로 한 걸음 한 걸음 걸어들어 가려 한다. 릴케의 고향 보헤미아와 그곳에서 보낸 어린 시절과 젊은 시절에 눈길을 주고, 독일 뮌헨에서 만난 루 안드레아스 살로메와의 사랑도 살펴보고 당시 젊은 예술가들이 함께 모여 살며 작품활동을 했던 독일 북부 브레멘 근교의 보르프스베데 예술가촌에도 들르고 조각가 로댕의 아틀리에로도 찾아갈 생각이다. 만년의 대작《두이노의 비가》를 우리말로 옮겨 보는 현장을 직접 방문해보고, 또한 우리에게 너무나 잘 알려져 있지만 그 뜻을 헤아리기 어려운 그의〈묘비명〉도 새로운 각도에서 살펴본다.

어느 고뇌에 빠진 젊은 영혼이 보내온 총 10통의 편지에 대하여 시인이 진심 어린 답변을 써준 기록인《젊은 시인에게 보내는 편지》의 주요 부분도 발췌하여 읽어가면서 시인의 마음과 눈빛을 직접 대해 본다. 나는 왜 글을 써야 하는가, 시인으로서의 인내와 고독은 무엇인가, 젊은이에게 찾아오는 사랑은 어떻게 견디어내야 하는가, 인간에게 중요한 자신에 대한 정체성이란 무엇인가, 신은 왜 믿는가, 정말 신은 존재하는가, 무엇을 위해 살아야 하나 등에 대한 생각이 깊고 넓게 펼쳐진다. 이 편지들은 어찌 보면 이 시대를 살아가는 젊은 영혼들을 향한 공개서한과 같다.

그리고 릴케가 남긴 2천여 편의 시 작품들 중에서 스물여섯 편의 시를 엄선하여 한 편씩 간단한 시평과 곁들여 읽으면서 릴케 시의 깊이와 아름다움을 함께 향유하려 한다. 이 시들은 릴케의 시적 변모의 과정을 잘 보여주는 명품들이다. 젊은 날의 모습에서 청년의 얼굴, 그리고 끝으로 장년의 영혼에 이르기까지의 변화를 추적하면, 보잘것없던 체코 프라하의 어리바리했던 한 청년이 나중에 가서 대시인으로 거듭나는 모습이 나타날 것이다. 시는 본디 마음의 프리즘으로 읽어내는 것이 정답이다. 아침에 읽었을 때 다르고 저녁에 읽었을 때 다르다. 나이에 따라 다르게 느껴지는 것도 당연하다. 여기의 이 글은 그러한 여러 읽기 가능성들 중의 하나이다. 확정된 정답은 없다.

필자가 30년 넘게 시를, 그리고 릴케를 공부해오면서 관심을 가져온 것은, 시의 눈[眼]을 어디서 찾아야 하며 어디에 해석의 포인트를 두어야 좋은가 하는 것이었다. 이 책은 시를 즐길 수 있는 열쇠가 되는 시의 눈을 찾아서 릴케의 시의 정원을, 그의 마음의 들판을 누빈 흔적들이다. 시인과 독자 사이를 주선하고 다리를 놓는 중개자의 역할을 나는 기꺼이 떠맡으려 했다. 이 책을 쓰기 위해 새로운 자료들을 많이 찾아서 읽었다. 세계릴케학회에서 발행하는《릴케학회지*Blätter der Rilke-Gesellschaft*》의 최신호들을 비롯하여 독일과 미국에서 새로 출간된 릴케 자료들을 참조하여 이 책에 신선함을 주려 노력했다. 신선함은 종래에 알려진 사실들에 예각을 주거나 릴케의 생과 문학의 이해를 돕는 데 빠져 있던 그림들을 채워 넣는 식으로 이루어졌다. 우리에게 이미 친숙한 릴케의 모습에서 새로움을 발견하도록 구체적인 자료를 제시하고 릴케에 대한 더 심도 있는 사유가 전개되도록 그간의 미적 발견의 소산들을 글에 삼투시키려고 오래도록 손질을 거듭했다. 릴케에게 관심 있는 독자가 책 곳곳에서 새롭고 흥미로운 사실들과 마주하게 되면 좋겠다. 이 책을 통해 기존의 릴케상에서 지워져 있던 부분이 새롭게 복원되고 나아가 더욱 색색하게 독자의 가슴에 아로새겨지기를 기대해본다.

이 책의 제목 "복면을 한 운명"은 릴케가 시적 언어에 대해 본격적으로 고민을 하던 시기에 쓴 시 〈장미 화반〉에서 가져왔다. 릴케는 인생과 시를 향하여 노래한다. "저 바깥의 세계를,/바람과 비와 봄의 인내와/죄와 불안과 복면을 한 운명과/저녁 대지의 어둠과/구름의 변화와 도주와 떠감과/먼 별들의 영향까지를/한줌의 내면적인 것으로 바꾸는 것을 뜻한다면."이라고. 이 구절은 모든 생명체가 얼마나 주변의 많은 영향 속에 있는지를 보여주고 또 한 사람의 시인이 얼마나 많은 세상의 빛과 어둠을 받아 한 송이의 장미로 빨갛게, 아름답게 피어나는지를 증거한다. 시인뿐만 아니라 우리 인간은 모두 살아가며 주변의 영향을 받으면서 늘 "복면을 한 운명"과 마주하고 있다. 멀리서 다가오는, 하지만 알 수 없는 불안의 그 빛이 우리의 생의 빛깔을 짙게 물들인다. 캄캄한 밤, 복면을 한 자객처럼 쳐들어오는 운명 앞에서 우리는 늘 불안하다. 그 불안의 빛을 릴케는 노래한다. 릴케는 고통에 싸여 있던, 번잡한 주변 환경 속에 스스로를 낯설게 느꼈던 파리 시절에 "불안으로부터 사물을 만든다."고 했다. 불안은 시인에게 시의 소재를 이루는 천연섬유와 같다. 이제 온갖 번뇌와 불안을 견디어내고서 릴케가 부르는 "복면을 한 운명"의 노래를 들어볼 차례다. 우리는 릴케가 이승에서 한 생을 보내며 겪었던 고통들을 해석하게 될 것이다.

2014년의 초가을
북악산 발치에서
김재혁

차례

제1부

"인생엔 초보자를 위한 학급 같은 것은 없어.
세상은 우리에게 늘 다짜고짜로 가장 어려운 것들을 요구하거든."

《말테의 수기》 중에서

오스트리아에서 1976년에 발행한 릴케 사거 50주년 기념우표.
젊은 시절의 당당한 모습을 그려 넣었다. 그의 머리와 어깨 위쪽으로 다채롭게
뻗어나가는 유겐트슈틸풍의 나무와 꽃 모양이 이채롭다.
오스트리아령 체코 프라하에서 유년기와 청년기를 보낸 그를 기리는 듯하다.

행복한 책 읽기

책은
읽는 사람의 능력에 따라
운명이 좌우된다.
—테렌티아누스 마우루스

1

릴케는 평생을 통하여 책을 읽는 데에 많은 시간을 할애했다. 그의 하루 일과를 살펴보면, 그는 창작을 하느라 밤늦게 잠자리에 드는 까닭에 하루 일과를 느지막이 아침 10시쯤 시작해서 모닝커피 한 잔을 마시고 나서 독자나 지인들로부터 온 편지를 읽고 답장을 쓰고, 이어 산책을 하고 돌아와 식사를 한 뒤 오후에는 저녁시간까지 내내 독서를 했다. 릴케는 상대에게 좀 긴 편지를 쓰게 되면 그 즈음에 주문해놓았거나 읽은 책들에 대한 이야기를 빠뜨리지 않았다.《젊은 시인에게 보내는 편지》에서 밝혔듯이 릴케가 평생 손에 지니고 다녔던 책은 성경과 섬세한 영혼의 움직임을 그려낸 덴마크 작가 옌스 페터 야콥센(1847-1885)의 작품이었으며, 당시 문학사가 노베르트 폰 헬링라트(1888-1916)에 의해 새로운 발견의 분위기 속에 있던, 고전주의와 낭만주의 사조의 경계를 뛰어넘은 독자적인 시인 프리드리히 횔덜린(1770-1843)에게도 심취했고, 러시아에 대한 깊은 관심을 가지고 도스토옙스키에게도 열정을 쏟았다.

19세기 말엽엔 독일에서 덴마크, 노르웨이, 스웨덴 등 스칸디나비아 문학이 현대문학의 선구로서 큰 역할을 하고 있었는데, 야콥센의 문학, 특히 소설《닐스 뤼네》는 릴케에게《말테의 수기》집필 시에 영감을 주었다.[1] 예술가인 주인공이 자아를 찾아가는 과정에서 드러나는 존재의 불안과 번뇌의 과정이 두 작품에서 유사하게 전개된다. 1904년 2월 14일에 스웨덴의 여류 작가인 엘렌 케이(1849-1926)에게 보낸 편지를 보면 릴케가 이 작가에게 얼마나 열광했는지 여실히 드러난다.

> 야콥센, 사람들이 이제는 망각한 옌스 페터 야콥센이 준 영향은 참으로 지대합니다. 내가 가장 사랑하고 가장 가깝게 느끼고 내게 누구보다 가장 많은 것을 준 사람. 그분은 다함이 없는 사람입니다.

릴케와 야콥센 모두 주인공의 내면의 풍경을 적나라하게 펼쳐 보인 작가들이다. 그리고 성경, 특히 구약은 하느님의 창세와 관련하여 시인으로서 자연풍경을 대하는 릴케의 눈길에 큰 영향을 주었다. 릴케가 스페인을 여행하며(1912년 11월 초부터 1913년 2월 말까지) 톨레도에서 받았던 원초적 느낌과 구약 창세기에 묘사된 하느님의 힘이 바로 그것이다.

체코의 프라하 대학과 뮌헨 대학, 베를린 대학 등을 잠깐 잠깐씩 전전하다 대학을 정상적으로 졸업하지 못한 릴케는 늘 독서의 필요성을 느꼈다. 루 살로메에게 보낸 한 편지에서 릴케는 자신의 독서의 결손에 대해 이렇게 이야기한다.

---

1 릴케는 1904년 여름에 스칸디나비아를 여행했는데, 그 전에는 덴마크어를 공부하기도 했다. 덴마크 철학자 쇠렌 키에르케고르(1813-1855)의 작품을 원서로 읽어보려는 의도에서였다. 키에르케고르의 세계에서 보이는 불안과 절망은 릴케에게는 늘 크나큰 화두였다.

나의 책읽기는 눈에 띄는 대로 읽는 것이었습니다. 학교 교육을 제대로 받은 적이 없기 때문에 나의 독서는 체계적인 것이 될 수 없었지요. 아무런 계획도 없이 이루어진 교육과, 성장하는 동안의 그 위협적인 분위기로 인해 나는 삶을 위한 준비가 될 만한 많은 것들과 많은 기술들을 전혀 배우지 못했습니다. 그랬더라면 나의 삶도 남들처럼 쉽게 되었을 텐데요.

태어난 지 얼마 안 되어 죽은 누나의 역할을 맡도록 만들고, 성취하지 못한 아버지의 꿈을 투사했던 강압적인 집안 분위기는 릴케에게 정상적인 성장과 교육을 허락하지 않았다. 그러나 릴케는 이를 부끄럽게 생각하지 않았다. 오히려 책을 통해 많은 것을 습득하려고 노력했다. 제1차 세계대전이 일어나기 전 뮌헨 근교에서 릴케와 한때 동거했던 여류 화가 루 알베르 라사르(1885-1969)는 릴케와 잠시 함께 살았던 기억을 적은 자서전《릴케와 함께 거닌 길》에서 독서와 관련된 릴케의 태도에 대해 이렇게 밝힌 바 있다.

여류 화가 루 알베르 라사르

그렇다, 릴케는 한 번도, 삶에서나 독서에서나, 소위 말하는 유명함에 신경을 쓰지 않았다. 그는 전혀 꾸미지 않고 솔직하게《햄릿》을 모른다고 고백했으며, 괴테도 나중에 가서야 겨우 불완전한 대로 접했다고 말했다. 그는 니체를 가까이하기를 거부했다. 니체를 한번 읽어보라는 나의 제안을 격하게 뿌리치던 그의 모습이 지금도 생생하다. 그런데 나는 두 사람의 기질이 서로 반대됨에도 불구하고 그들 사이에 어떤 공통점을 발견할 수 있다고 생각한다. 바로 이것이 니체가 릴케에게 위험스러운 존재로 여겨진 이유일 것이다.

라사르의 증언에 따르면 릴케는 아침 산책에서 돌아오는 길에 이런저런 책들을 구해왔다. 《천일야화》의 멋진 프랑스어판이나, 몽테뉴, 플로베르의 작품들, 그리고 또 문학사가인 군돌프가 지은 《괴테》를 구해 오기도 했다. 릴케는 숲으로 산책을 나갈 때 괴테의 시집과 산문으로 된 찬가 《자연》을 가지고 갔으며 괴테의 언어에 찬사를 보내고 그 언어를 슈바르츠발트 숲에 솟아나는 샘물이나 울창한 숲에 울리는 바람소리에 비유했다. 자연에 대한 릴케의 애정은 20세기 세기 전환기에 독일에서 인기를 누렸던 미국의 시인이자 사상가인 랠프 월도 에머슨(1803-1882)의 에세이 《자연》을 늘 손에 들고 다닌 데에서 나타난다. 릴케는 또한 표현주의 희곡작가 프란츠 베르펠(1890-1945)의 세계에 완전히 매료되기도 했다. 릴케는 새로운 것이 나오면 그것이 문학이든 자연과학이든 많은 호기심을 갖고 거기에 매달렸다. 그렇기 때문에 그가 도서관에서 책을 읽으며 행복감을 느낀 것은 당연한 일이었다. 《말테의 수기》에는 이런 대목이 나온다.

국립도서관에서

나는 앉아서 어느 시인을 읽고 있다. 열람실에는 많은 사람들이 있지만 전혀 의식되지 않는다. 그들은 책에 빠져 있다. 책장 사이에 파묻혀 가끔 움직이는 그들의 모습은 마치 잠을 자며 두 개의 꿈 사이에서 몸을 뒤척이는 사람들 같다. 아, 책 읽는 사람들 틈에 있다는 것은 얼마나 행복한 일인가. 왜 우리는 늘 그러지 못하는가? 아무한테나 다가가 슬쩍 한번 건드려보라. 그 사람은 미동도 않을 것이다. 자리에서 일어나다가 옆 사람을 건드려 사과해보라. 그러면 그 사람은 당신의 목소리가 들리는 쪽을 향해 그냥 고개만 끄덕일 것이다. 그의 얼굴은 당신을 향하겠지만 당신을 보지는 않을 것이다. 그리고 그의 머리카락은 잠에 빠진 사람의 머리카락과 같을 것이다. 얼마나 기분 좋은 일인가.

위의 글에서 말테가 읽고 있는 시인은 프랑스의 전원시인 프란시스 잠(1868-1938)이다. 평생 피레네 산맥의 두메산골에 살았던 시인이다. 프란시스 잠과 릴케는 서로 편지를 나눈 적도 있었다. 릴케가 자신의《사랑하는 하느님 이야기》한 권을 프란시스 잠에게 보내기도 했다. 위 글에서 말테는 프란시스 잠이 거니는 전원풍경 속을 함께 거닌다. 말테는 책을 읽은 순간 그대로 하나의 또 다른 세상 속으로 들어간다. 지저분한 파리의 환경 속에서 길을 걸으면 거지가 따라와 자신과 같은 부류인 줄 알고 형님 하며 따라오는 것을 보고 말테는 자신의 초라한 처지를 이렇게 독서 행위를 통해 극복한다. 이들과 다르다는 것을 증명해 보여주는, 이 또 다른 세상은 그에겐 낙원이나 다름없다. 온 정신을 집중하여 만드는 수면과 같은 평온한 상태이다. 아니, 죽음과 같다고 해도 과언이 아니다. 소리를 내지 않는 묵독의 순간에 침잠하여 말테는 마치 연못 속의 연뿌리처럼 미동도 않는다. 이 순간엔 마치 세상에 혼자 있는 듯한 느낌에 빠져든다. 이 고독한 순간은 자신의 삶을 배가하는 자양분이 된다.

2

릴케는 책 읽기에 이상성을 부여하여 책 읽기 자체를 아름다운 추억으로 만드는 사람이다. 릴케는 작품 속에서도 이처럼 책 읽기를 소재로 하여 많은 글을 남기고 있다.《형상시집》에 실려 있는 다음 시를 보자.

책 읽는 사람

벌써 한참 전부터 나는 책을 읽고 있다. 오늘 오후가
빗소리로 소곤대며 창문턱에 기대어 온 후로 줄곧…

밖에서 부는 바람 소리 한 가닥 들리지 않는다,
읽고 있는 책이 무척 어려운 까닭이다.
깊은 생각에 잠겨 어둑해진
얼굴을 들여다보듯 책장을 응시한다.
책 읽는 내 모습 주위로 시간이 굳어버린다.
갑자기 책장이 환해지더니
두렵도록 얽히고설킨 낱말들 자리에
책장마다 여기저기 저녁, 저녁…이라는 글씨가 나타난다.
여전히 밖을 내다보지 않는다. 그렇지만 긴 행들은
갈가리 찢어지고, 말들은 실에서
풀려나와 제가 원하는 곳으로 굴러간다…
그때 문득 무성하게 우거져 반짝이는 정원 위로
하늘이 넓게 드리워져 있음을 깨닫는다.
태양이 다시 한 번 찾아올 듯싶다.
어디를 봐도 지금은 여름밤으로 무르익어
흩어진 것들 몇몇 동아리를 이루고
길게 뻗은 길에는 어둠에 젖어 움직이는 사람들,
어둠이 의미하는 것이 더 큰 듯 이상하리 만큼 확 트인다.
아직도 가시지 않은 몇몇 소리 간간히 들려오고.

이제 책에서 눈을 들어 밖을 본다고 해도
어느 것 하나 낯설지 않고 모든 것이 위대하리라.
저 바깥에는 여기 내가 안에서 겪는 것이 있고
여기와 저기 모든 것에 경계가 없는 까닭이다.
내가 그것들과 너무 깊이 관계를 맺지 않고

릴케의《형상시집》

나의 눈길이 사물들과,
땅덩어리의 진지한 소박함과 어울린다면
그때 대지는 제 스스로를 넘어서 자라나리라.
그러면 대지가 온 하늘을 감싸 안는 듯하고
맨 처음 뜨는 별은 마지막 집과 같으리라.

책을 읽는다는 것은 긴 장마의 한가운데에서 두 손으로 귀를 막고 자기만의 세계로 빠져들어 느긋함을 즐기는 것이다. 이것은 바로 자신을 위한 사색과 성찰의 시간 만들기이다. 이러한 고적함 속에서 자신의 내면을 응시하고("얼굴을 들여다보듯 책장을 응시한다.") 책과의 대화 속에서 자기를 찾는 것이 진정한 독서의 목표이다. 이런 독서는 프랑스의 철학자 가스통 바슐라르(1884-1962)가 말하는 "말없는 낭독" 바로 그것이다. 책을 읽는 시간은 자기만의 내면의 세계로의 침잠이기 때문에 외부의 세계의 변화에 크게 반응하지 않는다. 시의 화자는 소리 내서 책을 읽지 않고 묵독을 하고 있다. 때문에 "밖에서 부는 소리 하나 들리지 않는다." 화자의 시선은 내면에 고정되어 있다. 시간의 변화에도 꿈쩍하지 않는다. 아니, 시간의 변화 자체가 느껴지지 않는다. 이를 릴케는 "책 읽는 내 모습 주위로 시간이 굳어버린다"라고 표현한다. 그때 읽고 읽던 책장마다 "저녁, 저녁"이라는 글씨가 나타난다. 그제야 시간이 어둠 쪽으로 흘러갔음을 깨닫는다. 조금 더 있자 "긴 행들은/갈가리 찢어지고, 말들은 실에서/풀려나와 제가 원하는 곳으로 굴러간다." 더 이상 글씨가 보이지 않는다. 어느덧 밤이 되었다. 책장이 더 이상 보이지 않게 되었을 때 화자는 고개를 들어 창밖을 내다본다. 지금까지의 독서에의 침잠으로부터 외부 세계로의 전환이 이루어진다.

독서를 통해 행복해진 마음 상태는 외부를 볼 때에도 여전히 유효하다. 때문에 방 안의 세계와 외부 세계가 적대적으로 대치하지 않는다. 책을 통해 얻은 마음의 여유가 바깥을 바라보는 화자의 시선에도 그대로 작용한다. 그렇기 때문에 "이제 책에서 눈을 들어 밖을 본다고 해도/어느 것 하나 낯설지 않고 모든 것이 위대하리라."라고 화자는 말한다. 책의 세계와 외부의 세계는 하나의 전일체(全一體)를 이룬다. 내면세계가 외부세계와 하나가 되는 행복감을 화자는 맛보고 있다. 독서를 통해 넓어진 가슴속으로 외부의 세계가 조화롭게 들어와 앉는다. 그래서 화자는 시의 끝에 가서 "맨 처음 뜨는 별은 마지막 집과 같으리라."라고 말하는 것이다. 자신이 현재 책을 읽으며 존재하는 지상의 마지막 집이 하늘에 뜨는 첫 별과 하나가 됨으로써 하나의 전일성이 완성된다. 둥근 창공 아래 아련히 불빛을 던지며 서 있는 아담한 집이 떠오르지 않는가. 책을 읽는 경험 자체가 우리의 의식에 변화를 가져온다.

3

릴케는 독서를 통해 확장된 눈길이 외부 사물까지도 부드럽게 어루만져 줄 수 있음을 현상적인 관점에서 시간의 흐름에 따라서 큰 급변 없이 기술하고 있다. 독서가 가져다주는 커다란 행복감의 표현이다. 중기의 《신시집》에 실린 시 〈독서하는 사람〉(1908)에서는 위의 모티프를 한층 강화하여 언어의 연마를 어느 정도 이루어낸 시인의 시답게 좀더 응축된 언어로 다음같이 말한다.

독서하는 사람

그 누가 이 사람을 알리오,
현실적 삶에서 떠나,
빽빽한 책장을 마구 넘기는 것을 가끔 가로막는

또 다른 존재를 향해 얼굴을 숙이는 이 사람을?

그의 어머니조차도 알지 못하리라, 그가
거기 앉아 제 그림자로 흠뻑 젖은 것을
읽고 있음을, 그리고 시간 속에 사는 우리는
그가 책장에서 힘겹게 눈을 뗄 때까지

얼마나 많은 시간이 경과될지 어떻게 알까,
뭔가를 취하지 않고 대신 주면서
완성된 것으로 가득 찬 세상과 부딪치는 두 눈으로
아래쪽 책에 깃들인 모든 것을 집어 올리며:

혼자서 놀다가 갑자기
바로 앞에 있는 것을 경험하는 조용한 어린아이처럼;
하지만 정연하던 그의 얼굴 표정은
영원히 뒤바뀌리라.

이 시는 렘브란트(1606-1669)의 그림 〈책 읽는 티투스〉에서 영감을 받은 작품이다. 이 그림의 모델은 렘브란트의 아들 티투스로 당시 나이 15세였다. 그림의 생기발랄한 티투스의 모습에서 아들을 바라보는 아버지의 마음이 그림에 그대로 반영된 듯이 보인다. 그림에 나타난 생동감 어리면서도 진지한 눈빛, 얼굴빛을 중심으로 해서 릴케는 시를 전개해 보인다. 책을 제대로 이해

렘브란트의 그림 〈책 읽는 티투스〉.
화가 자신의 아들을 모델로 한 것이다.

하려면 책장을 마구 넘겨서는 안 된다. 하나하나 되씹고 이해하고 그 다음 장으로 넘어가야 한다. 시인은 이렇게 마구잡이로 읽는 것을 막는 존재를 설정하여 보다 독서에 몰입하는 티투스의 모습을 그리고 있다. 일단 독서에 빠지면, 제3의 누군가가 와서 말을 걸며 나와 책 사이를 연결시켜 준다. 책을 마구 넘기지 못하게 제동을 거는 것, 그것이 그 존재가 하는 일이다. 이 제3자는 텍스트의 이해를 위해 그리고 해석을 위해 나름의 역할을 한다. 책과 나, 이렇게 양자만의 대화로 책이 이해되지 않을 때 이 제3자의 도움이 필요하다. 독일의 해석학자 한스 게오르크 가다머(1900-2002)는 올바른 해석에는 바로 이 제3자의 개입이 필요하다고 보았다. 그것이 신이든 아니면 다른 초월적 존재이든, 편견에 가득 찬 주관적 해석을 막는 하나의 심급으로서. 그렇게 책에 몰입하여 제 영혼이 책과 교접하는 것을 시인은 "제 그림자로 흠뻑 젖은 것"을 읽는다고 표현한다. 책에 빠져 있는 순간, 그 사람은 그 책을 연기하는 연기자가 된다. 그 연기를 다 끝내고 나면, 그는 분명 다른 사람이 되어 있으리라. 그는 조금 전의 자신이면서 자신이 아닌, 다른 무엇인가를 깨달은 사람이 되어 있을 것이다.《신시집》의 시답게 인물을 바라보는 "눈"이 교접의 포인트가 되고 한순간의 급변이 영락없이 시에서 노래된다. 기존의 고정되었던 모습이 독서를 통해 바뀌고 이로써 새로운 인간으로 재탄생하는 것, 여기서 릴케는 독서의 묘미를 읽고 있다.

4

끝으로《말테의 수기》에서 책과 함께 하고 싶은 전원 풍경을 노래한 대목을 읽으면서 행복한 책 읽기의 산책을 떠나보자.

내겐 방 하나만 있으면 된다. (밝은 다락방이면 더 좋겠다) 나는 나의 오래된 물건들과 가족사진들 그리고 책들과 함께 그 방에서 살고 싶다. 그리고 팔걸이의자 하나와 화초들과 개들 그리고 돌길을 위한 튼튼한 지팡이가 하나 있으면 될 것이다. 그 밖에 무엇이 더 필요하랴. 다만 옛날식 꽃문양을 넣은, 노랗고 상아빛이 도는 가죽으로 제본한 책 한 권이 있으면 좋겠다. 그러면 그 여백에다 나는 글을 써넣으리라. 나는 많은 것을 쓰고 싶다. 내겐 생각과 추억이 넘치도록 많으니까.

새소리가 들리고 멀리서 빛이 비추어드는 방 하나만 있으면 된다. 영국의 여류 작가 버지니아 울프(1882-1941)가 말했던 "자기만의 방"과 같은 공간이다. 이 공간은 자기만의 고독과 성찰을 위한 높고 쓸쓸한 고성(古城)과 같다. 이 공간에 있을 때 시인에겐 사랑하는 책 한 권이면 족하다. 책을 읽다 산책을 하고 다시 책을 보며 그 여백에 생각을 써넣는 것이다. 순수한 꿈을 펼칠 수 있는 방에 비하면 삶의 다른 잡다한 것들은 하찮은 것에 지나지 않는다. 몽상의 순간은 책과 함께하는, 시간에서 벗어난 공간이기도 하다. 시간은 늘 혼자가 아니다. 생의 공포와 불안을 거느리고 다닌다. 이런 시간에서 벗어난 자기만의 방에서 한 잔의 커피가 옆에 있다면 더할 나위가 없겠다. 책 읽기는 몽상의 날갯짓으로 우리를 현실의 비좁은 공간에서 탁 트인 낙원으로 데려다준다. 그곳은 시인의 정신이 책의 붓으로 색칠해 놓은, 오히려 자연보다 더 포근한 공간이다. 《말테의 수기》를 덴마크어로 번역한 잉가 융한스에게 보낸 1920년 11월 23일자 편지에서 쓰고 있듯, 릴케는 독서를 통해 현실의 각박한 공간을 떠나 "미래의 마음속 자연풍경"을 창조하고자 한다. 호르헤 루이스 보르헤스(1899-1986)나 롤랑 바르트(1915-1980)처럼 릴케 역시 독서행위에서 일종의 행복과 기쁨을 느꼈던 것 같다. 또한 책 읽기는 시인에게 해석의 공간을 주어 다른 책들과 만나는 길로 유도하고 시인으로 하여금 자신의 시를 쓸 때 밑바탕이 되어 준다.

사물들을 몰고 가는 목동

"잘 써진 한 편의 시 속에는
내가 느끼는 관계나 애정에서보다
더 많은 현실이 들어 있습니다.
나는 창조를 할 때 참됩니다."
—릴케, 루 살로메에게

1

인생은 현실 속에서 꾸는 숱한 꿈과 그것의 시도와 실현과 실패로 이루어진다. 인생은 스스로 써가는 기록의 연속이며 궁극적으로는 한 권의 자서전을 완성시키는 것과 같다. 그것은 마음속에 내적인 지형도를 그려가는 길이다. 인생의 길을 따라가며 찾아내야 하는 예술의 의미를 릴케는 1901년에 쓴 단편소설 〈대화에서〉를 통해 다음 같이 공표한다.

> 예술이라는 것은 세계가 이미 존재한다고 생각하지 않고, 세계를 하나 만드는 것입니다. [⋯] 결코 완성을 하지 않는 것이죠. 결코 일곱 번째 날을 갖지 않는 것입니다. 결코 모든 것이 좋았음을 보지 않는 것입니다. [⋯] 이것이 내가 신에 대해 반대하는 모든 이유입니다. [⋯] 신이 예술가가 아니었다는 것은 정말 슬픈 일입니다. [⋯] 우리는 신이 중단한 곳에서 시작해야 합니다. [⋯] 삶 속에서, 인간에게서.

릴케는 삶의 모든 것을 읽고 그것을 통해 자신의 생의 기록을 남기고자 한다. 이미 있는 것에 만족하지 않고 새로움을 추구하고 현실의 사물들을 읽어가고자 한다. 그에겐 창조력이 우선이다. 그의 예술은 끊임없이 새롭게 읽고 또 그것을 새롭게 기록하는 데 뜻이 있다. 무언가를 읽는 것은 대상과의 소통작업이고 이 과정은 또 하나의 다른 생을 꿈꾸는 시간이다. 사물을 읽는 것은 동시에 쓰는 것이다. 현실의 기제와 이를 바탕으로 한 꿈꾸기는 예술작업의 기본이다. 이런 기본적인 과정을 우리는 릴케의 초기 시에서 만난다.

저녁은 나의 책. 저녁의 보랏빛
비단 같은 표지가 찬란히 빛난다.
나는 조금도 서두르지 않고 침착한
손길로 황금빛 걸쇠를 풀어낸다.

그 다음 그 첫 페이지를 읽는다,
친근한 목소리에 행복을 느끼면서.
더 낮은 소리로 둘째 페이지를 읽으며
어느새 나는 셋째 페이지를 꿈꾼다.

시의 화자는 지금 저녁 시간을 맞고 있다. 저녁은 낮 동안 일상에 지쳤던 영혼에 활기를 준다. 보랏빛으로 물든 저녁 하늘을 바라보며 시의 화자는 노을과의 대화를 시작한다. 이때 화자는 저녁을 책으로 대한다. 자연은 시인에게는 하나의 커다란 책이다. 저녁노을이 포근함을 전해주고, 화자는 아늑함을 느끼며 차분한 손길로 저녁이라는 책의 황금빛 걸쇠를 풀어내고서 첫 페이지를 읽는다. 그는 묵독으로 읽지 않고 책을 소리 내어 읽는다. 소리를 내어 읽는 것은 베껴 쓰는 것과 같다. 대상과 화자가 하나가 되는 순간이다. 노을의 모습을 화자는 자신의 목소리로 읽어낸다. 현실 속의 노을을 읽으며 화자는 또 다른 세계로 눈길을 돌린다.

시에서 전체적으로 느껴지는 분위기는 친근함 즉 대상과의 거리의 부재이다. 대상과의 친근함을 표현하기 위해 릴케는 수사학적 수단인 비유법을 이용한다. 비유법 중에서도 은유법이다. 저녁의 보랏빛 풍경을 한 권의 책으로 봄으로써 시인은 손에 잡히는 저녁과 함께 행복한 시간을 보낼 수 있다. "저녁"이 원관념이라면 "나의 책"은 보조관념이다. 후고 프리드리히는《현대시의 구조》라는 책에서 "은유는 더욱 큰 시적 명료성을 획득하기 위해 현실을 흐리게 만든다"라고 말한다. 릴케는 이렇게 많은 시적 비유법을 통해 자신의 생각을 치열하게 풀어낸다. 비유법의 확장은 시 쓰기 방법의 확장이다. 릴케의 비유법이 말로 표현할 수 없는 것의 한계에 도전하려는 하나의 기법이 된다는 것은 후기의 걸작《오르페우스에게 바치는 소네트》의 다음 시 구절에서 확인된다.

소녀들아, 다정한 소녀들아, 너희 말없는 소녀들아,
너희들이 맛본 과일의 그 맛을 춤추어라!

오렌지를 춤추어라. 누가 그것을 잊을 수 있을까,

릴케는 과일이 갖는 특유의 맛을 언어로 표현할 수 없음에 그것을 소녀들의 춤으로 표현하고자 한다. 대담한 공감각적인 상상력을 동원하여 미각을 청각적인 것과 시각적인 것으로 나타내려는 것이다. 소녀들에게 오렌지를 한 입 먹어보고 그것을 춤으로 표현해보라고 한다. 오렌지의 맛을 소녀들의 춤과 같은 궤도에 놓고 상상력을 동원하여 이해해보라는 릴케의 발상이 아주 독창적이다. 인식의 한계를 하나하나 넓혀가는 과정이 시인으로서는 체험의 영역을 확장시켜가는 길과 맞닿는다.

2

젊은 날, 앞으로 살아갈 일의 막연함과 기대감을 시인은 소녀들을 통해 다음같이 노래한다.

> 너희 소녀들은
> 사월 저녁의 정원,
> 수많은 발자국을 그리며 오는 봄,
> 아직은 이를 곳이 그 어딘지 모른다.

시인은 자신의 앞날을 어린 소녀들의 미래와 동일선상에 놓고 있다. 소녀들 자체도 앞으로 성장해 가는 존재로서 하나의 창조력의 비유인데, 소녀들을 다시 "사월 저녁의 정원"이나 "수많은 발자국을 그리며 오는 봄"에 비유하여 소녀들의 속성이 앞으로 성장해가는 쪽에 있음을 명확히 한다. 정원에 어떤 꽃이 피어날지 모르고, 어떠한 봄이 다가올지 모르는 상황에서 화자는 소녀들의 삶이 어디까지 이를지 아직은 알지 못한다고 말한다. 이렇게 릴케의 시에서 자신을 소녀에 비유하는 것은 어린 시절 자신의 인생과 관련하여 늘 불만투성이였던 어머니에 의해 여자아이처럼 길러진 것과도 무관하지 않다. 소녀들의 삶에 빗대어 자신의 삶을 노래하던 릴케는《기도시집》(1905)에 들어서면서 시의 화자로 러시아 수도사를 내세워 다음같이 직접적으로 자신의 앞날을 향한 결심을 내보인다. 릴케에게 유럽에서 처음으로 많은 독자를 갖게 해준 이 시집의 초반부에는 이런 결심을 보여주는 시가 하나의 강령처럼 자리한다.

사물들 너머로 번지며 점점 커져만 가는
동그라미들 속에서 나는 나의 삶을 살고 있습니다.
마지막 동그라미를 마무리 지을지 알지 못하지만
나 신명(身命)을 다 바쳐 해보렵니다.

인생은 체험을 기반으로 하여 성장한다. 시에서 화자는 사물들의 영역을 넓혀 체험해가는 과정을 "점점 커져만 가는/동그라미들 속에서" 살고 있다고 말한다. "동그라미"는 각각 한 단계씩 상승하여 위로 올라가는 삶의 영역을 말한다. 동그라미는 완전히 그려낼 때 동그라미의 기능을 갖는다. 이것은 낯선 것, 다른 것과의 만남을 통해 가능하다. 동그라미의 확대는 성장하는 것, 변화하는 것, 열린 것을 뜻한다. 어떻게 자신의 세계를 확대, 변화시킬 수 있을까? 그것은 낯선 것과의 조우뿐만 아니라 친숙한 것을 새로운 시각으로 다시 봄으로써 가능하다.

같은 시집의 "사물들은 풀을 뜯는 가축 떼와 같습니다."라는 구절에 빗대어 볼 때 시인은 사물들을 몰고 다니는 목동이다. 스스로 그는 "나는 황야의 언덕을 지키는 목동입니다."라고 말한다. 릴케의 시의 새로움은 이처럼 시인의 마음속 생각을 표현하기 위하여 동원되는 비유와 표현들의 호소력에 있다. "모든 사물들은 우리에게 어떤 의미에서든 그림이 되기 위해 존재한다."고 한 릴케의 말에 비추어 사물들은 시인의 마음의 표현이다. 릴케의 시에서 이미지가 강한 표현들이 주를 이루게 된 배경이 여기 있다고 하겠다. 릴케에겐 새로운 체험은 감각적인 것일 뿐만 아니라 새로운 언어와 새로운 표현력을 가능케 해주는 촉진제였다. 그가 나중에 북아프리카, 이집트를 여행하고 스페인의 톨레도를 구경하면서 거기서 자신의 감정의 대체물들을 찾은 것도 같은 맥락이다. 특히 이집트의 나일 강을 여행하다 본 질그릇 만드는 도공의 모습을 보고는 "세상에 가장 오래된 몸짓"이라는 말을 하기도 했다.

앞의 시에서 소녀들의 삶이 어디까지 이를지 모른다고 했다면, 이 시에서 화자는 직접적으로 삶에 뛰어들어 적극적으로 임하겠다는 자세를 보여준다. 이 시의 화자는 수도원에 사는 수도사로서 성화도 그리고 시도 짓는다. 신에 대한 봉사는 그의 기본적 자세이다. 그러므로 그에게 필요한 것은 끝없는 열정과 인내 그리고 신을 향한 겸허한 자세이다. 그가 드리는 기도는 적극적으로 상상력을 동원하는 행위로서 다음처럼 폭이 크게 전개된다.

> 나는 신(神)의 주위를 맴돕니다, 태곳적 탑을,
> 나 수천 년이라도 돌고돌 것입니다.
> 하지만 나는 알지 못합니다, 내가 매인지, 폭풍인지
> 아니면 한 곡의 위대한 노래인지.

시적 화자는 내면의 이미지들을 겉으로 드러내 보여준다. "태곳적 탑"으로 표현된 신의 주위를 떠나지 않고 계속해서 맴돌겠다는 화자의 결심 속에는 자신의 목표를 향한 열정이 숨겨져 있다. 목표점을 향해 날아가는 공격적인 "매"가 되어 돌아도 좋고, 무형의 힘을 자랑하는 "폭풍"이 되어 돌아도 좋으며, 아니면 "한 곡의 위대한 노래"가 되어 돌아도 좋다. 그러나 방점은 마지막 말 즉 "한 곡의 위대한 노래"에 찍힌다. 이는 더 높음과 숭고함을 향한 움직임이다. 시의 화자는 다양하게 변용하는 움직임이 되어 세상에 번지고자 한다. 탑돌이를 하는 것은 동서양을 막론하고 전통적으로 자신의 소원을 비는 행위이다. "매"와 "폭풍"은 뭔가를 탐색하는 행위의 가시적 표상이다. 구체적으로는 열

정적으로 삶을 칭송하고 많은 찬사를 이끌어내는 문학작품이 구체적 목표이다. 시는 한 가지 모습에 머물지 않고 끊임없이 변해야 한다. 그래야 시적으로 생산적이 될 수 있다. 다양한 모습으로 웅대하게 변하는 것을 찬양하는 수도사의 입장에서는 자신이 쓴 한 편의 위대한 시에 대한 기대가 크다는 것을 암시적으로 알려준다. 아무튼 그는 "수천 년이라도" 돌고돌며 자신의 목표를 향해 매진하겠다고 다짐한다. 예술을 향한 염원은 다함이 없어야 한다. 그의 이런 다짐은 더 넓은 세상으로 자신의 발길을 향하게 해달라고 하는, 신을 향한 기원에까지 이른다.

나를 당신의 텅 빈 땅으로 보내주소서,
언제나 바람이 가득히 불고,
웅장한 수도원들이 마치 옷자락처럼
아직 때 묻지 않은 삶 주위로 서 있는 그곳으로.
나 그곳으로 가는 순례자들과 함께하렵니다,
그 어떤 미혹(迷惑)에도
그들의 목소리와 모습을 놓치지 않고,
어느 눈먼 노인의 뒤를 따라
아무도 모르는 그 길을 가렵니다.

위 시의 배경은 광활한 러시아이다. 시의 화자에게 공간 체험은 특별하다. 시의 화자는 이 세상에서 자신의 자리를 찾아 방랑의 길을 나서는 순례자이다. 순례자는 신을 찾아 나서지만 궁극적으로 찾으려는 것은 자기 자신이다. 방랑은 외부 세계뿐만 아니라 자기 자신을, 자신의 숨겨진 내적 현실을 접할 수 있는 기회이다. 순례자에게 외부 공간은 곧 내면의 공간이다. 그의 신은 늘 그의 정체성과 긴밀하게 연결되어 있다. 중요한 것은 시간 속에서 자신의 위치를 정할 수 있는 확고한 주체적 자아이다. 이때 신의 존재가 그의 사고의 공간을 차지함으로써 그는 세상과 창조적이고 생산적인 관계를 가질 수 있다. 다시 말해 신은 그의 창조적 사고가 지향하는 최고의 지점이다. 신이라는 이름 자체가 릴케에게서는 풍요로운 시적 공간을 차지한다. 신의 이름을 다양하게 불러야 하기 때문에 그만큼 언어적 유희의 가능성이 커지는 것이다. 종교적 체험은 곧 공간 체험으로 자리를 잡는다.

릴케는 1899년과 1900년 두 번에 걸쳐 루 살로메와 더불어 러시아 여행을 한다. 당시의 교통수단은 지금처럼 빠르지 않은 기차와 배였다. 느린 기차를 타고 흔들리는 증기선을 타고 한참을 걸려 도착한 페테르부르크와 모스크바에서 그때 보았던 시원적이고 소박하며 경건한 자연 및 인간들의 모습은 그의 뇌리에 강한 인상을 남긴다. 1926년 3월 17일자 한 젊은 여성에게 보낸 편지에서 그 스스로 밝혔듯이 러시아는 릴케의 체험과 시적 수태의 토대가 되었다.

> 결정적인 것은 러시아였지요. 1899년과 1900년에 내게 무엇과도 비교할 수 없는 세계로, 전대미문의 차원의 세계로 내게 다가왔고, 또 그 인간적인 여건들로 내게 사람들 사이에서 형제애를 느끼게 해주었으니까요. 〔…〕 러시아는 (당신은 그것을 《기도시집》 같은 책에서 확인할 수 있겠지만) 어떤 의미에서는 나의 체험과 수용의 토대가 되었습니다.

그런데 사실 릴케는 1899년 봄 여행을 시작하기에 앞서 루 살로메가 쓴 〈러시아 문학과 문화〉(1897)와 〈레오 톨스토이, 우리의 동시대인〉(1898)이라는 글을 읽었던 것 같다. 후자의 일부를 보자.

러시아 사람들의 본질 속에는 깊은 신뢰가 가는 소박함과, 일면 복음서와 일치하는 인류애적인 수동성이 자리 잡고 있다는 데는 전혀 이견이 없다. 〔…〕 러시아 사람들의 신은 다름 아닌 선과 소박함 그 자체이다. 결코 엄청난 권력자가 아니다. 왜냐하면 이 신은 언제든지 쉽게 잊힐 수 있고 대개 그의 도움이 없어도 그만이기 때문이다. 그러나 아이가 무서워하거나 어느 어머니가 울거나, 아니면 어떤 사람이 밤중에 길을 잃거나 하면 이 신은 언제든 함께한다.

앞에서 예로 든, 《기도시집》의 제3부 〈가난과 죽음의 서〉에 실린 시는 릴케가 파리에서 겪은 가난과 죽음의 모습에 대비되는 광활한 러시아 평원의 원초의 모습을 연상시킨다. 러시아는 릴케에겐 열린 세계 그 자체였다. 릴케는 그런 세계만을 유일한 세계로 여겼다. 러시아는 릴케의 미학적 기반을 다지는 데 중요한 역할을 하였다. 러시아는 그에겐 평생을 걸쳐 언제나 떠오르는 하나의 영감이었다. 서구의 이성 중심주의에 반대되는, 혹은 그것보다 우월한, 그것으로 오염되지 않은 영혼의 집합체였다.[2] 1916년의 한 편지에서 밝혔듯 "러시아 덕분에" 그는 "지금의 내가 되었다. 나는 그곳으로부터 내적으로 출발했고, 그곳은 본능의 고

러시아 여행 때의 릴케, 루 살로메 그리고 러시아 농민시인 드로친

2 당시의 다른 작가들 즉 로맹 롤랑(1866-1944), 헤르만 헤세(1877-1962), 슈테판 츠바이크(1881-1942) 그리고 특히 토마스 만(1875-1955)과 하인리히 만(1871-1950) 역시 서구에서 벌어지고 있는 산업화와 계급갈등, 예술과 문학의 무용성 등의 위기 앞에서 이런 시각으로 러시아를 존경의 대상으로 삼았다. 토마스 만은 1917년에 이렇게 밝혔다. "러시아인이야말로 가장 인간적인 인간이 아닌가? 러시아 문학이야말로 모든 문학 중에 가장 인간적인 문학이 아닌가? 인간성 앞에 성스럽지 않은가?" 프리드리히 니체는 이런 분위기의 기반을 놓았다.

향이자 모든 내적 원천"이었다. 그러기에 신과 가깝고 웅장한 수도원들이 마치 외투의 옷자락처럼 웅장하게 서 있는 그곳으로 릴케의 시의 화자는 순례자들과 함께 순례의 길을 떠나고 싶어 한다. 순례의 길은 자신의 신을 찾아가는 길이면서 동시에 자신이 추구하는 인생의 목표를 찾아가는 길이다. 이 시절의 릴케에게 러시아는 하나의 인생의 해답으로 다가왔다. 종교적 감흥은 단순하면서도 활기에 찬 것이었다. 하나의 에너지였다. 불안에 시달리던 혼동된 젊은 영혼에게 모스크바에서 처음 맛본 그곳의 부활절 풍경은 대단한 감동이었다. "조그만 촛불을 손에 들고 있는 내게 이반 벨리키 성당의 종소리가 어찌나 웅장하고 세차게 울리던지 마치 그 나라의 심장의 고동이 하루하루 미래를 기다리며 박동질치는 것처럼 들렸습니다."고 그는 회상한다. 물론 릴케는 러시아를 객관적이고 역사적인 관점이 아니라 내면에서 들려오는 시의 목소리를 위해 하나의 계기로써 나름의 입장에서 수용한 것이다. 왜냐하면 당시 러시아엔 곳곳에 가난과 삶의 고통이 지배했기 때문이다. 아무튼 그는 "어떤 미혹"이 있어도 굴하지 않고 순례자들의 뒤를 따르겠다고 한다. 이때 중요한 한 인물로 등장하는 것이 "어느 눈먼 노인"이다. 이 인물은 릴케가 쓴《사랑하는 하느님 이야기》중〈늙은 티모페이는 어떻게 노래 부르며 죽어갔는가〉에 나오는 러시아의 이 전설적인 음유시인을 이른다. 티모페이는 구전된 고대 러시아 영웅 서사시인 빌리나를 가장 잘 전수한 음유시인이다. 그 시절의 이야기는 보통 책이 아니라 사람들, 특히 음유시인의 입을 통하여 사람들의 귀로, 마음으로 전달되었다. 아들이 자신을 버리고 떠난 뒤 그 가인의 집에는 그의 노래를 배우고자 하는 많은 사람들이 몰려들었다.

> 그리고 마치 먼지 쌓인 바이올린 속에 들어 있듯 그의 가슴속에 갇혀 있는 수많은 노래의 후계자가 되려고 그의 오막살이로 구름처럼 몰려드는 젊은이들을 그

는 모두 돌려보냈습니다. '아버지, 사랑하는 아버지, 우리에게 노래 한두 가지만 내어주세요. 그러면 우리가 노래를 마을로 나를게요. 저녁이 되어 외양간의 가축들도 모두 조용해지면 당신의 노래가 집집 마당마다 들려오는 소리를 듣게 될 겁니다.'

결국 자신에게 돌아온 아들에게 "먼지 쌓인 바이올린 속에 들어 있듯 그의 가슴속에 갇혀 있는 수많은" 노래를 모두 전수해 준 티모페이는 죽고 그 아들이 노래를 이어받는다. 바로 이 노래를 전수받으려는 수많은 순례자들의 틈에 릴케의 수도사도 끼고자 한다. 그 노래는 사람들의 입술 위에서 살아남는다. 이런 노래는 늘 가인의 입술 위에서 자고 깨어나지만 가끔 피곤하면 가인의 어둡고 따스한 심장 속에 들어가 숙면을 취한다. 그 노래는 가문의 오래된 성경을 할아버지가 손자에게 넘겨주는 것과 같다. 시인은 이런 노래를 배우고자 한다. 그렇게 하기 위해서는 사물들뿐만 아니라 많은 사람을 만나고 그것을 노래로 되뇔 수 있어야 한다. 시인은 노래로써 자신의 인생의 책을 써내려간다. 이를 위해 가장 중요한 것이 직접적인 체험이다.

3

《말테의 수기》의 다음 대목은 진정한 시인으로 거듭나기 위해서는 어떻게 해야 하는지 아름다운 필치로 알려준다.

아, 하지만 시라고 하는 것은 너무 어린 나이에 쓰면 보잘것없는 것이 되고 만다. 사람은 무릇 기다려야 한다. 사람은 평생을 두고, 가능하면 오래 살아, 우선 꿀벌처럼 꿀과 의미를 모아들여야 하며, 이를 거름 삼아 아마 생의 끝에 가서 열 줄 정도의 좋은 시를 쓸 수 있을지 모르겠다. 시라는 것은 사람들이 보통 생각하듯이 (젊었을 때 넘치도록 갖는 그러한) 감정이 아니라 체험이다. 한 줄의 시구를 얻기 위하여 많은 도시, 온갖 사람들, 그리고 여러 가지 사물을 알아야만 할 것이다. 동물들도 알아야 하고, 새들이 어떻게 나는지 느껴야 하며, 아침에 피어나는 작은 꽃들의 몸짓을 알아야 한다. 미지의 고장의 길들과, 예기치 않았던 만남과, 멀리서부터 다가오던 이별들, 아직도 깨끗이 걷히지 않은 어린 시절과, 자식을 기쁘게 해주려고 했지만(다른 사람 같았으면 그것을 기쁨으로 여겼겠지만) 자식이 제대로 이해를 하지 못해 마음에 상처를 받을 수밖에 없었던 부모와, 그토록 많은 깊고 심각한 변화와 함께 야릇하게 시작되었던 어린 시절의 병과, 조용하고 차분한 방에서 보낸 날들과, 바닷가에서 맞이했던 아침과, 바다 그 자체와, 여러 바다와, 머리 위로 흩날려 별들과 함께 날아가 버린 여행의 밤들을 돌이켜 생각해 보아야 한다. 이 모든 것을 생각하는 것만으로는 충분치 못하다. 각각이 유달랐던 숱한 사랑의 밤들과, 진통 중인 임산부의 울부짖음과, 이제는 몸을 풀고 가벼워진 몸으로 흰 옷 차림으로 잠들어 있는 산모들에 대한 기억을 가지고 있어야 한다. 그리고 또 죽어가는 사람들의 방에도 있어 보아야 하고, 창문은 열려 있고 주기적으로 소리가 들리는 방에서 주검 옆에도 앉아 보아야 한다. 그러나 기억을 가지고 있는 것만으로는 충분치 않다. 기억이 많아지면 그것들을 잊을 수 있어야 한다. 그러다가 기억들이 다시 돌아올 때까지 기다릴 줄 아는 커다란 인내심을 가져야 한다. 왜냐하면 기억 그 자체로는 아직 시라고 할 수 없기 때문이다. 이 모든 것에 대한 기억이 우리들의 가슴속에서 피가 되고, 눈길이 되고, 또 몸짓이 되어, 더 이상 우리와 구별할 수 없을 정도로 이름이 없어졌을 때 비로소 아주 진귀한 순간에 그 기억의 한가운데에서 시구의 첫마디가 떠오를 수 있는 것이다.

지극히 섬세한 위의 글을 잘 살펴보면, 사람이 살아가면서 겪게 되는 여러 가지 일들, 즉 남녀 간의 사랑, 부모자식 간의 사랑, 삶의 고통과 질병, 이별, 여행, 죽음, 출산 등 생로병사의 모든 것을 담고 있다. 자연 속의 하나하나의 사물들까지도 포함하며 그런 대상들을 어떻게 관찰하고 어떻게 파악하여 자신의 기억 속에 담아야 하는지 방법론까지도 망라한다. 시인의 발걸음이 그리는 지도가 곧 시가 된다. 이런 여러 가지 것들을 시로 탄생시키는 과정은 아이를 배에 가진 산모가 산달을 거쳐 분만하는 그것과 같다. 앞에서 릴케가 소녀를 칭송한 이유도 여기에 근거한다. 여자로서의 성취가 아이를 세상에 낳는 것이듯 시인은 시를 낳음으로써 자신의 성취를 증명하는 존재이다. 숱한 기억들이 쌓여 썩어 거름이 되어 어떤 계기에 한 줄의 시로 향기롭게 태어난다.

위의 글에는 기본적으로 예술 작업에서 말하는 모방 행위와 새로운 창조의 두 가지 요소가 공존한다. 이탈리아 르네상스 시절의 건축가이자 예술이론가였던 레온 바티스타 알베르티는《회화론》(1435)에서 이렇게 말한다. "화가는 그 모든 것을 자연을 통해 알아낸다. 그는 모든 것을 성실하게 깨어 있는 정신과 눈으로 늘 주의 깊게 탐구해야 한다. 그는 앉아 있는 사람의 무릎이 어떻게 보이는지 기억해야 하고, 앉은 다리가 어떻게 놓여 있을 때 우아해 보이는지 기억해야 한다. 또한 서 있는 사람의 신체 각 부위가 맡은 바 기능에 적합하게 놓여 있다는 것을 주목해야 한다. 더 나아가 그는 이런 모든 부분들을 모방하는 데서 기쁨을 맛보는 것에 그치지 말고 여기에 아름다움을 덧붙여야만 한다." 릴케는 알베르티가 회화를 위해 말한 바를 시인의 언어로 미래의 시인을 위해 들려준다. 현실의 어렵고 힘든 것들을 바라보고 취하고 탐구하고 배우는 일을 시인은 소홀히 하면 안 되며, 또 이를 자신의 말로 표현하기 위한 수련을 게을리해서도 안 된다. 빈센트 반 고흐는,《말테의 수기》에서 "이름이 없어졌을 때"라고 한 릴케의 말과 유사하게 "누구나 금방 모델이 누군지 알아볼 수 있는 그림을 그리고 싶지는 않다. 세세한 것은 의도적으로 무시하고 인물을 그리되 인물의 본질적 특징에 맞추어 단순화할 생각이다"라고 밝힌다. 시나 그림에서나 하나의 진정한 개성이 무엇이냐 하는 물음에 대한 답이 탄생하는 순간이다. 오랜 숙성의 과정은 이름이 없어질 때까지 사물의 표피적 특성을 무두질하여 궁극에는 대상의 본질만 남긴다. 본질을 표현하려는 예술가에게 기본적으로 요구되는 덕목은 인내이며, 여기에 사물들을 충실하게 관찰하는 예리함과 굽힐 줄 모르는 의지가 덧붙여진다. 그리고 끝으로 예술가 자신만의 고유한 미적 감성이 궁극적인 작품을 만들어 준다.

《말테의 수기》집필 시절의 릴케

4

자연의 사물들은 풀을 뜯는 양이고 시인은 이들을 몰고 다니는 목동과 같다. 이들을 마음속에서 잘 키워낼 때 시인의 목장은 풍요로워진다. 궁극의 목장에는 결국 시인이 겪어서 새롭게 탄생시킨 새로운 양 떼가 노닌다. 시인은 자연 앞에 압도되지 말고 자연을 자신의 캔버스에 받아들여야 한다. 사물들의 벌판을, 돌출한 바위가 앞을 가리곤 하는 길을 걸어가는 목동 즉 시인의 모습을 릴케는《기도시집》에서 이렇게 노래한다.

> 보십시오, 그들의 발의 삶이 어떻게 흐르는지를,
> 짐승들의 삶처럼 길마다 수백 번씩 얽히고설키어
> 밟고 지나간 돌과 눈
> 그리고 지금도 바람이 스치는

밝고 서늘한 젊은 초원에의 기억으로 가득합니다.

그들은 그 큰 고통 중의 고통을 겪습니다,
다들 참지 못하고 곧 잔걱정으로 빠져버렸던 그 큰 고통을.
풀의 향기와 돌의 칼날
이것은 그들의 운명, 그들은 이 모두를 사랑하여
당신의 눈의 풀밭 위를 가듯
현악기에 손이 움직이듯 그렇게 갑니다.

성 프란체스코(1181-1228)의 초상화. 생시에 그려진 것임.

시인의 삶은 가난한 걸인 수도사들의 삶과 마찬가지이다. 한곳에 얽매여 관습과 타성에 젖지 않기 위하여 시인은 길을 떠난다. 이탈리아의 탁발 수도회인 프란체스코 수도회를 세운 아시시의 성자 프란체스코로 대변되는 걸인 수도사들은 세상의 마음을 얻기 위하여 자신의 것을 버리고 끝없이 이곳저곳으로 고행을 하며 돌아다녔다. 수월함을 거부하고 고통의 길로 접어들어 세상의 관성에 반항하며 순수의 여정을 떠났던 것이다.

삶의 한 귀퉁이가 아니라 삶 전체를 보기 위하여 끝없이 걸어다니며 구걸하는 걸인 수도사의 삶을 여기서는 "그들의 발의 삶"이라고 간결하게 표현하고 있다. 발에 난 상처는 시인의 자기희생과 자기부정의 정신을 이른다. 고통을 감내하고 자기마저도 부정할 때 진정한 창조가 이루어진다. 마치 뱀이 온 세상을 배로 문지르며 움직여 가 뱀의 비늘 하나하나가 "풀의 향기와 돌의 칼날" 같은 모든 사물들의 촉감을 기억하듯 시인 역시 인고의 고통을 겪어내며 세상을 온몸으로 살아내야 한다. 길은 우리를 늘 어디론가 이끈다. 방랑의 쓸쓸함과 생활의 빈곤을 접하는 시인의 마음은 아련하다. 방랑과 가난은 시인의 타고난 운명이자 또 구현해야 할 덕목이기도 하다. 완성을 향한 길은 늘 아득하다. 이런 마음의 풍경을 릴케는 화가와 같은 붓질의 터치로 고백한다. 현실의 방랑은 사유의 방랑이자 의식의 확장이기도 하다. 시 〈이방인〉을 보자.

> 그리고 이 모든 것을 탐내지 않고 언제나
> 그냥 놔두는 것, 그것이 그에겐 그의 생의
> 기쁨과 재산과 명성보다 더 크게 보였다.
> 하지만 타향의 낯선 광장에 들어서면
> 날마다 발에 밟혀 닳고 닳은 우물가 돌멩이의
> 우묵한 곳이 가끔 그의 재산 같다는 생각이 들었다.

시인으로서 릴케가 걸어간 길은 매 구간은 극복을 위한 각고의 흔적으로 각인되어 있다. 모든 것에서 탐욕을 거두고 있는 그대로 바라보는 것, 그것은 시인의 사명이다. 그것이 생의 기쁨이나 재산과 명성보다 더 크게 보이는 것은 내적 인고의 결과이다. 한 곳의 명성이나 전통의 제약을 덜 받기에 이방인은 사고가 좀더 자유롭다. 루 안드레아스 살로메에게 보낸 1913년 10월 21일자 편지에서 릴케는 다음같이 말한다. "나는 《신시집》의 한 시 작품을 생각하지 않을 수 없습니다. 〈이방인〉이라는 시입니다. 무슨 내용을 담은 시인지는 분명하지요: '이 모든 것을 탐내지 말고 언제나 그냥 놔두라는 거지요.' 그런데 나는 아직도 모든 것을 탐하고만 있으니 말입니다." 이 점에서 보면 이 시는 〈탕아의 가출〉과 일치하는 면이 있다. 시민적 행복을 포기하고 가난을 벗 삼는 전원적인 예술가적 존재에 대해 릴케가 얼마나 큰 비중을 두었는지 잘 알 수 있다. 한계를 벗어나기 위한 몸부림이 예술가적 존재의식을 규정짓는다. 프란체스코에 대한 찬가는 당연히 또 다른 작가와 연결된다. 릴케는 1900년 성탄절 전날 그의 출판업자인 악셀 융커에게 부탁하여 당시 독일에서 번역본이 출간되어 한창 유행 중이던 전원 속의 고적한 생을 노래한 미국 작가 헨리 데이비드 소로우(1817-1862)의 《월든》(부제: 숲속의 삶)을 구해달라고 한다. 소로우의 사회비판과 고독과 외톨이의 삶, 채식주의, 자연이 주는 종교적 감흥 등은 릴케가 생에서 추구했던 테마와 어렵지 않게 한 지평에서 바라볼 수 있다. 릴케가 전원 속의 절제된 삶과 진정한 시를 하나로 연결시켜서 생각하고 있음이 여기서 확인된다.

인용된 릴케의 시로 다시 돌아가 보면, 낯선 타향 마을에 발을 들여놓으면서 우물가에 뭇사람들의 발길 아래 움푹 들어간 돌멩이를 보는 순간, 거기서 그는 또 다른 것을 깨닫는다. 숱한 세월을 두고 닳고 닳은 돌멩이의 움푹한 곳은 탁발승의 그릇 같기도 하지만, 그릇의 그 텅 빔이 바로 그의 마음에 호소해오기 때문에 그 우묵한 곳이 오히려 자신의 재산처럼 보이는 것이다. 결국 방랑은 현재의 나를 버리고 더 큰 남의 마음으로 들어가고자 하는 또 하나의 나의 마음이다. 비움이 그의 온 마음을 차지하는 것이다. 이런 열망은 중국 당나라의 미친 시인 한산(寒山)에게서 발견된다. 그의 시 구절 중 릴케의 세계관과 비견될 만한 구절로 다음과 같은 것이 있다.

층층 바위틈이 내가 사는 곳
다만 새 드나들고 인적은 끊어졌다.
좁은 바위 뜰 가에 무엇이 있나.
흰 구름만 그윽한 돌을 안고 감돌 뿐.
내 여기 깃든 지 무릇 몇 해던가

봄과 겨울 바뀜을 여러 차례 보았네.
그대 부자들에게 내 한 말 부치나니
헛된 이름이란 진정 헛된 것뿐이니라.
—〈한산시 2〉, 김달진 옮김

한산은 기행(奇行)으로 유명한 시인이다. 그는 프란체스코 이상으로 인간의 법속과 인습의 굴레를 박차버리고 산 속 바위 틈에 기거하며 근처의 절 국청사에서 버린 음식으로 목숨을 연명하면서 시상이 떠오를 때마다 바위든 나무든 가리지 않고 자연 속의 삶의 모습을 시로 써 적은 인물이다. 소유와 욕망의 세속적 연을 끊었을 때 오는 자유의 커다란 기쁨이 그의 시에 흔적을 남겼다. 속된 이름과 허명으로부터의 자유가 가져다주는 내적 충만을 크게 맛본 시인이 바로 한산이다. 릴케 역시 《로댕론》에서 "명성이란 결국 하나의 새로운 이름을 싸고도는 온갖 오해의 무더기일 뿐이다"라고 하면서 예술가적 허명을 경계한다. 스스로를 유명하게 만들기 위해서 시인은 어쩔 수 없이 대중의 입맛에 맞는 일을 해야 하는데, 이는 궁극에는 남들의 만족만을 위한 것이며 시인의 입장에서는 들뜬 정력의 낭비에 불과한 것이다.

릴케는 마음을 비우는 것을 예술가의 제일가는 계명으로 삼고, 프란체스코처럼 가난을 직접 몸으로 실천한 수도사의 삶을 칭송한다. 《기도시집》의 제3부 〈가난과 죽음의 서〉의 마지막 시는 프란체스코에 대한 칭송으로 끝을 맺는다.

아, 그는 어디로 갔는가, 소유와 시간에서 벗어나
위대한 가난으로 그토록 강해져서는
시장 한복판에서 옷을 벗어던지고
주교의 법의 앞에 벌거벗은 모습으로 유유히 나타난 그자는.

〔…〕

오, 청정(淸淨)한 자, 그는 어디로 울려 사라져갔는가?
기다리는 가난한 자들은 왜 그를,
환호하는 자, 그 젊은이를 멀리서 느끼지 못하는가?

그는 왜 그 가난한 자들의 저녁 황혼 속에 떠오르지 않는가?
가난의 그 위대한 저녁별은.

릴케는 초기부터 말년에 이르기까지 성자 프란체스코를 자신의 인생의 모범으로 삼았으며 프란체스코가 살았던 이탈리아의 아시시를 직접 찾기도 했다. 프란체스코는 릴케의 인생에서 줄곧 이어지는 평가와 숭상을 받았다. 릴케가 말년에 묵었던 스위스의 론강 건너편에 자리 잡은 뮈조 성관에도 무릎을 꿇은 성 프란체스코의 그림이 걸려 있었다.

릴케는 성 프란체스코가 제자들과 나눈 대화와 그의 일화를 묶은 책《작은 꽃*Fioretti*》에도 관심이 많았다. 1906년 겨울에는 이탈리아 카프리 섬의 빌라 디스코폴리에 묵으면서 날마다《작은 꽃》을 한 장(章)씩 그 별장에 함께 체류하던 사람들에게 읽어주기도 했다. 그곳에 모인 사람들은 릴케와 정신적으로 하나가 되어 그의 낭송에 귀를 기울였다. 그 책을 릴케는 마치 성스러운 부적처럼 생각했다. 아내 클라라에게 쓴 편지에서도 프란체스코를 〈태양의 노래〉[3]

3 프란체스코가 〈태양의 노래〉를 쓴 것은 그가 말년에 아시시 근교의 산 다미아노 수도원에서 병상에 누워 있던 1224년 초나 1225년 말로 추정된다. 그는 임종 시에 두 수도사 형제를 시켜 이 노래를 부르게 했다고 한다. 그의 다른 글들과 달리 일상에서 쓰던 옛 이탈리아어로 기록되었는데 당시의 상황에서는 아주 드문 일이었다. 그렇기 때문에 〈태양의 노래〉는 이탈리아어로 된 문학의 효시로 간주된다. 순수하고 경건하게 자연을 찬미하고 하느님의 창조를 칭송하는 이 노래는 자연을 향한 낭만적 고백으로서 세계문학사적으로

를 지은 음유시인으로, 자연의 친구로 노래했다. 1903년 8월에 쓴 편지에서 릴케는 "나도 그곳〔이탈리아의 아시시〕에 한번 가보고 싶군요. 성 프란체스코가 외투를 열어젖혀 모든 짐승들을 받아들이듯 자신의 찬란한 가난을 열어보였던 그곳에 말이오."라고 썼다. 릴케가 프란체스코를 처음으로 정식으로 언급한 것은 보르프스베데 예술가들을 다룬 전기 중에서 화가 하인리히 포겔러의 장에서이다. 예술가들을 다룬 장에서 성자 프란체스코의 이름이 등장하는 것이 이채롭다.

스위스에서 1979년에 발행한 릴케 우표. 만년의 대작 《두이노의 비가》를 완성했던 저택 뮈조 성관이 그의 등 뒤에 서 있다. 시인이 평생 사랑했던, 그의 묘비에도 들어간 장미의 모습도 보인다.

> 세계사는 그와 같은 저항들로 가득 차 있다. 개인들의 저항을 타고서 넝쿨처럼 위로 올라가는 것이다. 수도사의 삶 역시 (프란체스코가 생각했듯이) 그와 같은 저항이다. 다른 사람들의 현실에 아랑곳하지 않고 또 하나의 현실을 만들어내는 데 집중하는 것이다. 담벼락으로 둘러싸인 채 이 경계를 넘어서지 않으려 하는 삶, 바로 그것이다. 내면을 향하는 삶이다. 그리고 이와 같은 삶은 가난해지지 않는다. 이 삶은 난파의 시기에도 모든 보화의 피난처와 같다. 〔…〕 진지하고 소박한 노동이 이런 삶의 뿌리이다. 모든 선과 위대함은 이 삶에서 나온다. 근면과 기쁨과 경건함 그리고 끝으로, 누가 원치 않아도, 예술이 말이다.

이 글에 빗대어 볼 때 인류 역사에서 중요한 것은 순응이 아니라 저항이다.

도 큰 평가를 받는다. 〈태양의 노래〉의 일부만 소개해 보면 다음과 같다. "나의 주여, 찬미를 받으소서,/하늘에 달과 별들을 만드셔/저리 찬란히 빛나게 하시니.//나의 주여, 찬미를 받으소서,/바람과 공기와 구름과 청명한 하늘과 날씨로 하여/당신이 지으신 모든 것들을 먹여 살리시니."

저항을 통해 인류는 기존의 세계 외에 또 하나의 현실을 만들어내는 것이다. 예술 역시 마찬가지이다. 수도사가 근면과 기쁨과 경건함을 가지고 자신의 길을 가듯 예술도 그래야 한다. 그러나 예술은 혁명이 아니라 내면의 자유를 확장하는 데 그 뜻이 있다. 릴케가 《기도시집》에서 프란체스코를 칭송하는 가장 큰 이유는 예술가로서 지녀야 할 덕목, 즉 만물에 대한 사랑과 가난의 태도를 이 성자가 모범적으로 구현하고 있다고 보기 때문이다. 성 프란체스코라는 인물은 모든 소유에 대한 포기와 자연, 즉 소박한 삶에 대한 고백을 통해 진정한 가난을 구가한다. 프란체스코는 시인들에겐 영원히 "가난의 그 위대한 저녁별"이다. 《기도시집》에서 이 성자를 릴케가 시인의 모범으로 택한 것은 우연이 아니다. 19세기에서 20세기로 넘어오는 전환기에는 성 프란체스코의 전설에 대한 수많은 번역들이 등장했다.[4] 프란체스코가 시인에게 전한 가장 강력한 메시지는 시장 한복판에서 옷을 벗어던진 행위이다. 모든 명성과 사회적 속박 그리고 평판의 상징은 무엇보다 의복이다. 옷으로 사람은 평가된다. 사람은 옷에 의해 감금당한다. 때문에 옷을, 그것도 사람들의 통행이 빈번한 시장 한복판에서 벗어던지는 것은 교회의 권위로부터 자신을 해방시키려는 적극적 행동이며 자신의 길을 가기 위한, 자신의 생에 최고의 헌신을 바치기 위한 준비 과정이다. 무소유를 향한 이 몸짓은 모든 것으로부터의 해방이며 자유를 찾기 위한 윤리적 행동이다. 사람들의 마음속에서 가장 중요하게 여겨지는 것들, 우연한 것들, 신을 향해 가는 자신의 길을 막아서는 모든 것들을 떨쳐버리는 고

4 릴케는 프랑스의 프로테스탄트 신학자인 폴 사바티에가 쓴 《아시시의 성 프란체스코 이야기》(1893)를 통해 이 성자에게 인도를 받은 것으로 보인다. 이 책의 독일어판은 1895년에 출간되었다. 릴케는 이 책을 구입해서 읽고 1910년에는 이탈리아의 여자 친구 미미 로마넬리에게 선물했다. 또 그로부터 10년 뒤에는 이 책의 새로운 판본을 나니 분덜리 폴카프트 부인에게도 선물했다. 헤르만 헤세 역시 1904년에 이 책에 대한 찬사의 서평을 쓴 바 있다.

릴케가 고독하게 살면서 《두이노의 비가》와 《오르페우스에게 바치는 소네트》를 완성했던 뮈조 성(스위스 시에르 지역 소재). 여류 작가 레기나 울만(1884-1961)을 만나기 위해 뮌헨 근교의 부르크하우젠을 방문했던 릴케는 그곳 오래된 성곽의 탑에 살고 있던 울만을 보고 자신도 그런 탑에 살아보기를 바랐다. 당시 《두이노의 비가》를 완성시킬 '비가의 장소'를 물색 중이었기 때문이다. 이에 친구인 베르너 라인하르트가 릴케를 위해 뮈조 성을 구입해주었다.

왼쪽부터 바이올리니스트 알마 무디, 릴케, 베르너 라인하르트. 1923년 부활절에 스위스 시에르에서

귀한 행위를 성자는 옷 벗기를 통하여 수행한다. 주위에 서서 자신을 바라보는 사람이 무어라고 하던 간에 그는 모든 전래된 편견과 권위에서 벗어나려 한다. 옷 벗기로 표현된 가난은 최고의 내면의 자유를 상징한다. 그렇게 해서 그는 자신의 사명을 향해 모든 힘과 찬양을 쏟아 부을 수 있다. 시에서 릴케는 현 시대에는 왜 세속적 명성을 던져버리고 자기만의 길을 개척하려는 자가 없느냐고 묻고 있다. 왜 가난한 자들의 모범은 나타나지 않는가? 왜 진정한 시인의 스승은 우리가 바라보는 하늘에 떠오르지 않는가? 릴케에게 프란체스코의 이러한 행적은 시인으로서 자신의 정체성을 찾고 자신의 인생을 결정하는 데 더 없는 도움이 되었다. 성자 프란체스코는 릴케의 생에 얹히는 한 방울의 신선한 이슬이었다.

5

시인은 우선적으로 사물들과 관계를 맺고, 그 다음에는 언어와 씨름을 하고, 그리고 끝으로 그 가운데에서 자신의 입지를 설정하면서 자신의 길을 찾아 방랑한다. 이를 위해 시인은 먼저 자신을 비워야 한다. 이런 일련의 관계에서 시인이 추구하는 것은 사물의 은총이다. 시인의 입김 속에서 사물들은 무상성에서 벗어나 시간 밖으로 목을 내밀고 새로운 공기를 숨 쉬며 영원을 꿈꾼다. 대상으로서의 사물은 크건 작건 내면의 왕성한 힘으로 움직이며 요동친다. 자연에 대한 진지한 느낌, 즉 사물들의 영혼을 읽어내는 것이 릴케에게는 관건이었다. 사물들이 들려주는 멜로디를 평온과 헌신으로 가득 찬 가슴으로 읽어 그 소리를 언어로 받아 적는 것이 릴케의 창작상으로 파리 시절을 기점으로 한 중기에 이르러 실제 꽃을 피운다.

떠남과 고독 그리고 자유

1

릴케를 우리는 유럽인으로 부른다. 국적은 오스트리아였지만 그에게서 어떤 민족주의적 편향성이나 애국주의자와 같은 이데올로기적인 면을 찾아보기는 힘들다. 그는 정신적으로 어느 한곳에 속하려 하지 않았다. 만일 유로연합에서 통합된 현대 유럽을 대표할 시인으로 우표를 만든다면 당연히 릴케가 그 모델이 되어야 할 것이다. 릴케는 제1차 세계대전 중이던 1916년 초의 한 편지글에서 이렇게 밝혔다. "어느 것에서나 고통을 느끼는 것, 그것이 나의 몫입니다. 함께 고통을 느끼는 것, 미리 느끼는 것 그리고 나중에 다시 느끼는 것까지 말입니다." 세상의 모든 사람, 모든 사물을 사랑하는 것, 이는 그가 시인으로서 지닌 기질과 맞물리는 것이다. 협소한 민족주의적 사고는 그와 맞지 않았다. 한곳에 머물러 그곳에서 석고처럼 굳어버리려 하지 않는 자유로운 성향은 그를 늘 방랑의 길로 나서게 만들었다. 일찍부터 스스로 고향이 없다고 느낀 그의 삶과 문학에서 방랑은 하나의 라이트모티프가 된다. 길을 나서서 늘 방랑의 한가운데 있는 것은 릴케의 삶의 방식이었다. 동일한 시의 형태를 반복하기를 원치 않았듯이 릴케는 늘 새로운 계기를 찾아 나섰다. 새로운 테마, 새로운 형식을 실험하기 위해서는 늘 새로운 풍경과 삶의 조건이 필요했다. 그는 아무

결실도 없이 한 곳만 뱅뱅 도는 삶을 원치 않았다. 1923년 6월 20일, 자신의 삶을 돌아보면서 쓴 〈여행자〉라는 시에서 그는 이렇게 노래한다.

> 어느 풍토를 향해
> 우리는 여행 속에 있는가? 누가 우리에게 눈짓을 보내나?
> 늘 있는 것들이 사라졌음을 우리는 어떻게 아나?
> 무엇이 우리로 하여
> 이 사물에서 저 사물로 돌연 떠돌게 하는가?
> 누가 우리 앞에 심장을 던지나, 그리고 우리는 좇느니,
> 이 고귀한 심장을.

스위스 베른 주에서 기차를 타고 발리스 계곡으로 여행하면서 쓴 시이다. 여행의 감정을 적은 일종의 즉흥시이다. 기차 밖 풍경으로 바라본 두 젊은 남녀의 모습이 시를 쓴 계기였다고 그는 한 편지에서 고백한다. 이 시의 눈은 "누가 우리 앞에 심장을 던지나"에 있다. 왜 우리는 웬 그리움을 따라 자기도 모르게 이렇게 방황하는가라는 말을 이렇게 표현한 것이다. 인간 조건의 근본적인 면에서 보자면, 끝없는 방랑은 그가 로댕 강연에서 "우리는 모두 방랑하는 종족이다."라는 말로 명시적으로 표현했던 것으로 현대인에게 주어진 삶의 형편이다. 게오르그 루카치가 1916년에 "선험적인 무고향성"이라는 말로 표현했듯이 현대인의 삶을 유목민의 삶으로 보는 것이다. 여기서 "우리"는 우선적으로는 인간을, 두 번째로는 동시대인을 그리고 세 번째로는 릴케 자신을 지칭한다. 문화적 접점을 따라 새로움을 찾아나서는 시인의 방랑은 어린 시절의 체코로부터 독일뿐만 아니라 프랑스를 거쳐, 스페인, 스위스, 이집트 등 유럽 및 북아프리카까지 이어진다. 시인의 방랑에는 늘 인간에 대한, 이웃에 대한 애정이

동반한다.

낯선 바이올린이여, 너는 어찌 내 뒤를 쫓는가?
머나먼 타향의 여러 도시에서 벌써 얼마나
너의 쓸쓸한 밤은 나의 밤에게 말을 건넸던가?
수백의 사람이 너를 켜는가, 한 사람이 켜는가?

네가 아니라면 벌써 강물에 몸을 던졌을
그 얼마나 많은 사람들이
대도시마다 지금도 살고 있는가?
네 소리는 어찌 이리도 나의 가슴을 치는가?

나는 왜 언제나 너로 하여 불안스레
'삶은 모든 것들의 무게보다 더 무겁다'고
노래하고 말하도록 하는 사람들의
이웃이어야 하는가.

위 시는《형상시집》의 초반부에 나오는 작품이다. 릴케가 여류 조각가 클라라 베스트호프와 결혼을 하고 1년간의 신접살림 후 신혼집을 떠나 1902년 겨울 파리 시절의 가난과 궁핍 속에서 쓴 시이다. 떠도는 삶을 살고 있던 릴케에게 바이올린의 멜랑콜리한 음조가 곁들여 아픈 마음으로 살아가고 있는 가난한 사람들에 대한 따스한 관심이 그냥 한 편의 시로 되살아난 것 같다. 파리, 대도시 속 개인은 무한한 자유를 가질 수 있으나 또한 정서적으로 외로움에 젖기 쉽다. 익명성은 자유와 함께 소외를 의미하기 때문이다. 대도시 속 개인의 인격의 무게는 한낱 깃털처럼 가볍지만, 그들 각자가 이끌어가야 할 "삶은 모든 것들의 무게보다도 무겁다." 그렇다. 너무나 무겁다. 양손에 물이 가득 찬 양동이를 들고 힘들게 걸음을 떼어놓는 것과 같다, 인생이란. 그렇다고 자신의 삶을, 들고 가던 물동이가 너무 무겁다고 쉽게 내려놓아서는 안 될 일이다. 릴케의 표현대로, "우리가 무엇을 하는 이유는 그것이 힘들기 때문입니다."라는 것, 이것이 삶의 모토가 되어야 할지도 모른다. 낯선 도시의 골목에서 들려오는 바이올린 소리에 매개된 상상력이 시인의 가슴에 호소해 온다. 이런 이웃들을 두고서 살아야 하는 시인의 가슴은 편치 않다. 편치 않은 것이 아니라 고통에 빠진 이들에게서 진한 감동과 시인으로서의 책임감을 느낀다. 시인은 아픈 사람의 마음 곁에 있어야 하며 이를 자신만의 느낌과 언어로 그려내야 하기 때문이다. 바이올린으로 대변되는 예술이 있어 사람들이 목숨을 연명하듯 시인도 도시 속의 여린 생명들에게 용기를 주어야 한다. 그러기에 시인 릴케에게 인간들은 모두 "이웃"이다. 이때 릴케는 이웃을 위한 연민의 시인이 된다. 그가 이렇게 사람들과의 관계에 많은 애정을 쏟은 것은 스스로 고향이 없다고 느낀 그의 감정에서 연유한다. 1920년 1월 14일에 그는 만년의 스위스 시절에 자신을 물심양면으로 돌보아준 나니 분덜리 폴카르트 부인에게 다음과 같은 편지를 썼다.

1919년 스위스 강연 여행 때인 〈릴케의 밤〉 포스터. 좌석에 따라 입장권 가격이 다르다

> 왜 내가 이렇게 많은 인간관계를 유지하는지는 신만이 알 겁니다. 가끔 이것이 혹시 고향에 대한 대체물은 아닌가 하는 생각이 들기도 해요. 세상 곳곳에 섬세하게 나뉘어 살도록 운명 지어진 것처럼 말입니다. 이 폭넓은 영향의 망 속에서.

2

파리의 낯선 환경 속에서 릴케는 특히 계절적으로 가을을 맞이하여 자신의 삶을 다시 한 번 반추하며 우리에게 익히 알려진 〈가을날〉이라는 시를 쓴다.

주여, 때가 왔습니다. 지난여름은 참으로 위대했습니다,
당신의 그림자를 해시계 위에 얹으시고
들녘엔 바람을 풀어놓아 주소서.

마지막 과일들이 무르익도록 명해주소서,
이틀만 더 남국의 날을 베푸시어
과일들의 완성을 재촉하시고, 짙은 포도주에는
마지막 단맛이 스미게 하소서.

지금 집이 없는 사람은 이제 집을 짓지 않습니다.
지금 혼자인 사람은 그렇게 오래 남아
깨어서 책을 읽고, 긴 편지를 쓸 것이며
낙엽이 흩날리는 날에는 가로수들 사이로
이리저리 불안스레 헤맬 것입니다.

릴케가 이 시를 쓴 것은 1902년 9월 21일이다. 이미 결혼을 한 상태에서 어느 출판사의 부탁을 받고 파리에 와서 로댕 전기를 쓰던 중이었다. 남편으로서 생계를 책임져야 하는 부담과 시인으로 살아가야 하는 소명의식 사이에서 방황하던 시기였다. 여류 조각가 클라라 베스트호프와 결혼을 하고 나서 가족을 부양하기 위해 많은 글을 써야 했던 릴케의 고뇌는 이곳 파리에 와서도 계속된다.

일단 "주여"라는 외침으로 시작하여 시에 신비주의적, 범신론적 분위기를 준다. "때가 왔습니다."라는 말은 지금이야말로 바로 행동으로 옮길 때가 되었다는 뜻이다. "주"를 향해 행동을 재촉하는 말이다. 이후에 나오는 말들을 이끄는 구절이다. "지난여름은 참으로 위대했습니다."라는 구절에 해당하는 "Der Sommer war sehr groß."를 우리말 번역에 따라서 "지난여름은 참으로 길었습니다."로 옮긴 경우도 있는데, 이는 뒤에 나오는 제3행의 "los"와 운을 맞추려 한 릴케의 의도와도 맞지 않는 것으로 상당한 오류를 범한 번역이다. 이 번역의 경우엔 신을 향해 여름이 지긋지긋했으니 이제 그만하시죠, 하는 의미이다. 문면에 드러난 것을 다 살리지도 못했고 시적인 향취도 사라졌다. 오히려 '지난여름이 위대했다'는 말을 그냥 살려서 신을 향하여 지난여름에 하신 일이 위대했다는 뜻으로 보는 것이 옳다. 길었기 때문에 이제 일을 그만해도 된다는 것이 아니라 훌륭한 일을 넉넉하게 해냈으니 그에 대한 칭송을 받아 마땅하다는 뜻으로 받아들여야 한다. "groß"와 "los"가 바로 그것을 말해준다. "위대했다"와 "풀어준다"는 의미는 주께서 여름 동안 위대한 일을 했다고 칭송하니 이제는 풀어주는 것이 어떻겠냐고 소망을 비는 것이다. 여기의 신은 광활한 포도주 농장을 소유하고 자연을 지배하고 은혜를 베푸는 훌륭한 존재로 찬양된다. 집안의 자잘한 일부터 큰일까지 모든 것을 보살피는 어머니 같은 존재이다.

시의 전체 구조를 보면 제1연은 총 3행, 제2연은 총 4행, 제3연은 총 5행으로 되어 있어 뒤로 갈수록 화자의 말이 많아짐을 알 수 있다. 풍요로움을 말할 때보다 자신의 처지를 호소할 때 말수가 더 많아진다. 그만큼 시에 화자의 실존적 의식이 반영되고 있다는 뜻이다. 신에 의지하여 마음의 소리를 낼 때에는 시행이 짧다가 마지막 연에 이르러 스스로 모든 것을 짊어져야 하는 상황을 말할 때에는 시행이 사뭇 늘어난다. 1, 2연이 가을의 풍요로움을 노래하고 있다면, 마지막 연은 앞으로 다가올 미래의 일을 미리 예견하여 적은 것이다. 동사도 미래형 조동사 "werden"이 사용되고 있다. 지금은 풍요로워 보이는 풍경이지만 결국에는 혼자 남아 모든 고통을 짊어져야 함을 화자는 아픈 마음으로 읊조린다. 마지막 연에는 시인 릴케의 모습이 고스란히 들어 있다. 집 없이 방랑하는 신세나, 혼자서 외롭게 지내는 것, 잠을 자지 않고 책을 읽고 편지를 쓰는 모습, 낙엽이 흩날리는 가로수 길을 헤매는 모습이나, 모두 방랑길에 서 있던 릴케의 모습 그대로이다. 초반부의 심적 풍요로움은 마지막 행에 이르러 불안해진다. 신에 의지할 때의 안정감은, 자유롭기는 하지만 혼자 남아 모든 것을 감내해야 하는 상황에 이르러 불안의식으로 바뀐다. 이러한 상반된 의식, 이른바 모순이 릴케의 특징이다. 현재의 밝은 현실을 미래의 불투명한 전망으로 바꾸는 것은 탈출구를 마련할 수 없는 자신의 삶에 대한 소회에서 비롯한다. 지금까지 그랬듯이 시인의 방랑은 높고 쓸쓸하게 계속될 것이다. 시련에 젖어도 모험을 찾아 나서는 자유로운 인생의 탐구자, 그것이 시인이다. 떠남, 즉 여행은 시각을 극대화시키는 일이다. 수전 손택의 말처럼, "당신은 집에서 멀리 떠나야만 한다. 그런 다음에는 감각에 저장한 것들을 생각해보기 위해 다시 집으로 돌아와야 한다." 이 말이 릴케의 시와 삶에 딱 맞는다.

〈가을날〉과 함께 《기도시집》 제2부 〈순례의 서〉에 실려 있는 다음 시를 읽으면 흥미롭다. 어조가 비슷하면서도 다른 내용을 담고 있기 때문이다.

매자나무 열매는 벌써 익었습니다,
꽃밭에는 시들어 가는 과꽃이 여린 숨을 내쉽니다.
지금 가진 것이 없는 사람은, 여름이 지나가고 있기에,
언제고 기다릴 뿐 아무것도 손에 넣지 못할 것입니다.

그의 어둠 속에서 일어서기 위해
그의 내면의 밤이 시작되기만을 기다리는
숱한 환상들이 있음을 스스로 믿기에
지금도 눈을 감을 수 없는 사람은
노인처럼 세월만 흘리고 말 것입니다.

그는 이제 아무것도 갖지 못하고, 어떤 날도 일어나지 않으며,
그에게 일어나는 모든 것은 그를 속일 뿐입니다.
나의 신이여, 당신도 마찬가지입니다. 그리고 당신은
매일 그를 심연으로 끌고 가는 돌과 같습니다.

가을의 분위기를 노래하는 이 시는 가을이 갖는 무상성에 무게를 두고 있다. 매자나무 열매는 익었지만 어느새 화단엔 시든 과꽃이 마지막 여린 숨을 내쉬고 있다. 1연에서 노래하던 가을의 흐르는 시간의 헛됨이 2연에 접어들며 시인의 가슴에 투사되어 노인의 회한으로 바뀐다. 시인으로서의 위기감이 시 곳곳에 엿보인다. 신을 향해 아무리 부르짖어도 시는 다가오지 않는다. 때를 잃으면 위험이 찾아온다. 제때에 행동하지 못하는 자의 위험이다. 이런 구절은 성경에서도 그리고 프리드리히 니체의 시구에서도 발견된다. 여름이 지나가고 있는데 해놓은 게 없고, 마음속에 시의 환영들이 있음을 알지만 적극적 개입 없이 기다리기만 하는 사람에겐 아무런 성과도 주어지지 않는다. 아무것도 일어나지 않는다. 진정한 것은 일어나지 않기에 속임을 당하는 것과 같다. 인생은 기다림 속에서 헛되이 흘러간다. 신에게서도 구원을 받지 못해, 일어서지 못해 그는 매일 돌멩이처럼 심연에 던져져 허우적거린다. 인생에서는 언제나 결단이 필요하다. 여기의 심연과 돌은 무게중심이 아니라 부정적인 의미의 구

렁이다. 〈가을날〉에서는 이런 구렁에서의 허우적거림을 마지막 연에서 고독으로 극복하고자 한다. 편지를 쓰고 이리저리 거닐면서 오히려 자신의 내적 충일을 다지려 한다.

릴케의 〈가을날〉은 특별한 비유나 상징 없이 그 자체로 독자에게 말을 걸어온다. 이 시는 가을날의 풍요와 고독의 노래로서 시인의 내면의 풍경을 그만큼 가까이서 꾸밈없이 보여주기 때문이다. 그만큼 시인의 전기적 사실이 많이 개입되어 체험의 직접성을 독자에게 전해준다. 여기서 릴케의 〈가을날〉을 읽으면서 떠오르는 또 한 편의 시가 있다. 바로 릴케보다 100년 전의 시인 프리드리히 횔덜린(1770-1843)의 시 〈반평생〉이다.

노란 배들과 야생의
장미들 가득한 뭍은
호수를 향해 몸을 기울여 있다.
너희 사랑스런 백조들아,
키스에 취해
너희들은 머리를
성스러이 해맑은 물속에 담그는구나.

아, 서글퍼라, 어디서 나는,
겨울이 되면, 꽃을 찾을까,
어디서, 햇살을,
이 땅의 그늘을 찾을까?
장벽들은 서 있네,
말없이 그리고 차갑게, 바람결에
덜그럭거리나니, 풍향계만.

첫 번째 연과 두 번째 연이 각각 극단적인 대조를 이루고 있다. 첫 연이 늦여름의 풍요로움을 말한다면, 두 번째 연에서는 인생의 쓸쓸함이 말을 건다. 횔덜린 개인적으로는 사랑했던 여인 주제테 곤타르트[5]의 죽음 이전과 이후의 분위기를 반영한다. 얼핏 풍경시 같지만, 이 풍경은 시인의 내면의 풍경이다. 시의 구성물을 이루는 자연들은 그러므로 시인의 내면의 모습을 드러내 보여주는 시적 상관물들이다. 구체적으로 보자면, 무르익은 배와 들장미가 가득한 뭍이 호수에 자신의 모습을 비쳐보며 아름다움에 취해 있고, 호수에는 두 마리의 백조가 또한 사랑에 취해 있다. 시인의 상징인 백조가 머리와 목을 담그고 있는 호수는 그냥 맑거나 깨끗한 것이 아니라 성스러이 해맑다. 종교적인 개념인 "성스러이"와 맑은 물이 합쳐져 조화의 분위기를 조성한다. 시인으로서 풍요로움의 한가운데에 서 있던 시절이 1연의 내용에 잠겨 있다. 뭍은 호수와 조응하고, 두 마리의 백조들은 서로에게 사랑에 빠져 있어 조화와 합일의 상태가 노래된다. 이것은 창조의 풍요로움을 나타내는 것이다. 릴케의 〈가을날〉의 1, 2연이 바로 이 상태이다. 시인은 가을의 포도밭을 연상하며 기도를 한다. 가을의 풍성함은 바로 하늘의 은총이다. 시인으로서 자신의 창작을 향하여 내면의 기도

주제테 곤타르트(1769-1802)

5 주제테 곤타르트는 함부르크의 대상인인 힌리히 보르켄슈타인의 딸로 1786년 7월 9일에 프랑크푸르트 은행가 집안인 곤타르트 가로 시집을 가서 네 아이를 낳고 살다가 1796년에 가정교사로 온 시인 프리드리히 횔덜린과 사랑에 빠진다. 두 사람의 관계가 발각되어 그녀의 남편과 격한 싸움을 벌인 후 횔덜린은 1798년에 그 집을 떠났고, 그러던 중 그녀는 1802년에 폐결핵으로 죽는다. 프랑스 보르도에 가정교사로 가 있던 시인이 가정교사 자리를 내치고 나온 것은 그녀의 죽음 때문이었다. 시인의 많은 시와 서간체 소설《히페리온》에서 그녀는 영원한 미의 여인 디오티마로 칭송된다.

를 올리는 것이다. 계절의 풍성함은 시인의 실존을 안정되게 한다. 횔덜린의 〈반평생〉의 구조가 릴케의 〈가을날〉에 그대로 반영되어 있다. 이 사실은 시의 후반부를 보면 더욱 두드러지게 증명된다. 시도 인생도 제대로 되지 않을 때 시인은 서글프다. 1연에서 사물들을 풍성하게 꾸며주던 형용사들도 사라지고 썰렁한 낱말들 몇몇만 서 있다. 꽃도 찾을 수 없는 겨울의 차가움 속에 독일 슈투트가르트 지방의 수탉 모양 풍향계만 바람에 덜거덕거린다. 담벼락도 말없이 서서 서로 간에 대화는 없다. 시인의 실존은 백척간두에 서 있다. 내면의 풍경에 겨울이 왔다. 아름다움은 가고 황량한 들판만 덩그러니 남아 있다. 이것은 릴케의 〈가을날〉의 "지금 집이 없는 사람은 더 이상 집을 짓지 않습니다."의 원조격 풍경이다. 앞으로 다가올 미래에 대한 불안은 두 시인의 작품에서 공통적으로 작용한다. 그 불안이 외부의 사물을 빌어 자기 모습을 드러내고 있다. 시인의 창작과 실존은 이처럼 동일한 궤도상에서 움직인다. 인생의 명과 암이 창조의 흐름 속에서 일렁거린다. 고통의 흔적들이 시의 구조를 형성하는 것이다. 횔덜린에 흠뻑 빠져 있던 릴케에게서 횔덜린과 공통된 모습을 발견하는 것은 어려운 일이 아니다.[6]

3

〈가을날〉과 같은 시기에 쓰인 시 〈가을〉은 보다 간결하고 심도 있는 어조로 가을이 갖는 보편적, 실존적 정조를 노래한다.

6 릴케의 시 〈가을날〉의 두 번째 연은 횔덜린의 시 〈운명의 여신들에게〉와 아주 유사한 음조를 담고 있다. "단 한 번만 여름을 허락해주소서, 힘센 존재들이여!/나의 노래를 익혀줄 가을 하나만 허락해주소서!"

나뭇잎이 떨어진다, 하늘나라 먼 정원이 시든 듯
저기 아득한 곳에서 떨어진다,
거부하는 몸짓으로 떨어진다.

그리고 밤마다 무거운 대지가
모든 별들로부터 고독 속으로 떨어진다.

우리 모두 떨어진다. 여기 이 손도 떨어진다.
다른 것들을 보라, 떨어짐은 어디에나 있다.

하지만 이 떨어짐을 한없이 부드럽게
두 손으로 받아내는 어느 한 분이 있다.

가을에 뒤뜰에 나와 보니 시적 화자 주변은 온통 떨어지는 것들로 가득하다. 우선 나뭇잎이 떨어지고, 무거운 대지가 떨어지고, 이윽고는 우리 인간들도 떨어진다. 이 손도 떨어진다. 떨어지고 또 떨어진다. 뚝뚝, 후둑후둑, 모든 것이 떨어진다. 제1연에서 화자는 바깥에 나와 떨어지는 나뭇잎들을 물끄러미 바라보며 혹시 하늘나라 정원이 시들어서 거기로부터 이렇게 많은 나뭇잎이 떨어져 내리는 게 아닌지 반문한다. 특히 떨어지는 나뭇잎을 의인화하여 거부하는 몸짓으로 떨어진다고 말한다. '아, 안 돼!' 하며 떨어진다는 뜻이다. 여기서 화자는 조금이라도 삶을 붙잡고 있으려 하는 생명체의 죽음의 외마디를 읽고 있다. 오 헨리의 〈마지막 잎새〉가 연상되는 대목이다.

제2연에 접어들면 화자의 상상력은 전 우주로 확산된다. 시점이 밤으로 바뀌면서 "무거운 대지" 혹은 "무거운 지구"가 낮 동안에는 다른 별들과 함께 있다가 "떨어진다." 독일어의 "Erde"는 "대지" 또는 "지구" 두 가지로 해석이 가능하다. “지구”가 고독에 잠긴다는 뜻으로 봐도 무난하다. 일단 해석은 이 방향에서 접근이 가능하다. 그러나 밤이 되어 적막감이 감도는 “대지”를 두고 고독 속으로 떨어진다고 한 걸로 보는 게 더 적절하다고 보인다. 왜냐하면 시인이 대지 속에 위치하여 함께 고독해지고 있는 모습이기 때문이다. “고독 속으로”와 “떨어진다”는 말을 강조하여 자연스런 리듬을 살리다보니 ‘외로워진다’거나, ‘쓸쓸해진다’고 하지 않고, “고독 속으로 떨어진다.”고 표현하고 있다. 훨씬 시적인 구사라 할 수 있다. 밤이 되면 낮 동안 분주하던 대지도 정적에 잠긴다는 말이다. 원문의 “Und in den Nächten fällt die schwere Erde/aus allen Sternen in die Einsamkeit.” 즉 “그리고 밤마다 무거운 대지가/모든 별들로부터 고독 속으로 떨어진다.”에서 “in die Einsamkeit” 즉 “고독 속으로”는 이 시의 백미라 할 수 있다. 밤이 되면 대지도 혹은 지구도 무거워져 마치 블랙홀 속으로 빨려들 듯 “고독” 속으로 떨어진다. 원래의 독일어 용법에서도 “in die Einsamkeit”라고 쓰지만 시인은 이것을 적절히 자신의 생각을 표현하는 데 이용하고 있다. “고독”이 개념상 모든 것보다 더 큰 바다처럼 광활한 카테고리임을 릴케는 이렇게 표현한다. 추상화를 통하여 표현의 보편성을 노리는 것 역시 릴케의 시작법의 특징이다.

대지로 전염된 ‘떨어짐’의 모티프는 제3연에 이르러 시적 화자에게 전이된다. 떨어지는 것들 속에 둘러싸여 있다보니 나무처럼 서 있던 자신의 손도 마치 나뭇잎처럼 떨어질 것만 같다. 1연에서 말했던 “거부하는 몸짓”이 자신도 모르게 나온다. 그래도 화자는 수긍한다. “다른 것들을 보라, 떨어짐은 어디에나 있다.”고 하면서. 가을의 조락은 누구나 받아들여야 할 숙명이기 때문이다. 인간도 대지에 서 있는 한 그루 나무에 불과하다. 떨어짐의 연상은 꼬리에 꼬리를 물고 지상의 모든 사물로 이어진다.

그러나 마지막 연에서 대반전이 기다리고 있다. 그것은 바로 “하지만”이라는 접속사에 의해 주도된다. "어느 한 분"이 누구인지 분명치는 않지만, 자연의 섭리 같은 것이 모든 것의 떨어짐을 "받아준다." 그것도 "한없이 부드럽게 두 손으로." 나뭇잎이 아주 포근하게 대지에 착지하는 모습을 의인화한 대목이다. 마치 나무에서 떨어지는 낙엽은 어머니 대지의 품으로 돌아가는 것 같다. 이 시는 이렇게 자연현상의 배후에서 작용하는 힘에 대하여 구상적으로 호소력 있게 서술한다. 모든 존재는 자연의 법칙, 즉 중력의 법칙에 따를 수밖에 없음을 화자는 수긍한다. 물론 여기의 "어느 한 분"을 꼭 특정 종교의 신으로 볼 필요는 없다.

실존적 어투가 강한 〈가을날〉에 비하여 〈가을〉은 정갈한 어조로 삶의 보편적 현상을 읊고 있어 시적 완성도가 상대적으로 높은 편이다. 그러나 독자들의 입장에서는 〈가을날〉이 더 매력을 갖는 것으로 보인다. 〈가을날〉은 시적 화자와의 거리감이 없지만, 반면 〈가을〉은 심미적 거리감을 조성하기 때문이다.

4

그러나 릴케의 고독은 이러한 실존적 고독에 머물지 않는다. 그의 고독은 창조를 향하여 억압에서 벗어나 자유를 찾아가는 적극적인 성격의 것이다. 시 〈탕아의 가출〉은 이를 잘 보여준다. 체코 출신의 소설가 밀란 쿤데라가 소설 《생은 다른 곳에》에서 말했듯이 "모든 시인의 삶에서는 그가 어머니의 손아귀를 뿌리치고 도망치는 때가 언젠가는 찾아오게 마련이다."

이제 떠나가는 거다, 우리 것이면서도
우리 것이 아닌 모든 뒤엉킨 것들로부터,
오래된 우물 속의 물처럼 우리의 모습을

흔들리며 비추면서 깨버리는 것들로부터;
가시덤불처럼 우리에게 다시 한 번 매달리는
이 모든 것으로부터 — 떠나는 거다,
그리고 우리가 오래전부터 보지 못한
(너무나 일상적이고 너무 평범한 것이라)
이것과 저것을 갑자기
응시하는 거다: 부드럽게, 화해하면서
그리고 마치 처음처럼 그리고 가까이서;
어렴풋이 감지하는 거다, 얼마나 비개성적으로,
어린 시절을 가장자리까지 가득 채웠던
고통이 모두를 넘어서 생겨났던가를 —:
그렇지만 떠나는 거다, 아문 상처를
다시 찢듯 손과 손을 떨쳐버리고서,
떠나는 거다: 어디로? 미지의 세계로,
멀리 친숙하지 않은 따뜻한 나라로,
모든 행동 뒤에 마치 배경처럼
무심하게 서 있는 그곳으로, 정원이나 벽처럼;
떠나는 거다: 왜? 충동과 기질 때문에,
초조함과 왠지 모를 기대감 때문에,
이해할 수 없음과 오해 때문에:

이 모든 것을 받아들이고, 헛되이
붙잡았던 것을 던져버리는 거다,
혼자 죽기 위하여, 왠지 모르는 채 —

바로 이것이 새로운 삶의 입구인가?

《신시집》에 실린 이 시는 성경의 신약 중 〈누가복음〉 15장에 나오는 우화를 릴케 나름대로 재해석한 것이다. 1906년 6월에 쓴 이 시에서 릴케는 14세기에 지은 마르부르크 엘리자베트 교회의 벽걸이 양탄자나 로댕의 조각에서 이 모티프를 취해 왔을 가능성이 크다.

마르부르크 엘리자베트 교회의 벽걸이 양탄자 〈탕아의 가출〉

렘브란트 〈돌아온 탕아〉

보통은 돌아온 탕아의 모습을 그리지만 릴케는 위 시에서 탕아의 가출 자체만을 묘사한다. 돌아온 탕아는 많은 화가와 작가들, 그리고 시인들의 소재가 되어 왔다. 17세기의 유명한 네덜란드 화가 렘브란트는 돌아온 탕아를 나름의 필치로 그려 보였고, 앙드레 지드 역시 돌아온 탕아를 나름대로 해석하여 작품화한 바 있다. 릴케도 《말테의 수기》 마지막 장에서 돌아온 탕아 모티프를 새롭게 해석하고 있다. 그는 무엇보다 탕아를 "사랑받기를 원치 않는 자"로 규정한다. 가족들의 지나친 관심, 집에 기르는 개마저도 그만 보면 꼬리를 치며 반가워하는 것, 이런 것이 모두 싫어서 집을 떠난다. 집에서 원하는 모양으로 음각, 양각된 인간이 되기 싫었다. 이렇게 주위에서 원하는 올바른 인간이 되기 위해서는 아이는 온갖 억압을 감내해야 한다. 그렇기 때문에 아이는 집을 나간다. 그의 "모습을 흔들리면서 비추는" 거울의 집을 떠난다. 가족 하나하나가 그를 샅샅이 비추는 거울이었다. 숨 쉴 겨를조차 없는 요구였다. 가족의 포옹은 사소한 위험에 몸을 내맡길 권리조차 없게 만들고 삶의 의미조차 빼앗긴 것처럼 느끼게 했다. "비개성적으로"라는 낱말 하나가 이를 단적으로 보여준다. 그러기에 탕아는 이에 항변하면서 스스로를 불투명한 곳, 위험에 내던지며 앞으로 나아가는 삶에 의미를 두었던 것이다. 이렇듯 시인으로서 습관적 억압으로부터 스스로를 해방시키려는 영혼의 바람은 많은 시인들의 일기에서 발견된다. 릴케의 영향을 많이 받은 포르투갈의 시인 페르난두 페소아(1888-1935)는 이렇게 말한다. "나는 도망치고 싶다. 내가 알고 있는 것으로부터 도망치고, 나의 것으로부터 도망치고, 내가 사랑하는 것으로부터 도망치고 싶다. 나는 떠나고 싶다. 나는 이 얼굴들을, 이 습관과 이 나날을 더 이상 보고 싶지 않다."

가슴을 옥죄는 집을 나가 마음 가는 대로 살면서 수중의 돈을 탕진하고 노숙을 하며 숱한 고통을 겪고 나서 그가 다시 집으로 돌아왔을 때 가족들은 성경에서처럼 아버지 품으로 다시 돌아온 것으로 생각했지만 사실은 그것이 아니었다. 그가 집으로 돌아온 까닭은 이제 집안 식구들의 사랑을 아무렇지도 않게 견디어낼 수 있었기 때문이다. 즉 가족들의 관심에서 자유의 구속을 느끼지 않았기 때문이다.

릴케의 위 시에서도 탕아는 바로 이런 자유를 찾아 온통 자신을 얽어매는 관심을 떨치고 집을 떠나는 것이다. 무엇 '하는 거다' 식의 선언문 같은 표현이 주도 동기처럼 시를 관류한다. 자신을 옥죄던 모든 것을 떨치고 떠나는 탕아의 단호함이 시구 곳곳에 배어 있다. 개성을 인정하지 않는 관습적이고 일상적인 것들로부터, 어린 시절을 억누르던 주위의 소망들로부터 과감히 떨치고 떠나는 것이다. "아문 상처를/ 다시 찢듯 손과 손을 떨쳐버리고서." 모든 인연을 끊고서 그가 목표로 삼아 가는 곳은 어디인가? 그 답은, "미지의 세계로." 아직 알 수 없는 "무심하게 서 있는 그곳으로." 그렇다면 그는 왜 떠나는가? "혼자 죽기 위하여." 죽음은 과거의 삶을 버리는 것을 말한다. 끝에 가서 탕아는 묻는다. "바로 이것이 새로운 삶의 입구인가?"라고. 과거를 버리고 자유의 세계로 가는 길은 어색하게 느껴진다. 문학이 추구하는 바가 구체적으로 자유라는 말이 여기서도 통한다. 집을 떠난 탕아의 자유스런 모습은《말테의 수기》의 다음 부분에서 아주 서정적으로 그려진다.

> 아니다, 떠나야 한다. 가령, 식구들이 모두 달려들어 전혀 엉뚱한 생일선물들을 가지고 그의 생일상을 차리느라 정신이 없을 때 떠나는 거다. 그깟 생일선물로 또다시 모든 걸 무마하려 하다니. 영원히 떠나는 거다. 나중에 가면 그는 알게 되리라. 남을 공연히 사랑받는다는 끔찍한 상황에 빠뜨리지 않기 위해서라도 결코 사랑하지 않으리라고 그 당시에 얼마나 굳게 다짐했던가. 몇 년이 흐른 뒤 이 다짐이 떠오를 테고, 그러면 이 다짐도 다른 계획들과 다름없이 수포로 돌아갔음을 알게 되리라. 그는 고독 속에서도 사랑하고 또 사랑했기 때문이다. 사랑할 때마다 그는 그가 가진 모든 것을 동원하였으며 혹시라도 상대방의 자유를 해칠까봐 사뭇 마음을 썼다. 그는 사랑의 대상을 자신의 감정의 빛으로 태워 없애버리는 대신, 자신의 감정의 빛으로 속속들이 비추는 법을 서서히 배워나갔다. 그리고 그는 점점 더 투명해지는 애인들의 모습을 통해서 자신의 한없는 소유욕 앞에 펼쳐지는 광활한 전망을 보며 더없는 기쁨에 젖었다.

이렇게 해서 가족으로부터 떠나는 것은 적극적인 고독의 성취를 위한 고투이며, 이로써 획득한 고독은 내면의 자유의 보루이고, 자아의 완성으로 가는 원정길이다. 그것은 고독한 시인의 길이다. 그것이 가능한 것은 "사랑의 대상을 자신의 감정의 빛으로 태워 없애버리는 대신, 자신의 감정의 빛으로 속속들이 비추는 법을" 익혔기 때문이다. 태우지 않고 비춘다는 것은 자기 편에서도 타인의 존재를 인정하고 자유롭게 하는 경지에 이르렀다는 뜻이다. 대상을 열린 마음으로 바라볼 때, 즉 소유를 떠날 때 인간은 내적인 광활함을, 진정한 자유를 맛볼 수 있다.

5

목표를 향해 끊임없이 달려가려는 릴케의 이런 결심은 인생의 어느 때고 견고하게 유지된다.《두이노의 비가》의 다음 구절을 보자.

지금은 우리가 사랑하며
연인에게서 벗어나, 벗어남을 떨며 견딜 때가 아닌가?
발사의 순간에 온 힘을 모아 자신보다 더 큰 존재가 되기 위해
화살이 시위를 견디듯이. 머무름은 어디에도 없으니까.

연인의 사랑을 벗어나 기꺼이 가시밭길 같은 고통의 길을 가는 것, 그것은 낯익은 사랑들로 가득한 가족의 품을 떠나는 것으로부터 시작된다. 버리고 떠나 고통을 감수하려는 의지는 늘 날아감의 모티프로 형상화된다. 릴케의 장기가 위 시에서도 잘 드러난다. 마음속으로 추상적으로 생각하는 사념이 외부의 물체로 구상화되어 확연하게 그림을 그려 보여주는 것이다. 추상의 구상화 작업은 릴케식 직유법의 소산이기도 하지만 그가 평소에 관심을 기울였던 조형예술에의 관심의 결과기이도 하다. 더 큰 존재가 되기 위하여 사랑하는 이의 곁을 떠나 자신의 목표를 향해 날아가고 싶어 하는 그의 열망은 한편으로 기도라는 자세로 표출되기도 한다. 1907년 베네치아에 체류할 때 알게 된 여인 미

미 로마넬리에게 쓴 편지에서 릴케는 자신이 말하는 기도의 본질을 이렇게 밝힌다.

> 기도란 갑자기 불타오르는 우리의 본질의 발산입니다. 기도란 도달점이 없는 끝없는 방향이며, 어디에 가서도 멈추는 일이 없이 우주를 꿰뚫는 우리들의 동경의 불타는 평행선이죠.

기도를 한다는 것은 자신의 불타는 열망을 하늘을 향해 비는 행위이다. 마음을 정화하면서 어디 높은 곳을 향해 오르고자 함의 반영이다. 기도는 기도자의 손을 떠나 우주를 향해 화살처럼 날아간다. 기도는 시인에겐 창작을 향한 열망과 에너지의 집적 행위의 또 다른 이름이고 구체적으로는 목표를 향해 날아가는 화살이다. 그의 화살은 우주를 향해 날아가며 어디에 가서 멈추는 법이 없다. 이런 릴케도 창작의 위기가 다가오면 고통을 받기 마련이지만 그 때에도 또 다른 비유로써 위기에 처한 자신을 보듬곤 했다. 그때 나온 것이 바로 "창"의 비유이다. 1921년에 쓴《유언서》유고에서 릴케는 이렇게 말한다.

> 작업을 할 때 너는 멋진 솜씨로 던져진 창이다. 너를 던진 여인의 손으로부터 법칙들이 너를 받아 목표를 향해 데려간다. 그러니 너의 비행보다 더 확실한 것이 어디 있겠는가?
>
> 너의 시험은 그러나 네가 늘 던져지지는 않는 데에 있다. 창 던지는 여인이 고독한 너를 택하지 않아, 오래 택하지 않아 너를 잊을 때 말이다. 이때는 시련의 시기다. 네 자신이 사용되지도 않고 스스로 무력하게 느낄 때. (충분히 일할 마음의 준비가 안 된 것처럼!) 아주 무겁게 드러누워 있지만 않다면, 다른 심심풀이거리들이 너를 시험할 것이다. 네가 다른 무엇으로 쓰일 만한지. 맹인의 지팡이이든,

격자창살의 막대기로든, 아니면 줄타기 광대의 균형 막대로든. 혹은 그들은 너를 운명의 땅속에 박아놓아, 계절의 기적이 네게 일어나, 어쩌면 너는 작고 푸른 행복의 잎사귀를 틔울지도 모르지…

오, 그러면, 청동이 되어, 무겁게 누워 있어라.

창이 되어라. 창이 되어라. 창이 되라고!

시인은 던져진 창과 같다. 온몸으로 날아가며 목표를 향해야 한다. 시인은 자신을 소모함으로써 새로운 것을 만들어내기 때문이다. 일종의 전신투구이다. 그때 그를 던지는 것은 어떤 여인이다. 그녀가 창을 던지는 주체이다. 이 창 던지는 여인은 릴케에겐 뮤즈에 다름 아니다. 그녀의 손에 의해 던져져 비행을 할 때만 그의 존재는 더없이 확실하고 안전하다. 자연의 법칙들이 그를 이끌기 때문이다. 그러나 창 던지는 여인의 손이 그를 잡지 않을 때면 비록 자체의 존재감을 못 느끼겠지만 그는 기다려야 한다. 그리고 꿈꾸어야 한다. 자신이 창임을 잊지 말고 비록 잠시 다른 용도로 쓰이더라도 인내를 해야 한다. 맹인의 지팡이나, 격자창살의 막대기, 또는 줄타기 광대의 균형 막대가 되어 있더라도. 일상의 무심한 순간까지도 시인이 되어야 한다고 천명했던 《젊은 시인에게 보내는 편지》의 한 구절을 떠오르게 해주는 말이다. 주위의 오해로 다른 용도에 쓰이더라도 시인은 자신이 창이라는 사실을 잊어서는 안 된다. 비록 땅바닥에 무겁게 누워 있더라도 언젠가 다시 날 수 있다는 믿음으로 기다려야 한다. 오히려 운명적인 비행을 기다리면서 "작고 푸른 잎사귀" 같은 행복과 안정을 등지고 비행의 그 순간까지 고독을 벗 삼아야 한다. 청동의 창이 되어 기다려야 한다. 울타리 창살이 되어 꽂혀 있는 것은 다시 날기 위한 잠복의 기간이다. 새로운 시인이 되어 다시 시작하기 위하여. 시인으로서 그의 유일한 행복과 목적은 날아감에 있기 때문이다. 날아감은 창작을 하는 순간 그 자체이다.

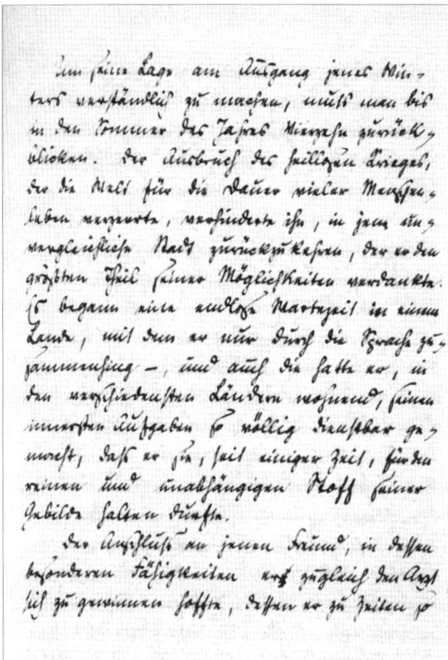

Um seine Lage am Ausgang jenes Winters verständlich zu machen, müßte man bis in den Sommer des Jahres Vierzehn zurückblicken. Der Ausbruch des heiligen Krieges, der die Welt für die Dauer vieler Menschenleben verwirrte, verhinderte ihn, in jenes unvergleichliche Paris zurückzukehren, dem er den größten Theil seiner Möglichkeiten verdankte. Es begann eine endlose Wartezeit in einem Lande, mit dem er nur durch die Sprache zusammenhieng —, und auch die hatte er, in den verschiedensten Ländern wohnend, seinen innersten Aufgaben so völlig dienstbar gemacht, daß er sie, seit einiger Zeit, für den reinen und unabhängigen Stoff seiner Gebilde halten durfte.
Der Anschluß an jenen Freund, in dessen besonderen Fähigkeiten er zugleich den Arzt sich zu gewinnen hoffte, dessen er zu Zeiten so

릴케의 〈유언서〉의 친필 원고. 마치 유언장을 써 내려가듯 곱게 정리하여 적어 놓은 그의 필적은 우리에게 많은 생각을 불러일으킨다

그러기에 시인은 글의 끝에서 "창이 되어라"하고 세 번에 걸쳐 외친다. 고독으로 날카롭게 벼려진 창은 언젠가는 목표를 향해 날아가게 마련이다. 창작이 혼자만의 힘으로 되는 것이 아님이 위 글에서 드러난다.

위 글을 쓴 것이 1921년이니 1910년에 《말테의 수기》를 끝내고 한참 창작의 위기에 빠져 있을 때이다. 1912년에 은총처럼 찾아온 《두이노의 비가》의 첫 비가들 이후, 좀체 창작의 진도가 나아가지 않을 시점이다. 릴케는 《두이노의 비가》를 시작해 놓고 완성하지 못하는 자신의 심정을 마치 소화되지 않는 음식물을 뱃속에 가득 채우고서 돌아다니는 것 같다고 적은 바 있다. 특히 1919년에서 1920년으로 넘어가는 기간은 릴케에겐 정말로 기댈 곳 없는 존재의 영점 상태와 같았다. 재1차 세계대전의 와중에 파리에 있던 재산을 모두 잃은 그에겐 물질적 거처마저도 없었다. 어디로 가야 할지도, 어디에 속할 건지도 모

르는 불확실성 그 자체였다. "유언서"라고 붙인 위 글의 제목에서 우리는 이런 불확실성 속에서 삶의 불빛을 찾아 헤매는 시인의 절체절명의 다짐을 느낀다. 시작노트와 편지 형태의 글들이 함께 들어 있는 이 글은 시인이 죽고 50년 동안 공개되지 않았다. 그러나 위기는 기회가 되어 불확실성의 시기는 또 하나의 전환점으로 바뀐다. 실제 1922년에 《두이노의 비가》가 완성되었으니 릴케로서는 이 글의 공개 필요성을 느끼지 않았던 것 같다. 아무튼 이 글에서 우리는 시인으로서의 릴케의 소명의식의 처절함을 느낄 수 있다. 이것이 제대로 되지 않을 때를 〈유언서〉에서 이렇게 밝힌다. "내 감정의 드넓은 공간 어디엔가는 불안이 숨 쉰다. 아니 불만이. 내가 알지 못할 비탄이 그 공간으로 불어 재낀다. 내 안에서는 위협이 우뚝 솟아오른다. 나는 나 자신과 하나가 되지 못하고 있다고. 이 일치감은 뭐라 설명할 수는 없지만 내가 어린 시절부터 서곤 했던 법정이다." 내면에서의 자신의 감정과의 일치는 자신의 소명과의 일치감의 반영이다. 이것이 그를 판결해 온 예술의 법정이다.

제2부

"누가 승리를 말하는가? 극복만이 전부인데."

〈볼프 그라프 폰 칼크로이트를 위한 진혼곡〉 중에서

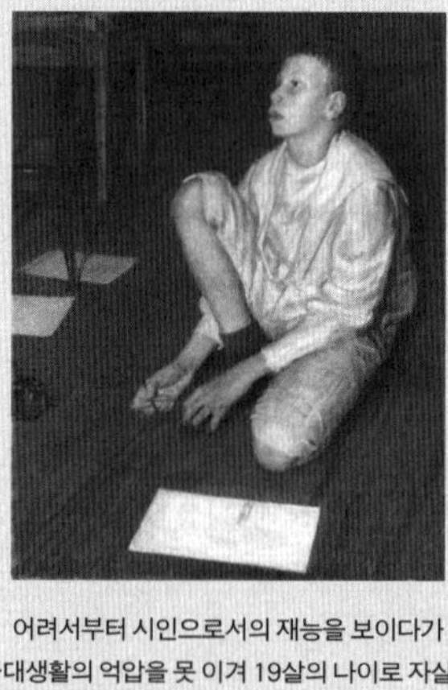

어려서부터 시인으로서의 재능을 보이다가
군대생활의 억압을 못 이겨 19살의 나이로 자살한
볼프 그라프 폰 칼크로이트(1887~1906).
보들레르의《악의 꽃》을 번역했다.
화가인 아버지 레오폴트 폰 칼크로이트가 그린 유화.

시 쓰기의 비밀

1

시를 제대로 이해하는 방법 중의 하나는 시인 특유의 창작방식에 대해 고민해 보는 것이다. 이를테면 보통 낭만주의자로 알려진 독일의 시인 하인리히 하이네(1797-1856)를 제대로 이해하려면 그가 쓰는 반어법이나 뒤집기를 잘 알아야 한다. 하이네는 낭만주의를 빙자하여 곧바로 낭만주의를 공격한다. 낭만주의가 들고 있던 칼을 빼앗아 그걸로 낭만주의를 찌르는 것이다. 낭만주의에 동조하는 척하다가 일거에 뒤집는다. 우리가 잘 아는 그의 〈로렐라이〉 또한 그렇다. 뱃사공이 노를 저어가다가 언덕 위에서 들려오는 아름다운 노랫소리에 혼이 팔려 그쪽을 바라보다 급류에 난파하여 죽는다는 이야기를 보면, 초반에는 아주 정겹게 낭만적으로 저녁햇살, 아름다운 처녀를 이야기하다가, 끝내는 아마도 뱃사공은 죽었을 거라고 단정 짓는다.

하인리히 하이네(1797-1856)

아름다운 로렐라이의 노래에 반해 정신이 팔렸기 때문에 로렐라이가 그를 파멸시켰다고 말한다. 낭만주의자들을 공격하기 위해 낭만주의 기법을 사용한 예이다. 사회의 현실적 개혁에 관심을 많이 갖고 있던 하이네에겐 낭만주의자는 비판의 대상 그 자체였다. 현실을 등한시 한 채 과거 회귀적이고 공상적이고 현상유지적인 낭만주의자들의 태도가 하이네의 마음에 들 리 만무했다. 그만큼 시 작품을 이해하려면 그것을 위한 기본지식이 있어야 한다. 시적 분위기를 일거에 바꾸는 '포엥테Pointe', 즉 '급변'이 하이네의 경우엔 창작방식의 큰 특징이다. 또한 하이네는 독일어의 명사의 성을 가지고도 멋진 시적 장치를 구사한다.

북쪽 땅 황량한 언덕 위에
외로운 가문비나무 한 그루,
얼음과 눈의 하얀 이불 쓰고
꾸벅꾸벅 졸고 있구나.

그가 꿈꾸는 건 야자수라네,
저 머나먼 동방의 나라
불타는 바위벽에 외로이 서서 말없는
슬픔에 잠긴 한 그루 야자수라네.

우리말에는 없는 명사의 성이 독일어에는 낱말마다 존재한다. 명사의 성은 얼핏 아무렇지도 않은 언어습관에 지나지 않는 것 같지만, 가스통 바슐라르가 제시하듯이 사실 많은 사유와 몽상의 실마리를 제공한다. '가문비나무Fichtenbaum'는 소나무 과(科)에 속하는 상록 침엽수로 추운 겨울에 눈 속에서 고통을 견디어낸다. 꼭 그래서 그런 것은 아니겠지만 아무튼 독일어 명사의 성은 남성이다. 이 가문비나무가 추위 속에서 떨면서 꿈꾸는 것은 저 먼 나라 동방의 불타는 바위벽에 서 있는 역시 외로운 '야자수Palme'이다. 이 야자수의 독일어 명사의 성은 여성이다. 우리말에서는 명사의 성을 구별하지 않기 때문에 독일어 원문을 번역해 놓았을 때 독자가 느낄 수 있는 상상력에는 한계가 있다. 북쪽의 가문비나무는 외로움에 떨며 역시 외로움에 취해 슬퍼하며 임을 기다릴 야자수를 꿈꾼다. 추운 겨울을 견디어내는 힘은 바로 그러한 꿈꾸기에 있다. 이 꿈꾸기는 나아가 사랑의 일이다. 하이네는 사랑하는 연인의 그리움을 평소에 그냥 지나치기 쉬운 명사의 성을 가지고도 은밀하게 표현한다. 여성명사로서의 야자수는 추위 속에서 떠는 모든 것들을 포근하게 품어주는 상징이 된다. 명사의 성을 통한 이런 사랑의 상징은 현대 독일 시로 넘어오면서도 은근하게 이어진다. 유르겐 테오발디(1944-) 같은 시인은 시 〈사무실의 눈[雪]〉에서 하인리히 하이네의 야자수가 갖는 상징성을 도시의 삭막한 사무실 풍경에 빗대어 다음과 같이 전개한다.

야자수를 향한 어떤 그리움. 이곳은
춥다. 하지만 그뿐만 아니다. 아침의
너의 키스는 적다. 그 후 나는 이곳
사무실에 여덟 시간 동안 앉아 있다.
너 역시 사무실에 갇혀 있다. 우리는 서로
전화로 연락할 수도 없다. 수화기를 들고
들어본다고? 전화기야, 너의 맥박은 어찌하여
다른 사람들을 위해서만 뛰는 거냐? 누군가가
'잘 지내죠?'라고 묻곤 대답도 기다리지 않고
방에서 나가버린다.

무엇이 사랑을 움직일 수 있을까? 나는 가격들을
계산하며 계산된다. 모든 부품들을 계산한다.
전자밥솥의 부품들과 오일버너, 그것들은

내 머릿속을 숫자가 되어 지나간다. 오직 그뿐.
그리고 나는 누군가의 머릿속을 숫자가 되어
지나간다. 하지만 저녁이 되면 나는 나의
모든 것을 들고 네게로 간다. 학자들에 대한
탐독의 결과, 사랑도 생산관계에 지나지 않는다.
야자수는 어디에 있는가? 야자수는 벽에 붙은
그림의 해변에 보인다. 우리는 침대에 등을 대고 누워
그것들을 바라본다. 아침이 되면 우리는
사무실로 돌아가리라. 각자 제자리로.
자리마다 번호가 있다, 마치 전화처럼.

시인은 따뜻한 해변의 야자수를 그리움의 대상으로 일깨우면서 자신의 사무실의 차가운 현실을 대조적으로 보여준다. 이때 시인이 암암리에 사용하는 기법은 암시의 효과이다. 있는 현실을 객관적으로 묘사할 뿐 자신의 상황에 대해 이러쿵저러쿵 평을 하지는 않는다. 현대 노동의 세계는 춥다. 그러기에 시의 제목을 그는 〈사무실의 눈〉이라고 붙여 놓았다. 인간은 유일하고 특별한 반복될 수 없는 가치를 지닌 존재가 아니라 이용가치에 의해 계산된다. 사무실의 세계에서는 모든 것이 숫자가 되어 지나간다. 시적 화자 역시 누군가의 머릿속을 연봉 얼마짜리가 되어 지나간다. 사랑도 키스도 이 차가운 숫자의 세계 속에서는 맥을 추지 못한다. 냉정한 묘사 속에는 체념의 기운이 서려 있다. 서로 사랑하는 사람끼리의 소통도 침대에 누워 벽에 걸린 야자수의 따스함을 그리워하는 것으로 대신한다. 전화기를 들어도 연인끼리의 소통은 없고 업무상의 전화만 있다. 시인은 이를 "전화기야, 너의 맥박은 어찌하여 다른 사람들을 위해서만 뛰는 거냐?"라고 표현한다. 인간들은 모두 사물적인 가치로 계산되어 있다. 아침이 되면 사랑도 없는 사무실 책상의 번호 앞에 가서 또 하나의 번호가 되어 앉을 뿐이다. 시의 비밀은 이렇듯 먼 곳에 있지 않다. 테오발디는 하이네가 시에서 노래한 가문비나무와 야자수의 그리움을 가지고 현대적 현실을 쉬운 어휘로 빗대어 노래한다. 이것이 테오발디가 추구하는 독자와의 소통의 미학이다. "나는 단순, 소박한 대상들을 묘사하고 싶다. 철도를 타면 이등칸에, 영화관에 가면 앞자리에, 운동장에 가면 경기장에서 가장 먼 코너 쪽의 입석표를 사는 모든 이들을 위해, 자신들의 상황에 불만족스런 모든 이들을 위해 시를 쓰고 싶다"고 그의 시집 《이등칸》(1976)의 서문에 적고 있다. 노동자들도 알 수 있는 간결한 문장 구조와 명확한 묘사 속에 그의 시 쓰기의 비밀이 담겨 있다.

유르겐 테오발디(1944 -)

시적 사유의 자유로움과 열림이 어떻게 시 창작과 이해에 이바지 할 수 있는지 파악해보기 위해 예를 하나 더 들어보자. 독일의 신비스럽고 유모러스한 시인 크리스티안 모르겐슈테른(1871-1914)이 쓴 〈물고기의 밤 노래〉이다. 시인은 물고기가 밤에 부르는 노래를 이렇게 표현한다.

—
◡ ◡
— — —
◡ ◡ ◡ ◡
— — —
◡ ◡ ◡ ◡
— — —
◡ ◡ ◡ ◡
— — —
◡ ◡ ◡ ◡
— — —
◡ ◡
—

처음 봐서는 무슨 말인지 알 수가 없다. 지극히 아방가르드적인 시이다. 이 시가 발표된 것은 1905년의 일로 아직 난해한 표현주의 시의 기색이 독일 문단에 전혀 나타나지 않았던 시점이다. 모르겐슈테른은 이런 형식의 극단적 실험성에서 당시에 이미 타의 추종을 불허했다. 위 시는 스위스 출신의 시인 오이겐 곰링어(1925-)의 구체시와 이미지 시를 선취한 것으로 전통적인 서정시 계열의 언어예술작품으로 보기는 어렵다. 그러면서도 이 시는 고전적 서정시의 기본 틀을 묘사하려 한다. 왜냐하면 시인은 고요한 밤 호수 속의 분위기를 추적하려 하기 때문이다. 이때 시인이 사용한 기호는 독일어의 낱말이 아니다. "‿"와 "—"는 시에서 리듬상의 약강을 표기하는 부호로 위 시에서는 물의 철썩임과 물고기의 노래를 시각적으로 표현하고 또 청각적으로도 나타내기 위해 동원된 것으로 보인다. 밤에 물고기가 물결에 따라 물속 곳곳을 헤엄치며 노래를 부른다. 물고기에게 국적이 있을 리 없다. 물고기는 물고기답게 그냥 노래를 할 뿐이다. 시의 전체 모양새는 물고기의 비늘을 표현한다. 독자는 이 부호에 따라 이 시를 각자 마음속으로 작곡하여 들어야 한다. "‿" 와 "—"를 물결의 움직임으로 보아 우리말로 번역한다면 "철"과 "썩"이 될 것이다. 이에 따라 이 시를 물결의 움직임으로 번역하면 "철/썩썩/철철철/썩썩썩썩" 식으로 나타낼 수 있다. 물론 시인은 물결의 움직임만을 염두에 둔 것 같지는 않다. 위 시의 문양에서 물고기가 아가미를 벌름대며 팔딱팔딱 뛰는 것을 연상할 수 있기 때문이다. 모르겐슈테른은 이처럼 재치가 넘치고 깊은 사고를 유발하는 시를 써서 독자층의 열광적인 반응을 이끌어냈던 시인이다. 그의 시의 비밀은 그가 글 〈계단〉에서 밝힌 다음 구절에서 추적해 볼 수 있다. "아름다움은 마음으로 느낀 리듬에 있다. 굽이치는 리듬을 통해 우리는 외부 세계와 교통한다. 아니 이렇게 말할 수도 있겠다. 아름다움이란 우리가 사랑으로 바라보는 모든 것이다. 세계를 사랑하면 할수록 그 세계는 더욱 더 아름답게 느껴지는 법이다."

모르겐슈테른의 시 쓰기의 비밀은 외부 세계와의 리드미컬한 교감과 세계를 향한 사랑스런 눈길에 있음이 드러난다. 그리고 이것을 표현하기 위해 그는 전래적인 수단을 기꺼이 벗어난다. 마음 자체를 열고 대상과 더 깊은 대화를 하려고 노력한다. 위 시에는 물고기가 밤에 헤엄치며 부르는 노래를 독자에게 인식시키려는 시인의 노력이 들어 있다. 그 노력의 바탕에는 모르겐슈테른이 심취했던 신지학과 인지학적 지식이 깔려 있다. 1909년부터 그는 인지학의 권위자인 루돌프 슈타이너에게 열광했다. 그의 강연을 듣기 위해 독일 각지를 방랑하기도 했으며 부다페스트에서 열린 국제인지학회에도 참가했다. 인지학이 인간 인식 능력의 확장과 발전을 꾀하는 것이었으므로 모르겐슈테른은 독일 시의 음표 부호인 "◡" 와 "—"를 가지고 위와 같은 시를 만들어낼 수 있었던 것이다. 이 부호들을 가지고 독자들은 각자 음악을 만들고 또 그 음악이 다시 물고기로 살아나 움직이는 것을 보고 들을 수 있는 것이다.

18살 때의 모르겐슈테른

2

그렇다면 릴케는 어떤 시 쓰기의 비밀을 가지고 있을까? 릴케는 어떻게 하면 성공적으로 시를 완성할 수 있을지에 대해 관심이 많았다. 1903년 11월에 로댕과 관련하여 루 살로메에게 쓴 편지에서도 그는 이렇게 밝힌다.

> 나도 어떻게 해서든 사물들을 만들어야 합니다. 조형 사물들이 아니라 글로 쓴 사물들을. 수작업을 통해 만들어내는 현실들이지요.

어떻게 해서든 나도 내 예술의 가장 작은 구성단위 즉 세포들을 찾아내야겠습니다. 모든 것을 아우를 수 있는 손에 잡힐 만한 비소재적인 묘사수단을 말입니다.

젊은 릴케는 줄곧 자신이 추구하는 묘사의 기법을 찾아 나섰다. 이 세상에 새로운 "현실들"을 만들어내는 것이 주안점이었다. 그에겐 손에 잡힐 만한, 참된 현실이 문제였다. 자연 속 사물과 같은 작품을 그는 원했다. 그의 창작 구상은 늘 자신의 실존적 문제제기와도 하나가 되어 움직였다. 그만큼 그에겐 예술 자체가 삶이었다는 뜻이다. 작품 속에는 이런 예술과 인생에 대한 고민들이 기록되게 마련이다. 자신이 쓰는 기법에 대해서 릴케는 시 형태로 자주 이야기해 놓았다. 이른바 '시에 대한 시' 즉 시론적인 시이다. 독일어로는 '메타포에지Metapoesie'라고 한다. 특히 시집마다 맨 첫머리에 위치하는 시들이 자신의 시 쓰기에 대한 강령을 담고 있는 경우가 많다. 시적 창작방식의 초기를 마무리한 《기도시집》의 첫 번째 시와 중기 《형상시집》의 〈서시〉를 살펴보면 시적 기법의 비밀을 정확하게 짚어볼 수 있다. 먼저 《기도시집》의 첫 번째 시를 보자.

지금 시간이 기울어 가며 나를
맑은 금속성 울림으로 가볍게 톡 칩니다.
나의 감각이 바르르 떱니다. 나는 느낍니다, 할 수 있음을,
그리하여 나는 조형(造形)의 날을 손에 쥡니다.

내가 바라보기 전에는 완성된 것은 아무것도 없었습니다.
모든 생성은 멎어 있었습니다.
나의 시선(視線)은 이제 무르익어, 보내는 눈길마다
원하는 사물이 마치 신부(新婦)처럼 다가옵니다.

내게 하찮은 것이란 없으며, 하찮은 것이라 해도 나는 사랑합니다.
그것을 나는 황금빛 바탕 위에 크게 그려서
높이 들어 올립니다, 그러면 그것이
누구의 영혼을 풀어줄는지 나는 알지 못합니다…

위 시는 젊은 릴케의 손에서 나온 자신의 예술 행위의 방법과 방향에 대한 완벽한 천명이라 할 수 있다. 이 시는 1899년의 러시아 여행을 배경으로 하고 있다. 릴케는 부활절에 그곳에 도착하여 어둠에 잠겨 기도를 하는 수많은 보통 사람들의 경건한 모습에 감명을 받는다. 그리고 많은 수도원을 방문하고 그곳에 걸려 있는 러시아 성화를 본다. 그때 그의 마음속에 깃들인 생각은 시인 역시 이래야 하지 않는가 하는 거였다. 이것을 시에 반영하여 릴케는 자기만의 시론을 쓰기 시작한다. 이런 배경에서 시 속의 '나'는 러시아 수도사이다. 그는 단순한 수도사가 아니라 이코네 즉 성화를 그리고 시를 쓰는 사람이다. "시간이 기울어가며" 저녁 시간이 되어 때를 알리는 은은한 종소리에 그의 내면에 영감의 물결이 인다. 영감이 전해오는 순간은 마음이 열리는 순간이다. 영감이 떠올라 뭔가 착상이 되면 수도사는 붓을 잡는다. 이것을 시인은 "조형의 날을 손에 쥡니다."라고 간명하게 표현해놓았다. 제1연은 이렇게 예술적 감흥 상태를 서술한다. 제2연부터가 수도사가 갖고 있는 예술관을 잘 보여준다. 첫 행은 사뭇 도발적인 언급이다. "내가 바라보기 전에는 완성된 것은 아무것도 없었습니다."라는 표현 뒤에는 예술가로서의 자긍심이 자리하고 있다. 그가 바라보기 전에는 생명의 역사 과정인 "생성"마저도 멈추어 있었다고 과장 섞인 표현을 쓴다. 이렇게 이 시에서는 '나'와 예술로 형상화하려는 대상 간의 관계가 중심축을 이룬다. 바라보는 눈길에 사랑이 가득 해야 사물이 마음을 연다. 대상을 대할 때의 자세를 잘 나타내주는 말이다. 진정한 사랑의 눈길 앞에 사물은 신부가 되어 다가온다. 수도사는 대상을 어떻게 파악하여 그것을 작품으로 그려내는지 하나하나 열거해 보인다. 그는 대상을 다룸에 있어 하찮음과 귀함을 가리지 않는다. 지상의 모든 것을 하나같이 사랑한다는 말이다. 사물에 대한 진정한 사랑의 표현이다. 이어 수도사는 대상을 황금빛 바탕, 즉 화판에 잘 그려서 벽에 걸어둔다. 그러면 그것을 본 사람들은 마음속으로 감흥을 느끼게 된다. 보는 사람의 가슴에 감흥이 일어 번지는 것, "누구의 영혼을 풀어줄는지"는 이를 표현한 말이다. 일단 작품으로 만들어지고 나면 그것은 또한 작가의 손을 떠난다. 종교적 성화가 갖는 매력이 문학작품으로 그대로 전이된 것이다. 교회의 내부에 걸려 있는, 신과 그리스도와 마리아와 그 밖의 성자들을 그린 성화들은 그것을 보는 사람에게 늘 하나의 매력적인 이미지로 다가오기 마련이다. 중세의 교회에서 많은 성화들이 신자들에게 주었던 교화적 매력을 생각해보면 릴케가 시의 마지막 구절에서 천명한 것도 이해하기 어렵지 않다. 문자를 모르던 우매한 신자들도 성화에서 많은 종교적 감화를 받았으니 말이다. 릴케의 시에서는 수도사가 보이지 않는 신의 모습을 그림으로 그려내는, 이른바 시적 외화의 과정에 관심이 집중되어 있다. 릴케의 시론은 이렇듯 보이지 않는 것을 보이는 것으로 변용하여 보여주는 언어의 혁신과 관련되어 있다. 그 언어는 동시에 관찰자의 마음속에 보이는 것으로부터 보이지 않는 것의 변용을 확산시킨다. 이 장소가 바로 이코네 즉 러시아 성화의 세계이다.

작품을 만들기 위한 영감의 순간의 도래부터 대상에 대한 바라보기, 이어 작품의 형상화, 작품이 갖는 대외적 영향력에 이르기까지 이 시는 어찌 보면 가장 보편적인 창작방식을 보여준다. 바라보기에 앞서 가장 중시되는 것이 영감이다. 초기 릴케의 창작방식이다. 이것이 제대로 이루어지지 않을 때 그는 실존적 위기에 빠진다. 수도사는 골방에 앉아 경건한 마음으로 기도를 올리지만, 아무리 그래도 영감이 찾아오면 성화를 그리고 그렇지 않으면 그리지 못한다. 이 시에서도 대전제는 저녁시간을 알리는 종소리가 울리면서 영감을 받아 할 수 있다는 예술적 자각이 드는 것이다. 골방에 갇힌 수도사의 한계이다. 이는 또 초기 릴케 시학의 한계이기도 하다. 이렇게 영감을 받아 창작하는 것의 한계는 글쓰기의 위기에 봉착했을 때 거기서 헤어나올 길이 없다는 것이다. 그의 나이 스물여덟 살 때인 1903년에 로마에서 릴케는 스웨덴의 여성 사상가인 엘렌 케이(1849-1926)에게 자신이 어려운 시절을 겪고 있다며 이런 편지를 쓴다.

> 내 안의 모든 것이 무능력과 결합되어 있고 힘겨운 영혼의 패배로 짐 지워져 있습니다. 이런 영혼의 패배는 그 원인이 아주 간헐적으로만 찔끔찔끔 글을 쓸 수 있고 좋은 날들 사이사이에 좋지 않은 날들을 극복해야 하고 빠져나갈 방도가 없는 이런 날들 속에서 헤매야 하기 때문입니다.

이런 메모는 릴케가 평생에 걸쳐 쓴 편지들 속에 줄곧 등장한다. 루 살로메에건, 자기 아내에게 쓴 편지건, 투른 운트 탁시스 후작부인에게 쓴 글이건, 편지 상대와 때와 장소에 상관없이 시를 쓰기 위한 집중의 부족은 릴케에게 늘 하나의 큰 테마였다. 이렇게 글쓰기의 위기는 시인 스스로 어떻게 할 수 없는 요소로 나타나며, 시가 그렇게 쉽게 써지는 것이 아니라는 사실로 시 자체에 숭고성을 부여하고 나아가 시에 종교적 위엄의 성격까지 덧붙여준다. 이는 릴케처럼 시의 길을 하나의 수도의 길로 택한 시인에게서 두드러지게 나타나는 현상이기도 하다. 릴케는 마음의 고통과 우울증에 시달리면서도 자신의 내적 삶의 모습을 정신분석의 대상으로 보여주기를 꺼렸는데, 이는 예술적 영감이 손상을 입는 것을 두려워했기 때문이었다. 1912년 1월 24일자 두이노 성에서 한 지인에게 보낸 편지에서도 "외부로부터 오는 어떤 간섭이나 변화, 심적 경감 같은 것을 원치 않습니다"라고 쓴 릴케였다.

그러기에 릴케가 위 시에서 사용한 종교적 용어들은 우리에게 많은 상상력을 불러일으킨다. 수도사가 골방에서 기도로써 수도를 하고 성화를 그리는 것은 신과의 교통 과정이다. 《피렌체 일기》(1898)에서 밝혔듯이 릴케에겐 종교는 "창조를 하지 않는 사람들의 예술"이었다. 골방의 수도사는 고독을 사랑하는 시인이고, 성화를 그리는 것은 시를 쓰는 행위를 나타낸다. 원래《기도시집》의 제1부 〈수도사 생활의 서〉를 작업 단계에서 "기도"라고 스스로 지칭했듯이 릴케에게 "기도"는 곧 글을 쓰는 행위였다. 종교는 릴케에게 곧 예술행위로 비치고, 나아가 예술행위는 릴케에게 곧 종교적 열망이 된다. 이 때문에 우리는 주관적 감정과 필요성에 바탕을 둔 릴케의 예술적 행위를 두고 종교적 치열성이란 말을 할 수 있는 것이다. 이렇게 자신의 작업에 신성성을 부여하는 것은 20세기 초 작가들의 정체성 확보 작업의 일환이었다. 릴케와, 독일에 보들레르의《악의 꽃》을 소개한 슈테판 게오르게(1868-1933) 같은 시인은 'poeta vate' 즉 예언자로서의 시인의 삶을 구현하였다. 한 편지에서 릴케는 자신을 모세와 여호수아에 비유하기도 하였으며 시편의 어투를 흉내내어 그의 예술은 "다윗의 집과 같지는 못하지만 나름의 영광을 노래하리라."고도 했다. 릴케의 매력이 그의 작품을 넘어서는 이유도 여기에 있다. 늘 불안 속에서 살면서 작품의 시작과 완성 동안에만 안정감을 맛보고 다시 불안의 방랑자가 되는 그의 삶은 어둠 속을 헤매며 신을 찾아 떠도는 수도사의 그것과 같다. 이렇게 본다면 또한 릴케의 종교적 개념을 예술이나 그 무엇의 상징이 아니라 문자 그대로 받아들일 수 있는 가능성도 생긴다. 오히려 예술과 종교 그리고 삶의 자세를 하나로 어우르고자 한 것으로 보는 편이 좋을 것 같다.

러시아 성화 〈예수를 안고 있는 성모〉처럼 어둠 속에서 어슴푸레 빛나는 시의 모습이 견자로서의 릴케가 궁극적으로 추구했던 시의 모습일 것이다. 암시 속에 많은 뜻을 새겨 넣는 릴케의 시 쓰기 방향은 러시아 성화로 적절히 표현된다.

릴케의 문학은 드러냄보다는 감춤을 추구하기 때문에 릴케가 원천적으로 쏠린 성화는 밝게 그린 르네상스 화가들의 성화가 아니라 많은 부분을 어둡게 감춘 러시아 성화였다. 러시아 여행을 다녀온 지 20년이 지난 시점인 1923년에 쓴 편지에서도 릴케는 어두운 러시아의 신과 그곳 사람들의 동지애를 강조한다. "러시아는 마음을 열어 내게 동지애와 신의 어둠을 선사했습니다. 그 어둠 속에서만은 모두가 하나였지요." 이 같은 감춤과 숨김은 밝음 즉 오성의 세계로부터 벗어나 자신의 어두운 내면의 목소리를 따라가는 것을 뜻한다. 성화는 릴케에겐 많은 해석의 여지를 갖는 거푸집과 같은 것이었다. 〈러시아 예술〉이라는 초기 산문에서 릴케는 이렇게 말한다.

〈예수를 안고 있는 성모〉(1790년경)

> 모든 예술작품에 더없이 타당한 말은, 특히 작품을 감상하는 사람과 관련하여 다음 같은 것이다. 예술작품은 단지 하나의 가능성이자 공간인데, 그 공간 안에서 예술작품을 바라보는 사람은 예술가가 애초 창조해놓은 것을 재창조해야 한다. 이것이 이런 성화들의 경우에는 그 앞에서 기도를 올리는 사람들의 경건한 태도에 의해 성취된다. 일반 신도들은 텅 빈 성화들에서 수없이 많은 마돈나의 모습을 본다. 이들의 창조적 동경은 이들의 부드러운 얼굴로 텅 빈 타원형들에게 생명을 불어넣어준다.

러시아 성화는 이탈리아 성화처럼 정교하게 그려지지 않는다. 굵은 표정 속에 다양한 잠재력이 숨 쉬는 것이다. 성화 앞에서 기도하는 사람들의 경건함이 성화를 빛나게 한다. 성화의 굵은 선처럼 개인의 체험을 그대로 그려내지 않고 일반화, 비개성화하는 쪽에 잠재적 관심이 있었음이 릴케의 위 글에서 드러난다. 한마디로 예술작품은 하나의 공간으로, 그 안에 들어가 작품을 감상하는 사람에게 자신의 빛을 뿌린다는 얘기다.

3

중기로 넘어가는 《형상시집》에 이르면 시의 화자는 수도사의 골방에 머물러 있지 않고 밖으로 나온다. 사물들을 향한 진정한 바라보기가 시작된다. 《형상시집》의 〈서시〉는 이것을 이렇게 노래한다.

> 네가 누구라도, 저녁이 되면
> 네 눈에 익은 것들로 들어찬 방에서 나와 보라.
> 먼 곳을 배경으로 너의 집은 마지막 집인 듯 고즈넉하다,
> 네가 누구라도.
> 지칠 대로 지쳐, 닳고 닳은 문지방에서
> 벗어날 줄 모르는 너의 두 눈으로
> 아주 천천히 너는 한 그루 검은 나무를 일으켜
> 하늘에다 세운다, 쭉 뻗은 고독한 모습. 그리하여
> 너는 세계 하나를 만들었으니, 그 세계는 크고,
> 침묵 속에서도 익어가는 한마디 말과 같다.
> 그리고 네 의지가 그 세계의 뜻을 파악하면,
> 너의 두 눈은 그 세계를 살며시 풀어준다…

베를린의 슈마르겐도르프에서 1900년 2월에 쓴 시이다. 시의 화자는 늘 고정되어 있는 낯익은 세계 속에 살면서 그 세계에 함몰될 위험에 처해 있다. 때문에 화자는 스스로에게 어서 이 방을 떠나보라고 청한다. 외부의 세계와 내부의 세계가 뚜렷하게 구별되면서 독립된 개별 사물을 집중 조명하는 면이 앞에서 보았던《기도시집》의 첫 번째 시와 다른 점이다. 지식으로 익혀 아는 골방의 제한된 세계에서 벗어나 감각으로 직접 느껴보는 세계로 발을 내딛음으로써 새로운 세계와의 조우가 이루어진다. 이 시의 독일어 제목은 본래 "입구" 즉 "Eingang"이다. 릴케는 이제 그 고유의 시 세계로 가는 새로운 입구에 서 있다.

화자는 더 이상 골방에 칩거하는 수도사가 아니라 세상을 알고자 하는 호기심 많은 관찰자이다. 일단, 화자는 방 밖으로 나와 집 곁에 서 있는 나무를 밑에서 위로 올려다본다. 그것을 시인은 "아주 천천히 너는 한 그루 검은 나무를 일으켜/하늘에다 세운다."고 표현한다. 외부의 사물을 포착한 화자는 그것을 자신의 마음속에다 다시 세운다. 제대로 포착하려면 마음속으로 사물을 가져와야 한다. 이것을 일련의 과정으로 보자면, 먼저 바라보고 마음속에 세우고 다시 언어로 익어가기를 기다리는 것이다. 이때의 "침묵"은 영혼의 교감을 나타내는 말이다. "침묵"은 내적 성찰을 보장해주기 때문이다. 그러므로 "침묵"은 무언가를 탄생시키는 본질적 공간이다.

그런 다음 최종적으로 그 세계의 뜻을 완전히 파악했을 때 화자는 두 눈에서 그 세계를 다시 풀어준다. 그러므로 이 시는 하나의 작품으로 만들어가는 과정을 형상화한 메타포에지에 해당한다. 즉 시에 대한 시이다. 이 과정은 마음의 화폭에 눈으로 한 점의 그림을 그리는 것과 같다. 외부의 사물이 마음의 필터를 거쳐 언어의 옷을 입고 탄생하는 과정 자체를 하나의 테마로 삼아 유연하게 그려낸 시라고 할 수 있다.

릴케의 시 세계는 그의 체험 세계의 확산과 더불어 지속적인 발전을 거듭한다. 머리만으로 쓰는 시에서 오관을 통하여 체험한 것으로의 전향은《기도시집》의 종교적 관념의 세계에서 현실세계로의 눈 돌림을 뜻하고, 이것은 동시에 한 단계 업그레이드된 문학적 형상화의 길로 접어들었음을 의미한다. 이렇게 외부 세계의 많은 것을 내면화하여 자기 것으로 재탄생시키는 과정은《신시집》의 시 〈장미 화반〉 중 다음 대목을 보면 쉽게 이해가 된다.

Rainer Maria Rilke
Das Buch der Bilder
Zweite sehr vermehrte Ausgabe
Axel Juncker Verlag
Berlin / Leipzig, Stuttgart
665257-B

1906년에 악셀 융커 출판사에서 펴낸《형상시집》증보판

만약에 담는다는 것이: 저 바깥의 세계를,
바람과 비와 봄의 인내와
죄와 불안과 복면을 한 운명과
저녁 대지의 어둠과
구름의 변화와 도주와 떠감과
먼 별들의 영향까지를
한줌의 내면적인 것으로 바꾸는 것을 뜻한다면.

필자는 독일의 라인 강을 따라 여행을 하던 중에 한 포도원에 들러 나이가 지긋한 농장 주인에게서 자기 집 포도원에서 나는 포도의 맛은 건너편 포도원에서 나는 포도와는 비교도 안 되게 맛이 있다고 자랑하는 소리를 들은 적이 있다. 포도원 밭고랑에 자라는 미생물이 각각 다르기 때문이라고 했다. 이런 이야기는 최근의 독일 소설에서도 확인된다. 우리에게《책 읽어주는 남자》로 잘 알려진 독일의 대표적 현대작가 베른하르트 슐링크의 소설집《여름거짓말》중 한 단편에 이런 이야기가 나온다. "이곳은 정말 아름답군요! 나무들, 꽃들, 새로 깎은 잔디 냄새, 새들의 노랫소리 하며. 잔디를 직접 깎으세요? 저 수국은 직접 심었나요? 수국의 색깔은 땅 속에 있는 무기물에 의해 결정된다는 말을 들은 적이 있지요. 그렇다면 당신 정원에서는 푸른 수국과 붉은 수국이 저렇게 서로 가까이서 자란다는 게 놀랍지 않습니까?" 장미의 빛깔도 어디에서 자라느냐에 따라 다 다르다. 내리는 비의 냄새도 다르고 떠가는 구름의 모양새도 다르고 지나가는 바람의 향기도 다르고 들려오는 새소리도 그리고 멀리서 비추는 밤하늘의 별빛도 다르기 때문이다. 이 세상 만물은 주변세계의 영향을 받게 마련이다. 주변의 영향을 받아 모양새와 내면이 만들어져가는 것이다. 릴케 역시 이에 대해 직접적으로 표명한 바 있다. 1909년 1월 17일자 편지에서 그는 다음 같이 말한다. "이런 말씀을 드리고 싶군요. 우리는 가만히 존재하는 것이 아니라, 우리의 삶의 영역으로 스며드는 온갖 영향들의 교차점에 서서 새롭고 다른 모습으로 계속해서 바뀌어가는 것입니다." 릴케는 인간 역시 주위의 모든 것을 내면으로 받아들이는 가운데 새로운 존재로 거듭나고 있다고 분명하게 말하고 있다.

위 시에서 '장미'는 여러 가지 사물에 비유되는데, 그런 모습을 띠게 되는 것은 그 자리에 서서 하나의 항아리가 되어 흘러가는 모든 것을 자기 내면에 받아들이기 때문이다. 장미는 저 바깥의 세계의 모든 것 즉 "바람과 비와 봄의 인내, 죄와 불안과 복면을 한 운명과 저녁 대지의 어둠과 구름의 변화와 도주와 떠감과 먼 별들의 영향" 등등 모든 것을 받아들인다. 전자의 것들은 지상의 것들이고 후자의 것들, 즉 구름과 별은 초월적 세계의 것들이다. 육체적이면서 영혼적인 이 모든 것들을 "한줌의 내면적인 것으로" 바꿈으로써 장미는 자기만의 색깔을 띠게 되는 것이다. 이처럼 온갖 체험이 심미적 형태로 꽃을 피우면서 하나의 시가 탄생한다. 주변의 모든 것으로 가득 차 빛나는 한 송이 장미가 곧 한 편의 시이다.

4

장미가 이루어내는 이런 변용의 측면은 우리 시에서도 발견된다. 서정주의 〈국화 옆에서〉를 보면 확인된다.

> 한 송이의 국화꽃을 피우기 위해
> 봄부터 소쩍새는
> 그렇게 울었나 보다
>
> 한 송이의 국화꽃을 피우기 위해
> 천둥은 먹구름 속에서
> 또 그렇게 울었나 보다
>
> 그립고 아쉬움에 가슴 조이던
> 머언 먼 젊음의 뒤안길에서
> 인제는 돌아와 거울 앞에 선
> 내 누님같이 생긴 꽃이여
>
> 노오란 네 꽃잎이 필라고
> 간밤엔 무서리가 저리 내리고
> 내게는 잠도 오지 않았나 보다

한 송이 국화꽃이 제대로 피어나기 위해서는 봄날의 소쩍새 울음과 먹구름 속에서 울어대던 천둥소리, 가을의 무서리 등 자연의 모든 것이 필요하다. 국화꽃의 모습은 주변을 지나던 모든 것들이 우연과 필연이 되어 결정한다. 젊은 날의 고뇌와 방황 등 인생의 온갖 성상을 다 겪은 누님 같은 꽃이 바로 한 송이 국화꽃이다. 국화의 여러 모습은 누님의 내면의 상황을 외적으로 드러내 보여준다. 국화꽃은 곧 이런 파란만장한 삶을 살아온 누님의 모습을 연상시킨다. 시의 화자는 자신의 체험과 인식의 범위 안에서 국화의 모습을 그려내고 거기에서 동시에 누님의 모습을 유추해낸다. 기억을 해내는 가운데 두 가지는 융합한다. 이때 서정주의 시적 창작기법에서 두드러진 것은 비유법의 적절한 구사이다. 자연의 사물을 묘사하면서 거기에 사람의 인생사를 슬쩍 끼워 넣는 방식이다. 직접적으로 직유법이 쓰인다. "내 누님 같이 생긴 꽃이여"라고. 국화 안의 공간과 누님의 내면의 공간이 절묘하게 중첩된다. 자연과 인간의 삶이 교직되는 것이다. 공간에 대한 심미적 성찰이 시의 내용을 형성한다. 국화꽃이 곧 누님이요 누님이 곧 국화꽃이다. 창작과정에서 사물과 인물을 이렇게 하나로 버무려내는 시적 교차와 변이는 위에 예로 든 릴케의 〈장미 화반〉 첫머리에서도 확인된다.

그대는 분노가 너울대는 것을 보았다,
두 소년이 뒤엉키는 것을 보았다,
그것은 증오였으며 마치 벌떼의 습격을 받은
짐승처럼 땅 위에서 나뒹굴었다;
배우들, 우뚝 솟은 허풍장이들,
날뛰다가 엎어지는 말[馬]들,
시선을 멀리 던지며, 마치 두개골이
입 사이로 삐져나올 듯이 이빨을 드러내며.

《신시집》에 실린 대표적인 '사물시'들은 초반부의 냉정함이 그 특징이다.

사물이 갖는 속성을 시인의 차분한 시선으로 그려내기 때문이다. 그러나 이 시는 상당히 역동적인 언어의 쓰임새를 보여준다. '사물시'는 정적인 것에 머물지 않는다. 움직임을 언어로 불러내 눈에 보이게 만든다. 활동하는 인간사가 시에 그대로 들어 있는 것처럼 보인다. 위 시에서는 두 소년이 불타는 분노로 서로 뒤엉켜 치고받고 싸우는 장면으로 나타난다. 두 사람이 증오로 이글대며 서로 맞잡고 드잡이를 하며 마치 벌떼의 습격을 받은 짐승처럼 땅 위에 나뒹구는 것으로 표현하고 있다. 사실 이것은 장미의 모습을 그려낸 것이다. 실제로 릴케는 나폴리의 한 광장에 나갔다가 두 거친 젊은이가 손에 칼을 들고 상대를 찌르려 날뛰는 장면을 보고 기겁을 하여 그곳에서 도망쳐 집으로 돌아왔을 때 장미가 피어 있는 화분을 보고 그 장면이 연상되었다고 회상한 바 있다. 우리는 여기서 시를 창작할 때 주변의 모든 것이 투입되는 현장을 목격한 셈이다. 그러다 보니 활짝 피어 붉게 주위를 물들이는 장미 화분이 "배우들, 우뚝 솟은 허풍장이들,/날뛰다가 엎어지는 말[馬]들,"로까지 표현된다. 현실의 삶에서 가져온 사물이 시에서 하나의 은유로 작용하는 예는 《두이노의 비가》 중 〈제10비가〉의 "밖에는 언제나 대목장이 변두리들까지 넘실대고 있다."는 구절에서 다시금 확인된다. 이 구절의 탄생은 릴케가 젊어서 프라하로부터 도망쳐 나와 1년 남짓 살면서 경험했던 뮌헨의 '옥토버페스트'에서 연유한다. 이 축제의 장을 릴케는 추상화하여 거짓된 천국과 배반한 구원의 상징으로 보고 있다.

릴케는 또한 선배들의 작품에 많은 빚을 지고 있다. 이를테면 위의 시에서 "복면을 한 운명" 같은 표현은 괴테의 《파우스트》에 기원을 두고 있다. 거기서 합창단은 이렇게 노래한다. "그걸 이룰 사람 누구죠? — 이 침울한 질문,/이 질문에 운명은 복면을 하고 외면하지요." 이 같은 영향의 흔적에서 릴케 역시 당시 시대의 한 구역을 살다간 시인이었음이 드러난다. 그리고 우리나라의 시인, 서정주의 〈국화 옆에서〉에서 릴케의 냄새가 나는 것은 서정주가 이 시를 쓸 무렵, "시는 감정이 아니라 체험이다."라는 《말테의 수기》의 구절에 크게 공감했던 사실에서 뒷받침을 얻는다. 이렇게 시적 변용은 시인의 체험과 그 기억의 내용을 상실되지 않게 영원하게 만든다.

5

릴케가 창작을 위해 어떤 고민을 했는지는 그가 남긴 미완성 작품들을 통해 더욱 심도 있게 파악할 수 있다. 완성된 작품에서는 고민의 내용이 겉으로 잘 드러나지 않지만 미완성 작품들은 이런 고민들을 이미 미완성의 고통 안에 고스란히 품고 있기 때문이다. 1913년 11월 5일 파리에서 쓴 미완성 작품 중에 다음 같은 것이 있다.

시도 때도 없이 고갈되지 않은 원경처럼 느끼며	Öfter fühlend wie (die) unerschöpften Fernen
오, 지금도 목이 꺾인 꽃들은 부지기수로 잉여를 향해 떨어지나니.	O wie fallen auch noch die geköpften Blumen mehrend in den Überfluß

앞을 향해 나아가고자 하는 시인에게 영감은 계속 물길을 대주는데, 하나의 틀로 완성되지 않은 시들은 "목이 꺾인 꽃"이 되어 자꾸만 넘쳐난다. 자신의 내면의 폭은 넓고 광활하여 많은 것을 쏟아내지만 작품은 완결되지 않고 흘러내리는 분수처럼 "잉여"의 수반으로 떨어질 뿐이다. 시의 완성을 향한 릴케의 고통이 절절히 드러나는 구절이다. 시를 쓰다가 완성에 이르지 못하고 중도에 그만두어야 하는 시인의 아픔을 읊고 있다. "잉여"는 독일어의 "Überfluß"를 번역한 것이다. 마치 쓰레기통으로 구겨진 채 던져지는 파지 같은 형상을 보여

준다. 쓰다가 실패하면 다시 쓰고 다시 쓰레기통으로 던지고 하는 절망에 빠진 시인의 모습이 떠오른다. 시를 "꽃"에 비유한 것은 그리스어로 "사화집"이 "안톨로기아anthologia" 즉 "꽃을 따서 모은 것Blumenlese"이라는 표현에서 연유한다. 한 편의 시가 완성되기까지 수많은 실패가 있음을 위 원고는 알려준다. 릴케는 나중에 출판업자인 안톤 키펜베르크에게 쓴 편지에서 시 쓰기의 어려움과 자꾸만 중단되는 시작詩作 계획에 대해 다각적으로 언급한 바 있다. 위의 시는 이미 시작해놓은《두이노의 비가》의 시들과 관련되는 내용이다. 시의 초고는 많이 쓰지만 매듭이 지어지지 않는 것에 대한 불만족이 드러난다. 하나의 꽃다발로 엮이지 못하고 시들은 난삽하게 흩어져 있을 뿐이다. 릴케의 예술적 자의식의 일면을 우리는 여기서 확인할 수 있다. 열린 마음에서만 창작은 가능하다. 이는 "고갈되지 않는 원경"이라는 말이 뒷받침해준다. "느끼며"의 주체는 시인으로 볼 수 있다. 그러나 원어에서 현재분사형인 "fühlend"로 되어 있기 때문에 뒷문장과의 연결이 확실치 않다. 동사도 나타나 있지 않다. 여기서 우리는 릴케의 창작에서 문법적 구조는 애초에 고려의 대상이 되지 않음을 알 수 있고, 또한 창작 시에 하나의 개별 낱말이 아니라 체험으로 결집된 생각과 감정이 옹이진 순간들이 말뭉치로 영감이 되어 떠오른다는 사실을 미루어 짐작할 수 있다. 그렇게 해서 미학적 자연성을 담보하는 것이다. 이러한 창작과정은 "노래는 미래에 있다"는 릴케의 표현대로 미래의 시를 찾아 시인의 내면에서 자연적으로 진행된다. 자연성이 주는 열린 구조와 해석의 다양한 가능성은 바로 이 같은 문법적 미확정성에서 비롯한다. 이러한 속사정을 알게 됨으로써 우리는 시인이 추구하는 미학적 관점을 깨닫고 거기에 근거해서 시의 해석을 도모할 수 있는 것이다.

6

릴케의 경우, 후기로 접어들수록 시가 난해해지는 경향을 띠는데 그의 출발점은 일체 현실세계에 있음에 우리는 주목해야 한다. 그가 사용하는 상징적 표현들이 모두 개인의 체험에 기반하고 있음을 주시하면 그것이 한 단계 업그레이드되면서 어떤 급변을 거치는지 알게 된다. 그것이 바로 창작기법의 비밀을 파악함으로써 다가갈 수 있는 시의 비밀의 화원이다. 그곳에서 우는 새, 훨훨 나는 나비, 바람에 흔들리는 나무, 버들강아지 등은 모두 시인이 키워내는 독특한 생명체들이다. 시적 진술의 토대가 현실과 사실에 있다는 것은 그만큼 독자에게 상상의 기반을 확실하게 선사한다는 말이다. 시를 읽는다는 것은 시인의 체험 세계를 읽는 일이며, 그것을 자기만의 몽상과 상상력으로 풀어가는 요령을 터득하는 일이다. 구상에서 추상으로 변용되어가는 과정에 대해 눈길을 둘 수 있어야 한다. 그렇기 때문에 시 앞에 앉았을 때 우리에게 필요한 것은 상상력을 제어하는 고삐가 아니라 상상력을 풀어주는 끝 간 데 없이 열린 마음이다. 현실의 눈을 감으면 내면의 눈이 깨어난다. 열린 공간을 향해 날카롭게 눈을 뜨면 시의 윤곽이 그 안으로 들어온다. 역으로 시인이 독자의 마음에 호소하려면 궁극의 사실성을 느끼게 해줄 수 있어야 한다. 시적 호소력은 특이한 것이나 기괴한 것을 찾아 헤매지 않고 오히려 평범한 일상에서 삶의 보편적 의미를 찾는데 있다. 억지를 쓰지 않고 자연스러운 평범함을 부드럽게 예술로 승화시키는 것이야말로 시 쓰기의 비밀이다. 독자의 가슴에 나름의 몽상의 그림을 그릴 수 있는 화판을 하나씩 선물하는 것, 그것이 진정한 시 쓰기 작업이다. 릴케의 시에서 시학적 성찰을 다룬 시들이 많이 눈에 띄는 것은 그만큼 그가 자신의 시 세계를 개척하는 데 얼마나 심혈을 기울였는가를 알려주는 사실이다. 이는 1911년 12월 28일에 루 살로메에게 쓴 편지의 다음 글귀에서도 잘 드러난다. "예술에서 두려운 점은 예술을 하면 할수록 최고로 극단적인 것, 거의 불가능한 것에 직면한다는 것이지요." 예술의 길에 접어들어 앞으로 한 걸음 한 걸음 나아간다는 것이 얼마나 힘든 일인지 릴케의 이 고백을 통해 우리는 절실하게 느끼게 된다.

나의 축제를 위하여

1

늘 그렇지만 새해가 되면 뭔가 세상에 빚을 진 느낌이다. 뭔가를 해야 한다는 압박감이 마음을 누른다. 나는 뭔가 추억해보기로 했다. 이 나이가 되도록 독일문학을 공부해 오면서 내가 가슴에 품었던 생각들을 기억에서 꺼내 하나씩 적어보기로 했다. 자연스레 나의 문학의 줄기는 내가 전공으로 삼아 공부한 것만으로도 30년이 넘는 시인 릴케가 되었다. 릴케 공부를 처음 시작했을 때 까마득히 멀어 보이기만 했던 그의 나이였는데 이제는 릴케가 죽었을 때의 나이(51세)보다 내가 몇 살이나 위가 되었다. 문학에 대한 나의 생각들은 릴케라는 나무줄기로부터 파생된 가지들이었다.

창밖으로 눈 속에 얼어붙어 있는 나무들이 몹시 추워 보인다. 나무는 그 자체로 하나의 문자다. 북악산을 끼고, 태어난 자리에 그대로 서서 꼼짝도 하지 못하는 채로 서 있는 나무들은 고난이라는 글자다. 하지만 오늘 아침 내내 책상머리에 앉아 붙들고 씨름하며 우리말로 옮기던 독일소설의 다음 구절에서 내 얼굴을 향해 불어오는 훈풍이 바깥에서 밀려오는 찬바람을 막아준다.

식물들은 추위에 대항하여 어떻게 몸을 보호할까? 대부분의 농작물은 약간의 서

> 리에도 견디지를 못한다. 어떤 식물들은 추위를 이겨낼 수 있는 화학 물질을 자체의 세포 안에서 만들어낸다. 가장 효과적인 방어는 세포 안의 전분을 당분으로 바꾸는 것이다. 채소의 유용성이 이런 당화 때문에 더 높아지는 것은 아니다. 얼어서 단맛을 띠게 된 감자가 이에 대한 가장 좋은 예이다. 그러나 채소나 과일이 얼면서 당도가 높아져 맛을 돋우는 경우들도 있다. 야생의 열매들이 그런 예이다. 이런 열매들을 서리가 살짝 내릴 때까지 나무에 그냥 두면 이것들은 곧장 당분을 만들어내 그 맛이 변하면서 더 개량될 수도 있다. 산사나무 열매가 이에 해당한다.

《베를린 알렉산더 광장》(되블린)

위 인용문은 1930년대 초반 독일의 베를린을 배경으로 한 중년 사내의 삶의 고역과 운명을 그린 알프레트 되블린의 소설《베를린 알렉산더 광장》에서 가져온 것이다. 운명의 맵찬 바람 앞에 사내는 사정없이 흔들리고 그때 작가는 그것을 견디는 법에 대한 암시로 위 글을 제시한다. 식물들은 겨울의 추위를 견디어내는 나름의 방어기제를 자기 안에 갖고 있다고 한다. 이 소설의 주인공의 경우도 이와 다르지 않다. 잘못된 운명의 길에 접어들어 살을 에는 세파에 시달리는 한 인간이 어떻게 자신의 마음속의 전분을 당분으로 만들어 열을 내가며 견디는지, 그리하여 어떻게 생에 대한 인식의 전환을 이끌어내는지 우리는 작품 끝에 가서 등장하는 승리의 찬가를 통하여 듣는다. 주인공 프란츠 비버코프가 모든 것을 잃고서 생의 마지막에 가서 깨달은 진실을 작가는 이렇게 외치고 있다.

> 눈을 뜨고 있어라, 눈을 뜨고 있어라, 이 세상에서는 뭔가 일어나고 있으니. 이 세상은 설탕으로 만들어진 게 아니다. 녀석들이 가스탄을 던지면 나는 질식해 죽을

수밖에 없다, 녀석들이 왜 던졌는지 알 수도 없는 노릇이다, 그러나 그게 문제가 아니다, 이미 그런 것에 대비할 준비가 되어 있어야 한다.

전쟁이 터져 내가 징집을 당하고, 왜 그런지 그 이유를 모르고 내가 관여하지 않았는데도 전쟁이 터졌다면 그것은 내 잘못이다, 당해도 싸다. 눈을 뜨고 있어라, 눈을 뜨고 있어라, 사람은 혼자 살아가는 게 아니다. 우박이 쏟아지고 비가 내려도 우리는 어쩔 도리가 없다, 그러나 다른 많은 것은 막아낼 수 있다. 그래 이제나 지난날처럼 소리치지 않겠다, 운명, 운명이라고. 운명이라는 말로 경배할 것이 아니라 그것을 눈여겨보고 움켜잡아 박살을 내야 한다.

눈을 떠라, 앞을 보라, 조심하라, 수천이 같은 편이다, 눈을 뜨지 않는 사람은 조롱을 받거나 체포당하리라.

그의 등 뒤에서는 북소리가 요란하다. 전진하라, 전진하라. 우리는 보무도 당당하게 전쟁터로 나아간다, 백 명의 군악대가 함께 하나니, 아침노을아, 저녁노을아, 우리의 이른 죽음을 비춰다오.

비버코프는 그냥 평범한 노동자이다. 우리는 이제 알 만큼 다 알았다, 이를 위해 우리는 대단한 대가를 치러야 했다.

자유를 찾아 가노라, 자유를 찾아서, 낡은 세상을 무너뜨리자, 깨어나라, 그대 새벽바람아, 발을 맞추어 왼발 오른발, 왼발 오른발, 전진하라, 전진하라. 우리는 전쟁터로 나아간다, 백 명의 군악대가 함께하나니, 그들은 북을 치고 피리를 부노라, 쿵작, 쿵작, 쿵작, 한 사람이 곧장 가면, 다른 사람은 길을 돌아가고, 한 사람이 서 있으면, 다른 사람은 쓰러지고, 한 사람이 전진하면, 다른 사람은 말없이 누워 있구나, 쿵작, 쿵작, 쿵작.

쓰라린 삶 속에서 자신의 몸속에 당분이 생겨 더욱 나은 인생의 맛을 볼 수 있다면 그보다 더 좋을 수 있으랴. 위의 인용문은 '인내는 쓰다, 그러나 그 열매는 달다'는 아주 평범한 말을 문학적으로 표현해놓은 것같이 느껴진다. 습관적인 관점에서 본다면야 아무런 새로움도 없는 평범한 이야기에 지나지 않는 말이지만, 이 평범함 속에서 인식의 짠한 얼음 맛을 혀끝에 느낀다면, 개인의 삶이 맞부딪치는 여러 난관의 끝에서 이 맛을 진하게 가슴에 품을 수 있다면, 아니 삶의 고통을 통하여 이 깨달음을 얻는다면, 단순함 속에 진리가 숨어 있음을 알게 되지 않을까. 한쪽 팔을 잃고 사랑도 잃은 상태에서 부른 삶의 노래이니 가슴에 감동이 스미지 않을 수 없다.

바깥에 쌓인 눈 속에 발을 딛고 서 있는 나무들을 바라보며 떠오른 생각이다. 나무들에게서 절실함을 배운다. 생명의 절실함이다. 견디어내는 것의 절실함이고 언젠가는 봄이 온다는 믿음의 절실함이다. 나무는 한곳에 서 있지만, 나무마다 이리저리 흘러간다. 나무가 여럿 서 있어도 가는 길은 저마다 사뭇 다르다. 나무도 흐른다. 흐르는 시간처럼 나무도 흐른다. 땅을 딛고 위로 흐른다. 포르투갈의 여가수가 부르는 운명의 노래 — 한이 맺힌 듯한 목소리로 혼을 넣어 부르는 — '파두Fado'처럼 하얗게 얼어붙은 눈을 바라보며 물끄러미 서 있는 나무의 운명도 끊길 듯 끊이지 않으며 흘러간다. 나무에겐 자신의 몸이 수액이 흐르는 강이자 길이다. 자신의 속으로 흐르는 이 강을 바라보며 언젠가 봄이 다시 찾아오기를 기다리며 나무는 견디어낸다. 고통의 깊이만큼 드높이 환한 꽃을 피워 올릴 수 있다.

2

젊은 시절의 릴케는 스스로 인생을 다음처럼 정의하고 그 길을 따라 걸어가려 한다. 젊음이 가는 길은 꽃길이다.

인생이란 꼭 이해해야 할 필요는 없는 것,
그냥 두면 축제 같은 것이 될 터이니.
길을 걸어가는 아이가
바람이 불 때마다 날려 오는
꽃잎들의 선물을 받아들이듯이
매일매일이 네게 그렇게 되도록 하라.

꽃잎들을 모아 간직해두는 일 따위에
아이는 아랑곳하지 않는다.
제 머리카락 속으로 기꺼이 날아 들어온
꽃잎들을 아이는 살며시 떼어내고,
사랑스런 젊은 시절을 향해
더욱 새로운 꽃잎을 달라 두 손을 내민다.

릴케의 초기 시집 중에서 자신의 앞날을 희망적으로 노래한《나의 축제를 위하여》에 실린 시이다. 학생들에게 릴케의 시 중에서 좋아하는 시를 한 편 골라 그림으로 표현해보라는 과제를 내면 이 시 작품이 가장 많은 인기를 끈다. 아마도 창창한 인생의 날을 앞에 두고 있는 자신들에게 크게 호소해 오기 때문인 것 같다. 손을 벌리고 하얀 벚꽃이 흐드러지게 피어 있는 가로수 길을 따라 걸어가는 한 아이의 어여쁜 모습이 눈에 환히 들어온다. 어린아이는 자신만의 축제를 맞이하기 위하여 인생길에 막 발을 들여놓았다. 시에서 "너"는 시인 자신이다. 시의 화자는 인생을 시의 초반부터 특별한 형태의 걷기로 묘사한다. 시인이 스스로에게 하는 일종의 조언이다. 먼 길을 출발하는 자신에게 들려주는 말이다. 젊은 시절의 숱한 고민에 대해 릴케는 "인생이란 꼭 이해할 필요는 없는 것"이라는 말로 다독거린다. 인생의 시행착오는 늘 있게 마련이다.

하루하루를 너무 고민하지 말고 충실하게 살고 그것을 하나의 꽃잎 선물로 그냥 받아들이라고 시인은 말한다. 살다보면 많은 일이 생기고 또 궂은일을 겪게 되니 좋은 일이든 나쁜 일이든 너무 마음에 담거나 되새기지 말고 앞으로 걸어가라는 뜻으로 "꽃잎들을 모아 간직해 두는 일 따위에/아이는 아랑곳하지 않는다."고 기대 섞인 표현으로 천명한다. 젊은이라면 한곳에 머무르며 그곳의 삶에 만족하거나 혹은 절망에 빠지지 말고 "제 머리카락 속으로 기꺼이 날아들어온/꽃잎들을 살며시 떼어내고" 더욱 진취적으로 "더욱 새로운 꽃잎을 달라" "두 손을" 힘껏 내밀어야 한다. 하늘을 향해 두 손을 내밀며 걸어가는 인생길을 꽃길로 파악한 릴케는 자신의 인생이 궁극에는 하나의 "축제"가 되기를, 인생이 선물이 되기를 기원한다. 인생을 그냥 내버려두라는 것은 방기하라는 뜻이 아니다. 하나하나 자잘한 것에 매달리지 말고 가는 방향만 제대로 잡아 걸어가라는 말이다. 하나의 목표를 정해놓고 그 목표점에 도달했다고 다가 아니다. 방향을 잘 잡아 앞으로 걸어가면서 적극적으로 두 손을 내밀어 더욱 새로운 꽃잎을 잡아야 한다. 걸어가는 것은 미래를 향한 생성의 몸짓이다. 자기가 무엇인지 알아가는 과정을 릴케는 걷기 메타포로 표현하고 있다. 그것은 뒤를 돌아다보는 과거 회귀적 몸짓이 아니라 앞을 향한 전진의 메시지이다. 시인의 입장에서 본다면, 과거를 답습하지 말고 신선한 새로움을 찾아 새로운 시인으로 거듭나기 위해 전진하자는 다짐의 말이기도 하다. 과거의 시인들이 쓴 종이를 그대로 수정 없이 받아드는 것이 아니라 새로운 시인으로서 새로운 시를 새로운 종이 위에 쓰겠다는 말이다. 이렇게 젊은 릴케가 시인이 되겠다고 결심한 것은 열여섯, 열일곱의 나이로 오스트리아의 린츠 상과학교에 다니면서 러시아 고전을 읽고서부터였다. 새해 첫날에 읽으면 새로움과 따스함이 마음에 전해지는 시이다. 젊은이는 아직 한 편의 시로 탄생하기 전의 재료와 같다. 젊기에 꽃이 만발하고 그의 길은 꽃길이다. 릴케의 말은 젊은이들이 스스로에게 하는 말이다.

봄은 만들어내는 것이다. 인생에서 봄은 다가오는 것이 아니라 우리가 찾아가는 것이다. 릴케는 젊은 날의 봄이 아닌, 마음속의 봄을 이렇게 노래한다.

수백 가지 기적을 일으키는
봄을 너에게 보여주고 싶다.
봄은 숲에만 오는 것,
도시로는 오지 않는다.

차가운 골목을 멀리 벗어나
손에 손을 잡아 서로를 이끌며
둘이서 함께 가는 사람들만이
언젠가 봄을 볼 수 있으리.

봄은 수백 가지 기적을 일으킨다. 차가운 도시 한가운데 쪽방에 쪼그리고 앉아 있어서는 봄을 맞이할 수 없다. 봄을 찾아 나서야 한다. 봄은 추운 도시가 아닌 숲에서 싹튼다. 봄 속의 사랑을 읽어낼 때 우리 가슴에 진정한 마음의 봄은 온다. 그리고 만물의 사랑 작용으로 피어나는 봄은 또 인간들 사이의 진정한 사랑을 가능하게 해준다. 봄은 신이 마련해주는 사랑의 묘약이다. 이 묘약을 맛볼 수 있는 사람은 인생의 추운 골방을 벗어날 줄 아는 사람이다. 강한 의지가 봄을 볼 수 있게 해준다. 봄을 민감하게 느낄 수 있는 사람만이 사랑의 축복을 받을 자격이 있다.

신경숙의 소설《어디선가 나를 찾는 전화벨이 울리고》의 '에필로그'에는 릴케의 초기 시편 중의 하나가〈나의 삶〉이라는 제목으로 실려 있다. 역시 릴케의 초기 시집《나의 축제를 위하여》에 나오는 시 작품이다.

나의 삶이 어디까지 이를 지
그 누가 말해줄 수 있을까?
나는 아직도 폭풍 속을 거닐고 있는가,
물결이 되어 연못 속에 살고 있는가?
아니면, 아직도 나는 이른 봄의 추위에
얼어붙은 창백한 자작나무일 뿐인가?

신경숙 소설의 주인공은 청춘 속의 막연하고 푸릇푸릇한 삶을 사는 한 젊은이로 아침부터 걸려온 전화를 한 통 받고 그리 멀지 않은 과거의 추억 속으로 빠져든다. 시골에서 도시로 유학을 떠나올 때의 느낌을 소설의 주인공은《말테의 수기》의 첫 대목 "사람들은 살기 위해 이곳으로 모여드는 모양이다"라는 말로 대신한다. 막연함 속에 죽음이 느껴졌던 시기이다. 시위가 있고 최루탄이 있던, 그러나 무엇보다 아련한 사랑이 있던 젊은 시절의 아픔을 이야기한 이 작품은 성장소설이며 청춘소설이다. 주인공의 심정을 표현하기에 릴케의 위 시 구절은 적절하게 여겨진다.

같은 맥락에서 위 시의 젊은 시인은 시적 화자로서 아직 설익은 삶을 이야기한다. 그는 젊기 때문에 자신이 폭풍 속을 걷고 있는지, 스스로가 연못 속의 잔물결인지, 아니면 눈발 속에 얼어붙어 있는 창백한 자작나무에 불과한지 알지 못한다. 연못 속의 잔물결이 나중에 가서 산더미 같은 파도가 될지, 현재의 얼어붙은 자작나무가 은빛을 반짝이는 화려한 나무로 거듭날지, 즉 자신의 미미한 시작이 어디까지 이를지 화자는 전혀 모른다. 이 상태의 젊은 생은 마치 인류의 진화에서 초기에 있는 것과 같다. 아직 확정된 존재의 모습이 뚜렷이 드러나지 않는다. 그저 자연의 일부일 뿐이다. 연못 속의 한자락 물결이나 겨울의 창백한 자작나무이다. 하나의 생명에 지나지 않는 존재가 어떻게 앞으로 자신의 모습을 꾸려갈지 지극히 궁금할 뿐이다. 이는 마치 헤르만 헤세의《데미안》에 나오는 다음 구절을 연상시킨다. "누구나 출생의 흔적과 태고의 점액과 알껍데기를 임종의 순간까지 가져간다. 어떤 경우는 인간이 되지 못하고 개구리나 도마뱀, 개미 상태에 머무르고, 또 어떤 경우는 위는 사람, 아래는 물고기로 남는 수도 있다." 완벽하게 자신을 찾는 것이 이만큼 힘들다는 뜻이다. 그렇기 때문에 어떤 사람은 인생길에서 길을 잃고 늘 오솔길에 머물기도 한다.

작가 공지영은 젊은 날의 고민을 릴케가 해결해주었다면서 릴케의《젊은 시인에게 보내는 편지》를 역시 청춘의 번민 속에 살고 있는 딸에게 추천하며 젊은 시절 아픔을 겪은 엄마로서 응원을 보내고 있다. "엄마는 그때 사랑하는 사람을 잃고 마음이 많이 아팠을 때였어." 릴케가 성경 다음으로 덴마크의 작가 옌스 페터 야콥센의 작품을 사랑했다고 밝혔듯이 공지영은 릴케의 이 책을 성경 다음으로 자주 펼쳐보는 책이라고 고백하면서 다음같이 말한다. "어느 페이지를 펴도 릴케가 생을 지불하고 얻은 통찰력과 신에게서 받은 천재성이 버무려져 우리들 인생의 모든 문제에 깊은 목소리로 대답하고 있는 책이 바로 이것이지." "네가 학교에 간 사이 엄마는, 뜨거운 차를 가져다 놓고 끝없이 불안하고 고통으로 가득 차 있는 세상과의 교통을 원하는 전화기를 잠시 꺼두고, 일시적인 슬픔보다는 훨씬 더 괴롭지만 보다 위대한 것에 도달할 기회와 영원으로 가는 용기를 주는, 진정한 운명을 기다려 본다. 인간으로 태어난 것의 의미를 생각하다가 외롭고 괴로울 때 릴케는 나의 친구가 되어준다."

이만큼 릴케가 우리에게 사랑받는 이유는 아마도 그의 고통스런 삶에서 비롯한 문학 속에 들어 있는, 삶의 고민을 함께 하는 진정성 때문이 아닌가 한다. 그 진정성과 겸허함은 우리에게 위안과 위로의 말을 전해준다. 실제로 릴케의 삶을 알고 나서 그의 시를 읽으면 그의 시집은 바로 그 자신의 영혼의 앨범이 아닌가 하는 생각이 든다. 삶이 그의 글과 시 한 편 한 편 속에 속속들이 삼투해 있다는 말이다. 삶의 진정성에서 연유한 예술이 주는 도취는 우리에게 불안의 심연을 뛰어넘게 해준다.

3

릴케는 독일어권 국가 중에서도 독일이나 오스트리아, 스위스가 아닌, 먼 변방의 체코 프라하에서 평범한 집안의 칠삭둥이로 태어나 성장했다. 체코의 서부, 이른바 보헤미아는 당시 오스트리아 합스부르크가의 통치 아래 있었다. 독일계인 릴케의 집안은 독일어를 사용했고 릴케 역시 독일인 소학교에 다녔다. 그렇지만 릴케의 생은 어떻게 보면 평범한 삶과는 상당히 달랐다고 할 수 있다. 그러나 보통 자식들에게 자신의 소망을 투사하는 여타의 부모들과 다를 것 없이 그 역시 부모의 소망의 희생물이 되었음이 드러난다. 그중에서도 프라하의 양갓집 출신이었던 릴케 어머니의 허영심은 대단했다. 그녀는 릴케에게 체코어를 노예의 언어라고 하여 쓰지 못하게 하였으며 대신 프랑스어를 쓰도록 했다. 릴케가 프라하에서 본 독일어는 이상하게 변형된 기형의 독일어였다. 그곳 토박이 체코인들과 오스트리아 국적의 독일어 사용자들 사이에서 소통하기 위해 추상화되고 기형화된 독일어였다. 본토의 표준 독일어와는 사뭇 달랐다. 릴케가 평생 자신의 언어에 몰두했던 것은 이런 저간의 사정과도 무관하지 않다.

라이너 마리아 릴케의 원래 이름은 르네 카를 빌헬름 요한 요제프 마리아 릴케이다. '르네'는 라틴어 'Renatus'의 프랑스어 약칭으로 '재생'이라는 뜻으로 쓰인 말이다. 본디 라틴어의 'Renatus'는 '세례를 통해 다시 태어난 사람'이라는 뜻이다. 릴케가 태어나기 전에, 세상에 나온 지 일주일 만에 죽은 누이의 재생이라고 보고 그의 어머니는 그에게 어려서부터 인형을 손에 쥐어주고 다섯 살 때까지 여자아이 옷을 입혀서 키웠다. 어린 릴케는 인형과 여자아이 옷의 영향에서 벗어나기 힘들었다. 릴케의 어머니는 릴케가 들고 있는 인형과 여자아이의 옷에서 자기가 생각하는 딸의 모습을 떠올렸을 뿐 실제 자기 아이를 보지 않았다.

여자아이 옷차림의 어린 릴케

물론 아버지는 릴케의 어머니가 그렇게 아이를 키우는 것에 동의하지 않았던 것 같다. "마리아"라는 이름을 붙인 것은 릴케 어머니의 광적인 종교적 태도의 소산이다. 릴케를 낳은 시점이 마리아가 예수를 낳은 시간과 비슷하다고 해서 "마리아의 아이"라는 의미로 이런 이름의 세례를 받게 했던 것이다. 그리고 나중에 소학교도 20세기 전환기에 프라하에서 독일어로 글을 쓰는 모든 작가들이 예외 없이 그랬듯이 피아리스트 수도회에서 운영하는 곳으로 보냈다. 거기서 그는 철저한 기독교적 교육을 받게 된다. 그렇다고 릴케의 어머니가 독실한 가톨릭 신자였던 것은 아니었다. 훗날 릴케의 사위 카를 지버가 쓴 글을 보면 릴케의 어머니가 전혀 독실한 가톨릭 신자가 아니었음이 드러난다. 릴케의 어머니가 죽고 1년이 지난 1932년에 쓴 글이다.

> 그녀가 남긴 일기가 있는데 거기서 보면 하느님을 향한 진정한 믿음의 흔적은 찾아볼 수 없다. 매 페이지마다 마치 박물관을 찾아가듯 그녀가 찾아간 새로운 교회들과 그곳에서 마치 그림 구경하듯이 성물을 구경했던 이야기들만이 열거되어 있다.

허약한 릴케가 어린 시절에 장크트 푈텐 군사유년학교(1886-1890)에 다녀야 했던 것 역시 아이의 뜻과 전혀 상관없는 부모의 바람의 실현을 위한 것이었다. 포병으로서 포사격장에서 오래 근무한 릴케의 아버지는 귀가 잘 안 들리게 되어 군대를 그만둘 수밖에 없었다. 그러자 백마를 탄 멋진 기수를 꿈꾸며 많은 지참금을 가지고 시집을 왔던 릴케의 어머니로서는 실망이 이만저만이 아니었다. 결국 릴케는 아버지가 이루지 못한 소망을 대신해야 하는 대리물의 처지가 된다. 이런저런 비참한 체험들은 나중에 그의 문학적 상상력에 영향을 미치게 된다. 〈원초의 음향〉 같은 후기 작품에서도 릴케는 이때의 체험을 다시 다룬다.

여덟 살 때 부모의 결혼기념일에 쓴 릴케의 축하시를 보면 부모가 싸우지 말고 하느님의 비호 아래 잘 지냈으면 좋겠다는 내용을 담고 있는데, 부모 간의 갈등이 얼마나 컸는지 알 수 있다. "다시는 불행을 돌이켜 생각하지 마세요, 다시는, 다시는, 다시는!"이라고 애원했던 릴케의 애원도 헛되게 릴케의 나이 여

릴케의 아버지와 어머니

군사유년학교 시절의 릴케

덟 살 때(1884) 부모는 이혼하고, 릴케는 별로 따뜻하지 않은 어머니의 품에서 자라게 된다. 어머니의 변덕은 유난해서 어머니의 품에서 지내게 되면서부터 릴케의 고통은 이루 말할 수 없이 컸다. 한 지인에게 털어놓은 릴케의 말에 따르면 그는 군사학교에 입학할 때 레이스가 달린 속옷을 가지고 가는 바람에 동료들과 상급생들로부터 조롱을 받았다고 한다. 원래 생긴 외모도 주위의 놀림감이었다. 그를 아끼던 여성들마저도 앞으로 툭 불거져 나온 그의 입술을 문제 삼았으니 말이다. 아무튼 외부의 사물을 바라보기보다는 내면을 응시하는 듯한 커다란 휑한 눈만은 어디서나 시인의 눈으로 인정받았다. "유년 시절은 일생 내내 지속된다."는 프랑스 철학자 가스통 바슐라르의 말대로 릴케의 삶과 문학은 어린 시절의 이런 고통과의 싸움이자 극복의 과정이었다. 1921년 12월 24일자 편지에서 릴케는 군사학교 시절의 고통스런 체험들을 그의 문학과 관련하여 이렇게 표현한다. "그 나름의 엄청난 의미를 지녔습니다. 그것들이 내가 일찍이 그리고 완전히 내면을 향한, 그 가장 중심부에 이르는 길을 향한 '전향'의 계기가 되었으니까요." 군사학교의 악몽이 시적 연상의 재료가 되어 그의 문학의 싹을 키워준 셈이다.

부모의 소망이 투사되었던, 본래의 자신이 삶이 아니었던 군사학교를 그만두고 문학의 길로 접어들면서 쓴, 릴케의 다음 시는 그가 당시 어떤 생각을 마음에 품고 있었는지 명확히 보여준다.

너 성스러운 나의 고독이여.
너는 잠에서 깨어나는 정원처럼
그리도 풍요롭고 순수하고 드넓구나.
너 성스러운 나의 고독이여,
온갖 소망들이 줄지어 기다리는

너의 황금의 문을 닫아라.

젊은 시절의 고독은 시인의 고독과 같다. 특히 유년 시절의 고독이란 가슴 속 몽상의 우물을 들여다보는 것이다. 위 시에서 고독을 향한 열망은 바깥으로부터 오는 끝없는 소망의 소음을 차단하는 것과 관련이 있다. 외부에서 찾아오는 소망의 속됨은 고독을 성스럽다고 일컫는 데서 역설적으로 드러난다. 성스러운 고독은 잠에서 깨어나는 정원에 비유된다. 정원에는 울타리가 쳐져 있고 정원 안에서는 만물이 소생한다. 정원은 하나의 소우주이다. 시인은 고독을 통하여 자기만의 세계에 침잠하여 풍요로움을 추구하고 순수한 마음으로 세상을 노래할 수 있다. 고독이라는 추상적 개념을 정원이라는 현실적이고 생동감 넘치는 공간적 개념으로 치환함으로써 릴케는 고독이 갖는 의미의 깊이와 폭을 확연하게 드러내 보여준다. 정원은 가꾸는 사람의 손길에 따라 아름답게 변모하는 미의 산실을 이른다. 순수하고 순결한 아름다움의 공간이다. 정원은 인간의 삶이 지나간 모든 낭만적인 장면을 고스란히 간직한 공간이다. 시인의 정신은 이 공간 속을 거닌다. "고독은 정신을 다듬는 위대한 조각가이다." 이것은 스페인의 시인 페데리코 가르시아 로르카(1898-1936)가 그의 책《인상과 풍경》에서 한 말이다. 작품에 혼을 넣으려면 그에 상응하는 수도사와 같은 고독이 필요하다.

위 시에서 세속적 "소망"에는 "온갖"이라는 잡다한 뜻의 수식어가 붙지만, 고독과 관련된 말에는 성스러움이나 숭고함의 의미가 덧붙여진다. 특히 내면의 삶 즉 고독을 지켜주는 문은 "황금의 문"이다. 황금의 문은 안에 많은 종교 유적을 간직한 황금 사원을 연상시킨다. 이런 면에서 우리는 릴케의 예술이 갖는 종교성을 확인하게 된다. 릴케의 글에서 구원과 위안의 분위기 풍기는 것은 바로 순수예술을 향한 치열한 종교성과 관련이 있다. 그리고 릴케의 시가 매력을 풍긴다면 그것 역시 이런 시적 자세에서 연유한다. '마술을 걸듯 청중의 마음을 사로잡는 매력', 즉 그리스어로 '카리스'는 릴케의 경우 앞서 말한 예술적 추구의 치열성에서 찾아진다. 그의 이 종교적 치열성은 이 시가 실린 시집의 제목이《강림절》라는 것과도 관련이 있다. 자신을 길을 예수의 길로 보는 시인의 자세는 이 시집에 실린 첫 시에서 극명하게 이렇게 표현된다.

> 겨울 숲에 바람이 휘몰아쳐
> 목동처럼 눈꽃송이를 몰아댄다,
> 전나무들은 모두들 저희들이 곧
> 경건하게 촛불로 밝혀질 것을 예감하고
> 바깥쪽을 향해 귀 기울인다. 하얀 길을 향해
> 나뭇가지를 힘껏 뻗고
> 바람을 맞아, 영광의
> 그 한 밤을 향해 자라 오른다.

이 글의 첫머리에서 말했던 눈 속에 서 있는 나무들의 썰렁한 모습이 위 시에서는 긍정적인 색채를 띠고 있다. 이것은 사물을 보는 시인의 눈에서 기인한다. 겨울 숲속에 휘몰아치는 바람은 목동으로 순화되어 하얀 눈송이를 양떼처럼 몰고 다닌다. 전나무들은 성탄절을 위한 나무가 되어 경건하게 촛불로 밝혀지리라 생각하기에 살을 에는 추위를 견뎌낸다. 그러면서 이 지상에서 영광된 한때를 기다린다. 맵찬 바람 속의 영광은 시인이 꿈꾸는 훗날 유토피아의 세계이다. 그는 뒤에 과거를 갖고 있지 않은 끝없는 구도자이다. 여기에 쓰인 종교용어들 역시 긍정적 차원을 담고 있다. 눈으로 쌓인 "하얀 길을 향해" 마치 자신의 길을 걸어가듯 "나뭇가지를 힘껏" 뻗는 전나무는 시인 자신의 모습이다.

그만큼의 자신감은 이른바 자신이 최고라는 유아적이며 유치한 면을 보이기도 하지만 여기에는 자신의 앞날을 향한 꿋꿋한 결의가 내포되어 있다. "영광의 그 한 밤"을 향한 자의식이 가득 찬 한 걸음을 시인은 떼어놓는다. 나무가 자라는 만큼 그의 발걸음은 더욱 꿋꿋하다. 이런 면에서 릴케의 이 시는 윤동주의 시집 《하늘과 바람과 별과 시》의 첫머리를 장식한 〈서시〉와 같은 맥락에서 해석할 수 있다.

죽는 날까지 하늘을 우러러
한 점 부끄럼이 없기를,
잎새에 이는 바람에도
나는 괴로와했다.
별을 노래하는 마음으로
모든 죽어가는 것을 사랑해야지
그리고 나한테 주어진 길을
걸어가야겠다.

오늘 밤에도 별이 바람에 스치운다.

윤동주 시집 《하늘과 바람과 별과 시》

윤동주 시의 기법상의 특징은 일상적인 어법에서 출발하여 시적인 변용을 꾀함으로써 시적 향취를 만들어낸다는 데 있다. 그 묘법은 바로 시안(詩眼)에 있다. 이 시에서 이런 시안이 되는 구절은 어디에 있을까? 시의 첫 두 시행, 즉 "죽는 날까지 하늘을 우러러/한 점 부끄럼이 없기를,"이라는 구절은 우리가 일상에서 쓰는, 우리보다 한 세대 전의 어른들이 많이 쓰던 어찌 보면 진부한 표현이다. 그러나 "잎새에 이는 바람"이라는 구절에 이르면 평상적인 어법을 벗어나며 독자에게 강한 심적 압박을 가해 온다. 특히 이 구절이 "나는 괴로워했다."라는 말을 꾸미는 강조사로 작용하면서 시인의 감성이 지상의 가장 여린 것을 향한 지진계처럼 작동한다. 작은 것에서도 미세한 혼의 흔들림을 느낀다. 한 시집의 서시로서, 즉 시인의 마음가짐이나 시적인 강령을 써놓는 서시로서 강한 충격을 남긴다. "잎새"에 이는 가녀린 바람의 손짓이나 무게에도 흔들릴 정도의 양심을 갖겠다는 선언이다. 이런 마음가짐은 모두 하나의 길로 수렴된다. 그것은 바로 "나한테 주어진 길"이다. 그 길을 가며 시인은 머나먼 별을 향해, 자신의 유토피아를 향해 노래를 부른다. 지상의 사물에 대한 애정을 담아 "모든 죽어가는 것을 사랑하는" 마음으로 이 험난한 길을 가는 시인의 모습을 시의 마지막 구절은 또 한 번의 시의 눈으로 말한다. "오늘 밤에도 별이 바람에 스치운다"고.

릴케가 젊은 시절 관심을 갖고 강의까지 들었던 독일의 철학자이자 사회학자인 게오르크 짐멜(1858-1918)[7]은 〈부끄러움의 심리학에 대해서〉라는 글에서 "겸손한 사람은 자신에 대한 칭찬을 그대로 받아들일 때조차 얼굴이 붉어지는데, 이는 자신의 자아가 부각되는 상황에서 언제나 자기 자신과 자신의 이상 사이에 근본적으로 존재하는 간극을 의식하는 데 겸손함의 본질이 있기 때문이다."라고 말한 바 있다. 이에 근거하여 볼 때 윤동주의 이상은 "별"로 지칭되는데 지상의 그는 그러한 면을 추구함에 있어 한참 떨어져 있다는 것을 자각하고 부끄러움을 느낀다. 이와 같은 간극이 겸손함을 하나의 가치로 추구한 윤

7 게오르크 짐멜의 저술과 강의는 20세기 초 모더니즘 예술과 미학에 크게 기여를 했던 많은 작가와 철학자 세대에게 관심의 중심이었다. 에른스트 블로흐, 게오르크 루카치, 지그프리트 크라카우어 같은 저술가들 그리고 쿠르트 힐러나 에른스트 슈타들러 같은 표현주의자들은 그의 저작을 읽거나 그의 강의를 들었다. 릴케가 짐멜을 처음 알게 된 것은 1897/98년까지 거슬러 올라간다. 두 사람 다 게오르게 서클과 교유할 때이다. 1899년부터 1900년 여름까지 베를린 대학에 예술사 공부를 위해 등록했던 릴케는 짐멜의 강의를 들었다. 1905년에는 짐멜을 직접 만나 오귀스트 로댕에 대해 이야기를 나누기도 했다.

동주에게 부끄러움을 자아내며 비록 "오늘밤에도 별이 바람에 스치"더라도 자신의 길을 걸어가겠다고 고백한다. 이때의 부끄러움은 자신의 행동에 대한 스스로의 다짐을 다잡기 위한 하나의 매체이다.

릴케의 초기 시집《강림절》의 〈서시〉나 윤동주의 〈서시〉나 모두 시인이 걸어가는 앞날의 길을 노래한다. 두 시인 다 바깥을 향해, 그리고 하늘을 향해 시선을 고정시키고서 다짐한다. 여기서 떠오르는 독일의 철학자 임마누엘 칸트의 말이 있다. "자꾸만 생각하고 또 생각할수록 이 마음을 더욱 새롭고 복받치는 경탄으로 가득 채우는 두 가지가 있으니, 그것은 내 머리 위의 별빛 빛나는 하늘과 내 안의 도덕률이다." 인간 의식의 혁명을 일으킨 칸트가《실천이성비판》의 맺음말에서 한 말이다. 두 시인 다 칸트의 이 말을 가슴에 품은 듯이 지상의 길을 가며 눈길은 하늘을 바라보고 있다. 릴케와 윤동주 두 시인에게서는 생명 가득한 지구의 흙냄새와 하늘의 별빛 냄새가 함께 풍긴다. 둘 다 먼 곳을 바라보며 지상의 삶을 미학적으로 다루고자 한다.

칸트의 묘비.
위에서 인용한 말이 새겨져 있다.

소유하지 않는 사랑

삶 속에서 예술을, 예술 속에서 삶을 배워라.
한쪽을 알면 다른 쪽도 알게 될 테니.
— 프리드리히 횔덜린

1

문학에서 다루는 테마 중 가장 중요한 두 가지만 말하라고 한다면, 그것은 사랑과 죽음일 것이다. 우리의 삶에는 사랑과 죽음이 늘 함께한다. 사실 사랑만큼 중요한 것이 어디 있겠는가? 사람들 사이의 관계에서는 사랑이 자리 잡기도 하고 미움의 감정이 움트기도 한다. 깊은 사랑은 더 깊은 미움으로 변하기도 하고, 그리고 생명은 어느 순간 죽음의 검은 모습으로 변해버린다. 이렇게 인간의 삶은 사랑과 죽음 사이에서 진자처럼 흔들린다. 그러나 삶과 죽음은 별개의 것이 아니라 한 몸속에 배태된 단 하나의 싹이다. 삶과 죽음은 하나일 뿐이다. 시간은 삶의 모든 영역을 두루 누비면서 밭을 갈고 거기에 사랑과 죽음

릴케 탄생 125주년을 기념하여 독일에서 2000년에 발행한 우표. 독일에서 있었던 릴케의 수많았던 사랑을 알리듯 릴케의 초상화나 별도의 사진 없이 많은 하트 모양이 바탕을 수놓고 있다. 릴케 우표가 그의 출생 국적지인 오스트리아와 많은 사랑을 겪었던 독일, 그리고 만년의 대작을 썼던 스위스 등 곳곳에서 발행되었던 점이 한 국가의 시인이 아니라 독일어권 전체를 아우르는 시인으로서의 그의 면모를 더욱 돋보이게 한다.

의 씨를 뿌리고 거두어들인다. 릴케의 문학에서도 사랑과 죽음은 초기부터 주요 테마로 자리 잡는다. 전쟁터에서 "축제"와 같은 죽음을 죽는 젊은 주인공을 다룬 초기의 산문시 〈기수 크리스토프 릴케의 사랑과 죽음의 노래〉 역시 이 범주에 속한다. 릴케는 기수의 입지를 신성화하면서 동시에 그가 겪는 에로틱한 면을 부각한다. 모순되고 균열된 것을 하나의 지평 위에서 바라보고 동일시하려고 한 릴케의 입장에서는 당연한 일이다.

릴케가 가장 먼저 발표한 시집은《인생과 노래》이다. 그의 나이 열아홉이던 해인 1894년에 고향 프라하에서 1년 전부터 사귀었던 첫사랑의 처녀 발레리 다핏 폰 론펠트의 도움을 받아서 낸 시집이다. 그녀는 포병부대 고위 장교의 딸이었으며 그녀의 어머니는 체코의 대표적 신낭만파 시인 율리우스 차이어의 여동생이었다. 사촌 여동생의 소개로 만나자마자 릴케는 한 살 연상인 그녀와 깊은 사랑에 빠졌고 그때의 경험을 바탕으로《인생과 노래》를 썼다. 열여덟 살의 릴케는 거의 날마다 사랑을 맹세하는 말을 그녀에게 써 보냈고, 많은 편지와 시도 보냈다. 1월 4일에 쓴 〈우리의 첫 만남 뒤에〉라는 시는 다음과 같다.

밝고 맑은 눈,
가지런한 이,
장미 같은 입술, 곱슬머리,
자그마한 손,
종소리 같은 웃음소리
순식간에 내 마음을 앗아가니,
너를 노래하지 않을 수 없다,
아무리 해도 끝나지 않으리.
너무나도 아름다운

네 모습,

어찌 부를까?

나의 이상(理想)이여!

릴케의 사랑은 자신이 원하는 이상적인 여성을 마음속에 그려놓고 그것을 현실의 여성에다 투사하는 방식이었다. 불행한 가정사 때문에 정신적으로 방황하던 릴케는 여인에게서 마음의 안식처를 찾았고, 이 시집을 발리라는 애칭으로 부르던 그녀에게 헌정했다. 이 헌정의 기술은 훗날 릴케에게서 더욱 다채롭게 발휘된다. 이를테면 《기도시집》의 앞머리에는 "루의 손에 바칩니다"라고, 《두이노의 비가》에는 "마리 폰 투른 운트 탁시스 호엔로에 후작 부인의 소유에서"라고 각각 시집이 나오기까지 빚을 졌던 인물들을 향한 헌사가 붙어 있다. 《기도시집》은 루 살로메를 향한 애정을 표현하는 말로, 그리고 《두이노의 비가》는 자기 것이 아니라 후작 부인의 것임을 알리는 말로 각각 장식되었다. 릴케는 책에 인쇄된 헌사를 써서 한 인물에게 공식적으로 헌정할 때와 개인적으로 만난 사람에게 책을 선물할 때 쓰는 헌사 사이에 거의 구별을 두지 않은 것으로 이야기된다. 그만큼 사람 사이의 소통에 마음을 기울였다는 뜻이다.

아무튼 릴케의 처녀시집 《인생과 노래》에 실린 시들 중에서 단 한 편의 시도 나중에 릴케의 전집에 들어가지 못했다. 릴케 스스로가 이 시절의 시를 인정하지 않았기 때문이다.

릴케의 처녀시집 〈인생과 노래〉(1894)(左)와 릴케의 첫 시집의 발간을 재정적으로 도운 첫사랑 발리(右)

시집이 나오고 나서 릴케는 새로운 길을 가기로 마음먹는다. 대학입학자격시험에 우수한 성적으로 합격한 뒤의 일이다. 그녀와 헤어지기로 하고 쓴 릴케의 이별의 통고장은 어딘가 모르게 앞으로의 그의 삶에서의 사랑의 방식을 짐작케 한다.

> 사랑하는 발리, 자유의 선물을 주어서 고마워. 너는 이 힘든 순간에도 나보다 훨씬 더 고귀하고 멋진 모습을 보여주었어. 그리고 언젠가 친구가 필요하거든 나를 불러줘. 르네만큼 네게 친구가 되어줄 사람은 없을 거야.

자신이 싫어서 헤어지면서도 르네 릴케는 역설적인 어법을 써서 "자유의 선물" 운운한다. 내용상으로 보면 눈물 나는 차가운 이별의 통고이면서도 그것을 에둘러서 표현한 것이다. 사랑의 상대였던 발리 입장에서는 어이가 없는 일이었다. 굴욕감에 절치부심하던 그녀는 가만 있지 않았고 그로부터 30년이 지난 뒤에 릴케에게 복수를 했다. 릴케가 자신에게 썼던, 진한 내용의 편지들을 경매에 내놓았던 것이다. 회상록에다가는 릴케가 이성과의 사랑을 할 줄 모르는 동성애자 같았다는 말도 서슴지 않았다. 독실한 가톨릭 신자였던 그녀는 평생 결혼을 하지 않았으며 늘 릴케를 마음에서 지우지 못했다.

2

이렇게 릴케는 1891년에 4년간 다니던 군사학교를 중퇴한 후 프라하에 머물며 대학입학자격시험 준비를 하면서 고향을 노래하고 삶의 풍경을 그리고 또 사랑을 말한다. 고향 보헤미아를 노래한 대표적인 시 〈민요〉를 보자.

> 내 마음 이토록 사로잡는
> 보헤미아 사람들의 노랫소리,

가슴에 살며시 파고들면
이 마음 울적해지누나.

감자 캐던 아이 나직이
노래 부르면, 그 소리
그윽한 한밤중 그대
꿈결에도 울리리.

멀리 타향으로 그대
떠나가 수많은
세월이 흐른다 해도 그 노래
언제나 귓가에 맴돌리라.

이 시는 릴케의 두 번째 시집 《가신에게 바치는 제물*Larenopfer*》(1895)에 실려 있다. 이 시집은 릴케전집에 수록되었다. 보헤미아 지방의 정서를 담은 위 시는 서경적인 풍경을 아주 평범한 어조로 묘사한다. 보헤미아는 체코의 서부 지방을 말한다. 시집의 명칭에서 보듯 '가신' 즉 'Laren'은 본디 고대 로마의 가정과 들판의 신으로 여기서는 릴케의 고향 보헤미아를 상징한다. 그리고 '제물' 즉 'Opfer'라는 말에서는 고향을 향한 릴케의 애정을 느낄 수 있다. 그가 고향에 바치는 '제물'은 다름 아닌 그의 시 작품이다. 릴케는 같은 고향에서 태어난 소설가 프란츠 카프카(1883-1924)와 달리 체코어를 하지는 못했지만 그곳 삶의 터전에 대한 애정은 웬만한 사람 못지않았던 듯하다. 그가 그곳에 살던 젊은 나이에 〈치커리Wegwarten〉라는 팸플릿을 손수 만들어 길모퉁이에 서서 오가는 사람들에게 건네준 것만 보아도 그런 애정은 충분히 느낄 수 있다. 열일곱 살이던 1892년에 한 지인에게 보낸 편지에 쓴 시에서 릴케는 "수천의 전설이 얽혀 있고/벽과 벽이 가파르게 서 있고 〔…〕/숲이 우람하게 솟은 곳/그곳에 나의 조국이 있다!"라고 노래한다.

위 시에서 릴케는 민요의 격을 갖추기 위해 전통적인 독일 민요의 형식인 4행절을 사용하고 리듬과 압운 역시 쉽게 노래로 만들 수 있도록 음악성을 주고 있다. 밭에서 일하며 부르는 노동요의 느낌이 드는데, 그 소리는 화자의 가슴에 담겨 고향을 떠나 타향에 있어도 여전히 귓가에 맴돈다. 얼핏 이상주의적이고 관념적인 시인으로 알려진 릴케에게서 이런 면모를 발견하는 것도 어찌 보면 의외라고 할 수 있다. 그러나 릴케의 기본적인 시적 강령이 체험이라는 점을 생각하면 그리 놀라운 일도 아니다.

3

릴케의 시집을 뒷장으로 넘길수록 얼마나 언어가 촘촘해지는가를 파악하는 것은 아주 흥미로운 일이다. 초창기에 독일의 선배 시인 하인리히 하이네(1797-1856)의 달콤한 연애시를 조금씩 흉내 내던 릴케가 나중에 가서는 대가의 반열에까지 오르기 때문이다. 시적으로 성숙한 단계에 접어들수록 무르익어가는 언어의 촘촘한 직조와 운용은 우리가 그의 문학세계를 점검하면서 늘 눈여겨보아야 할 사항이다. 릴케는 평생을 통하여 언어에 대한 관심을 가지고 그것을 어떻게 하면 견고하게 다룰 수 있을지 고민하였기 때문이다. 위에 예로 든 시 〈민요〉는 그만의 시적 특성을 보여주지는 않는다. 테마상으로 고향에 대한 애정을 드러내줄 뿐이다. 문학에 있어서 소재와 주제를 다루어내는 도구인 언어가 얼마나 중요한지 알려준다. 다음 시는 사랑을 테마로 하여 어떻게 어법을 운용하여 릴케가 자기만의 고유한 세계 쪽으로 점차 다가가는지 잘 보여준다.

사랑이 네게로 어떻게 왔는가?
햇살처럼 왔는가, 꽃눈발처럼 왔는가,
기도처럼 왔는가? 말해다오:

행복이 하늘에서 반짝이며 내려와
커다란 모습으로 날개를 접고
피어나는 나의 영혼에 매달렸다…

위 시는 우리 현대시의 한 축을 건설한 김춘수가 젊은 날 시인의 길로 접어드는 데 가장 강력한 영향을 끼친 작품이다. 어쩌면 릴케의 시 중에서 〈가을날〉을 빼고 우리에게 가장 널리 알려진 시가 아닌가 싶다. 위 시를 읽으면 먼저 빛을 가지고 그림을 그렸던 마네나 모네 같은 인상주의 화가들이 떠오른다. 인상주의에 대한 릴케의 관심은 러시아 여행 때 러시아의 인상주의 화가 표도르 바실리예프의 개인 소장품과 전기 자료를 연구한 것에서도 드러난다. 위 시 역시 사물이 빛에 에워싸여 있는 모습을 그린 그림이다. 빛에 반사되어 사물이 반짝인다. 멀리서 반짝이는 것이 무엇인가 했더니, 사랑이었다. 그 사랑이 어떻게 시적 화자의 가슴에 들어왔는지는 모른다. 아마도 햇살을 바라보는 순간, 꽃잎이 흩날리는 순간, 기도를 올리는 순간 홀연 다가왔는지 모른다. 역으로 사랑의 모습을 달리 표현하면, 그것은 햇살이요, 꽃눈발이요, 기도가 된다. 사랑이 가슴에 들어온 순간, 그것은 한 마리 나비가 되어 피어나는 나의 영혼에 날개를 접고서 앉아 행복을 전한다. 사랑은 나비이고 시적 화자는 꽃인 셈이다. 그리스어로 나비는 프시케인데, 거기엔 영혼이라는 뜻도 담겨 있다. 사랑은 영혼을 담아 훨훨 날아다니는 나비인 것이다. 그리스 신화에서 프시케는 나비 모습을 한 처녀로 표현되고 그 옆에는 늘 사랑의 신 에로스가 자리한다. 프시케의 모습에 반한 에로스처럼 젊은 릴케의 영혼은 사랑으로 물든다.

릴케의 위 시가 실린 시집은 《꿈의 왕관을 쓰고*Traumgekrönt*》이다. 제목에서 이미 인상주의적이면서도 낭만주의적인 몽환적 향기를 풍긴다. 꿈으로 왕관을 만들어 쓴 젊은 시인의 모습이 보인다. 본디 이 표현은 프랑스 상징주의 시인 스테판 말라르메의 〈창문〉 중 "다시 태어나고프다! 꿈으로 왕관을 쓰고/아름다움이 꽃피던 전생의 하늘에서"라는 인상적인 구절에서 발견된다. 병원 침상에 누운 환자가 현실을 박차고 위로 상승하고자 하는 소망을 담은 시이다. 릴케가 말라르메로부터 받은 영향에 대해서는 지금까지 충분히 입증이 된 바 있다. 젊은 시인은 왕이자 꿈의 사제이다. 그의 꿈은 펄럭이는 나비에게서 흩날리는 꽃의 분말 즉 인분(鱗粉)과 같다. 이 시절의 릴케는 현실적이면서도 몽환적이다. 이미지를 전개하여 끌어가는 솜씨가 이미 돋보인다. 언어를 세밀하게 직조하는 면에서 아직은 초보적인 단계이지만 현실의 사물과 관념을 연결시키는 능력은 뛰어나다. 독문학자 헤르만 마이어는 이 시의 뿌리를 독일의 여류 작가 마리 폰 에브너 에센바흐(1830-1916)의 다음 시에서 찾는다.

여류 작가 에브너 에센바흐(15살경)

한 소절의 노래여! 어쩌면 그리
사람들의 사랑을 많이 받을까,
뭐가 있어 그런지, 말해다오!

거기 들어 있는 건 약간의 소리,
약간의 화음과 노래,
그리고 가득한 영혼이라네.

헤르만 마이어의 주장은 위 시가 갖고 있는 형식면만을 본 데서 비롯한다. 두 개의 3행시 구절과 제1연의 "말해다오"라는 표현 때문이다. 일단 테마상으로 릴케의 시는 사랑을 노래하고, 에브너 에센바흐의 시는 시 자체를 노래한다. 영혼으로 가득 찬 노래를. 이런 것을 떠나서 릴케의 이 시를 제대로 이해하려면 우리 가요 중 가수 현철이 부른 〈사랑은 나비인가 봐〉와 비교해보는 것도 흥미롭다. 직접적인 영향인지, 무의식적인 일치인지 모르지만, 현철의 노래에 들어 있는 메시지는 릴케의 시와 무척이나 유사하다. 특히 현철의 노래를 직접 들어보고 릴케의 시를 읽으면 이해의 효과는 더욱 좋다.

고요한 내 가슴에 나비처럼 날아와서
사랑을 심어 놓고 나비처럼 날아간 사람
내 가슴에 지울 수 없는 그리움 주고 간 사람
그리운 내 사연을 뜬 구름아 전해다오
아 아 아 사랑은 얄미운 나비인가 봐

시를 이해하는 데 유행가도 일조를 할 수 있고, 아니면 우리 가요 속에 들어 있는 유사성은 릴케의 영향력이 우리가 모르는 사이에 우리 가요에까지 스미어 있음을 확인하는 계기가 되기도 한다. 박성훈 작사, 작곡으로 되어 있는 이 노래는 릴케의 시에서 영향을 받았을 만한 증거가 있다. 왜냐하면 작곡가이자 작사가인 박성훈은 이해인의 시 〈바람의시〉, 〈사랑한다는 말은〉 등을 작곡으로 재탄생시킬 만큼 시에 관심이 많기 때문이다. 위 시의 가사를 살펴보면, 나와 너의 관계로 정리된다. 나는 꽃이 되어 기다리고 사랑하는 임은 나비처럼 내게 들렀다가 날아가 버린다. 릴케의 시에서 '하늘에서 행복이 나비처럼 날아와 피어나는 내 영혼에 날개를 접고 매달렸다'라는 구절의 새로운 변형으로 보인다. 꽃 피어나는 영혼에 와서 매달리는 나비는 바로 성적(性的)으로 사랑을 심어주는 것에 다름 아니다. 영혼 간의 관계가 이루어지는 순간이다. 고대 그리스의 신화에서 나비는 영혼의 상징으로서 주로 사랑과 죽음과 결합되었다.

4

이 같은 사랑의 절실함을 가장 심도 있게 노래한 릴케의 시로는 〈내 눈빛을 꺼주소서〉가 있다. 《기도시집》에 실린, 기도체로 된 이 시는 원래 릴케가 사랑했던 여인 루 안드레아스 살로메에게 헌정한 작품이다. 철학자 프리드리히 니체의 청혼을 받고도 거절했던 여인의 마음을 산 이 시는 그만한 내용을 담고 있다.[8] 표현법과 발상의 전개가 독특한 사랑 시의 전형이라 할 수 있다.

내 눈빛을 꺼주소서, 그래도 나는 당신을 볼 수 있습니다,
내 귀를 막아주소서, 그래도 나는 당신의 목소리를 들을 수 있습니다,
발이 없어도 당신에게 갈 수 있고,
입이 없어도 당신의 이름을 부를 수 있습니다.
내 팔을 부러뜨려주소서, 나는 손으로 하듯

8 니체는 루 살로메를 "나의 신부여, 나의 누이여"라고 불렀다. 성경의 〈아가서〉 4장 10절 참조. "내 누이, 내 신부야 네 사랑은 어찌 그리 아름다운가. 네 사랑은 포도주보다 진하고 네 기름의 향기는 온갖 향품보다 향기롭도다…".

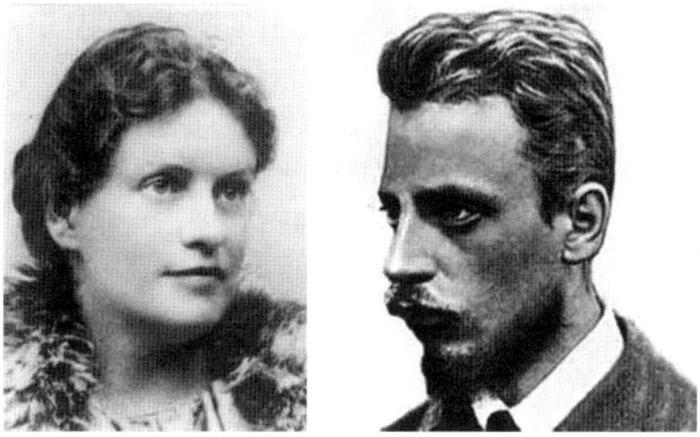

루 살로메(左)와 루 살로메와 교류할 무렵의 릴케(右)

내 가슴으로 당신을 끌어안을 것입니다,
내 심장을 막아주소서, 그러면 나의 뇌가 고동칠 것입니다,
내 뇌에 불을 지르면, 나는 당신을
피에 실어 나르겠습니다.

열띤 고백을 담고 있는 이 시의 시적 연상 과정을 보면 사랑을 향한 결사적인 몸짓이 일상적인 상상의 궤도를 넘어서고 있다. 《기도시집》 전체의 나르시스적인 차분한 어투가 이 시에서는 거침없는 폭발적 어조로 바뀐다. 실제 차분한 어조 속에는 이 같은 폭발력이 잠재해 있었다고 봐야 옳다. 사랑하는 사람은 자꾸만 멀어져 간다. 응답받는 사랑을 화자는 원한다. 마음속 격정을 표현하기 위해 화자는 감각적으로 신체의 모든 부위를 이용한다. 일단 시각과 청각을 알리는 눈과 귀로부터 시작한다. 이때 말을 뒤집는다는 뜻의 패러독스 즉 역설법이 주된 기법으로 쓰이고 있다. 단어의 선택 역시 절묘하다. 시의 화자는 눈의 빛을 끄면 실제로는 안 보이지만 보인다고 주장하고, 귀를 막으면 사실 안 들리지만 들린다고 강변한다. 우리의 전래민담 〈해님과 달님 이야기〉에서 이웃마을에 일을 해주러 갔다가 밤이 늦어서야 고개를 넘던 남매의 엄마가

호랑이를 만났을 때 호랑이가 하던 요구가 떠오른다. 팔 하나 떼어주면 안 잡아먹지, 다리 하나 떼어주면 안 잡아먹지! 몸뚱이만 남은 남매의 엄마를 호랑이는 냉큼 주어 삼켰다는 이야기 말이다. 이 사랑의 상대는 바로 그 호랑이와 같다. 그러나 시의 화자는 호랑이가 강요하지 않아도 모든 신체 부위를 다 내놓겠다고 결의에 찬 투로 말한다. 그러나 어떻게 보면 어린애 같은 발상 같기도 하다. 시의 연상은 줄줄이 이어지는 어린 아이의 낱말 이어가기 놀이와 같다. 무엇이 없으면 무엇으로 하겠다는 열정의 어법은 끝까지 이어진다. 어찌 보면 사람의 목숨이 끊어지는 순간까지의 과정을 빠짐없이 열거한 것 같다. 심장이 죽고 뇌가 죽고 나면 목숨이 끊어진 상태인데, 이때에도 피로 당신을 기억하겠다고 하니 더욱 그렇다. 상대를 위한 헌신의 극치이다. 사랑하는 대상을 향하여 마치 백정처럼 나를 난도질해도 좋다는 극단적 표현들의 흐름이 이어진다. 이와 같은 희생의 분위기는 종교적 열정을 느끼게 해준다. 낮은 자세로 멀리 위쪽을 향해 부르짖는 시적 화자의 목소리에서 우리는 릴케의 세계에서 루 살로메가 차지했던 위상이 어떠했는지 미루어 짐작할 수 있다. 거의 성스러운 존재로까지 숭상된다. 그러나 시적 화자는 궁극적으로는 사랑하는 사람과 하나가 되고 싶음을 마음속으로 외치고 있다. 사랑의 응답을 희구하는 시의 어법 속에는 은근히 에로틱한 정서가 배어 있다.

언어의 힘에 시의 화자는 기대고 있다. 자신의 사랑의 깊이를 표현하기 위해 릴케가 시도한 이 시는 독일의 신비주의의 분위기를 띠고 있으며 그 자체로 사랑 시의 한 장을 연 새로운 언어실험으로 간주된다. 시의 번역도 이런 차원에서 이루어져야 한다. 시 번역과 관련하여 한마디 덧붙이자면, 이 시의 첫 구절은 '내 눈을 감기세요'가 아니라 "내 눈의 빛을 꺼주세요."라고 번역해야 맞다. 독일어 원문의 "auslöschen"은 '불을 꺼버리다'는 뜻으로 쓰이지 '감기다'라는 뜻으로 쓰지 않는다. 눈의 빛을 끈다는 것은 장님으로 만든다는 뜻에 가깝다.

자연적인 어투인 '감기다'와 비교가 되지 않는 훨씬 강한 표현이다. 시는 원문의 결을 거스르지 않고 그대로 복원하는 것이 번역에서 최고의 계명이다. 방안에 불을 끄면 아무것도 보이지 않듯이 눈빛을 끄면 세상이 깜깜해져서 아무것도 볼 수 없다. 이런 역설적 상황에서도 시의 화자는 사랑하는 사람의 모습을 볼 수 있다고 절절하게 고백한다. 이것을 살려야 번역이 산다. 이것이 번역의 궁극적 지향점이다. 왜냐하면 시인이 고민 끝에 생각해낸 낱말과 분위기를 살리는 것이 충실성과 정확성에 의거한 진리에 가까운 번역이기 때문이다. 번역은 시인의 의도뿐만 아니라 문자에도 충실해야 한다. 원문에 잠재하는 시인만의 고상한 말투를 진부한 일상적 어법으로 예각을 살리지 못하고 일반화, 균질화해서는 더욱 안 된다.

루 살로메는 릴케보다 14살 연상의 여인이다. 릴케가 그녀를 처음으로 만난 것은 그의 나이 22살이었을 때 독일의 뮌헨에서였다. 러시아의 살로메 장군의 막내딸로 당시 여자로서는 다니기 힘들던 대학까지 나온 재원으로 스무 살 때에는 니체의 청혼을 받았지만 거절한 걸로 유명한데, 이보다 당시 니체의 친구 파울 레와 함께 셋이서 일 년 남짓 한 집에서 동거했던 일은 온 유럽을 깜짝 놀라게 했다. 그녀는 문학뿐만 아니라 철학 쪽에도 조예가 깊었다. 이미 자전적

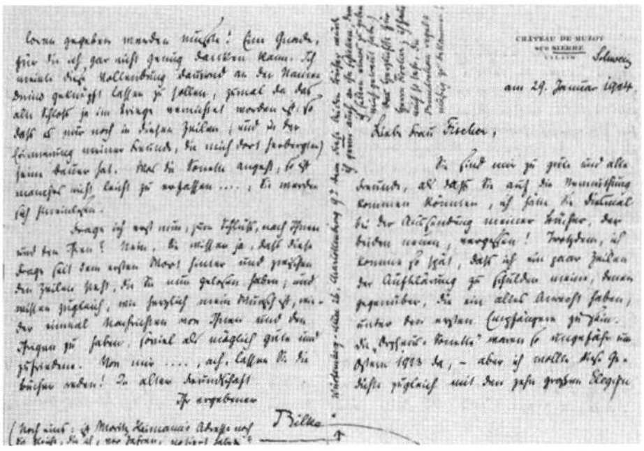

루 살로메와 남편 안드레아스(左). 릴케의 편지(右)

소설과 니체 전기, 헨리 입센의 여성상에 대한 글을 쓴 작가로서 명성이 높았다. 릴케와 루 살로메의 사랑은 1897년부터 1900년까지 3년 동안 치열하게 이어졌다.

릴케가 그녀에게 사랑을 고백했을 땐 그녀는 이미 결혼한 몸이었다. 결혼생활 11년째였다. 그녀의 남편은 아버지 쪽이 페르시아 귀족 출신으로 동양학을 전공하는 프리드리히 카를 안드레아스였다. 안드레아스의 청혼 역시 루 살로메는 거절했다. 그러나 그녀 앞에서 칼로 자신의 배를 찌르며 자해를 하는 안드레아스의 열정 앞에 어쩔 수 없이 굴복하고 말았다. 둘은 1887년에 결혼했다. 안드레아스는 나중에 괴팅엔 대학의 서부 아랍 언어 및 문화 담당 교수가 되었다. 릴케에게 괴테의《서동시집》을 소개해준 것도 안드레아스였다. 루 살로메는 그와 평생 각방을 썼다고 한다. 루 살로메가 결혼의 조건으로 그것을 내걸었기 때문이다. 아무튼 멀리 육지 속의 섬과 다름없는 프라하 시골에서 온 '촌놈'인 릴케에게 그녀는 열정에서나 지식에서나 불꽃의 화신 같은 존재였다.

너무 연약하고 여성적인 '르네'라는 이름보다 독일식의 남자다운, 하지만 마리아와 하나의 운을 이루는 이름인 '라이너'로 바꾸어준 것도 그녀였고, 릴케의 필치를 유려하게 바꾸게 만든 것도 그녀였다. 그리고 또 그녀의 영향 아래 맨발로 아침이슬 맺힌 풀밭을 거닐고 채식을 위주로 하는 절제된 생활방식을 받아들였다. 이는 어머니 피아 릴케에게 쓴 편지에서 발견되는 사실들이다. 그러기에 릴케는 마치 자신의 모든 것을 바칠 듯한 위와 같은 시를 쓸 수 있었다. 이름을 바꾼 것은 릴케가 뮌헨에 와서 뮌헨 대학에 적을 두고 두 학기를 마친 뒤인 1897년 5월에 뮌헨 근교의 볼프라츠하우젠에서 루 살로메를 처음으로 만나 여름의 몇 주를 함께 보내면서였다. 물론 릴케의 어머니 피아에겐 릴케는 영원히 르네로 남았다. 자신이 지어준 이름을 다르게, 그것도 자식이 웬 여자의 제안에 따라 바꾼 이름으로 부를 어머니가 어디 있겠는가. 릴케 자신도 어머니에게는 언제나 르네였다. 죽기 1년 전인 1925년 성탄절에 스위스의 뮈조 성에서 어머니에게 보낸 편지에서도 릴케는 "당신의 늙은 르네로부터"라는 말로 편지글을 끝맺고 있다. 아무튼 1897년 9월《비너 룬트샤우》지에는 그의 이름이 처음으로 "라이너 마리아 릴케"로 등장했다. 이름을 바꾼다는 것은 상징적인 의미를 갖는다. 스물한 살의 청년이 시인으로 새 출발을 하면서 어린 시절의 좋지 않았던 기억을 지우려는 시도가 아니었을까?

루 살로메는 어머니이자 애인 같은 존재로서 시인의 곁에서 시인을 돌봐주었다. 그의 들뜬 마음을 다독여주고 그의 작품을 비판적으로 읽어주었다. 그녀는 어머니처럼 다정하면서도 엄격함을 잃지 않은 여인이었다. 둘은 사랑하는 연인으로 헤어졌지만 평생토록 친구 사이로 남았다. 릴케가 세상을 뜬 뒤 그녀는 자신의 속마음을 고백하는 다음 같은 글을 남겼다.

나는 수년 동안 당신의 여자였어요,
그 까닭은 당신이야말로 내가 인생에서
처음 만난 현실적인 존재였기 때문이죠.
육체와 인간이 구별할 수 없을 만큼 하나였고
의심할 여지없는 삶 자체이었으니까요.

루 살로메는 또 릴케의 시 〈내 눈빛을 꺼주소서〉와 관련하여 이런 말을 남겼다. 릴케와의 사랑이 얼마나 몸으로부터, 마음으로부터 순간순간 우러나왔는지 잘 보여주는 고백이다.

그 시는 우리 두 사람 안에서 뭔가 파악할 수 없는 그 무엇이 되어 속삭이지 않았던가요? 우리가 육체성의 근본 뿌리에 이르기까지 겪고 '우리의 피에 실어 나른'

그 파악할 수 없는 그 무엇이 되어. 우리 두 사람의 삶의 가장 하찮은 순간, 가장 성스러운 순간에 이르기까지. 그래서 이 시는 나중에 나의 부탁으로《기도시집》에 실렸던 것이죠.

한편, 우리나라에서는 시〈내 눈빛을 꺼주소서〉가〈박봉곤가출사건〉(1996)이라는 영화의 낭만적인 데이트 장면에서 안성기와 심혜진의 목소리로 위와 똑같은 버전으로 낭송된 바 있다. 이 시는 박봉곤(심혜진 분)이 일기장에 써 둔 시이다. 더욱이 가수 나훈아가 부른〈잡초〉에는 위의 시와 비슷한 연상으로 흘러가는 대목이 있어 시의 이해를 돕는다.

아무도 찾지 않는 바람 부는 언덕에
이름 모를 잡초야
한 송이 꽃이라면 향기라도 있을 텐데
이것저것 아무것도 없는 잡초라네

발이라도 있으면 님 찾아갈 텐데
손이라도 있으면 님 부를 텐데
이것저것 아무것도 가진 게 없어
아무것도 가진 게 없네

이 노래에서도 역시 사랑을 향한 절실함이 절절하게 묻어난다. 신체의 부위 중 발과 손이 없어 사랑하는 임을 향해 아무런 몸짓도 할 수 없고 찾아갈 수도 없다. 자신을 벌판에 서 있는 무수한 풀 속에 섞여 있는 초라한 한 포기 잡초에 비유하며 노래 속의 화자는 하릴없이 체념과 한탄을 늘어놓다. 릴케의 시가 표현의 역설을 이용하여 사랑을 호소했다면, 이 노래는 한탄과 체념의 역설을 통하여 사랑을 향해 절규한다. 공통점이라면 고통을 감내하는 열정이다. 자신의 보잘것없음을 사랑의 열정으로 극복하고자 한다. 사랑 즉 에로스 속에는 이처럼 죽음 즉 타나토스를 향한 열정이 함께 숨 쉰다. 그렇기 때문에 에로스와 타나토스는 동전의 양면이면서 둘이 합쳐 하나를 이룬다.

5

릴케의 경우, 이와 같은 사랑의 열정은 궁극에는 다음 같은 〈사랑의 노래〉로 한 단계 상승, 변용되어 표현된다. 시적 창조에 있어 중기로 접어들면서 릴케의 시어는 더욱 단단해지고 그 안에 들어 있는 표현의 알맹이는 더욱 짙은 향을 풍긴다. 보다 높은 처소에서 부르는 노래라서 사랑을 향한 상징성이 가득하다.

당신의 영혼을 건드리지 않으려면
내 영혼을 어떻게 해야 하나요? 어쩌면 이 영혼이
당신을 넘어 다른 것들을 향해 갈까요?
아, 어둠 속 깊은 곳 어느 잃어버린 것들 곁에
나의 영혼을 숨겨두고 싶습니다,
당신의 깊은 곳이 흔들릴 때도 꼼짝 않는
아무도 모르는 조용한 그곳에다.
그러나 당신과 나, 그래 우리를 건드리는 것은
어느 것이나 두 현으로 한 목소리를 내는
운궁법처럼 우리를 하나로 합쳐줍니다.
우리는 어떤 악기 위에 팽팽히 드리워져 있나요?

어느 바이올린 연주자가 우리를 손에 넣을까요?
아, 달콤한 노래여.

마치 다소곳한 여인이 사랑하는 남자를 향해 자신을 낮추고 감추려는 듯한 첫 행이 보여주듯이 사랑의 절실함은 사랑하는 당신을 괴롭히지 않고 오히려 사랑의 대상을 넘어서고자 한다. 시의 화자는 지나친 소유의 열망에 사로잡혀 사랑하는 애인의 마음에 상처를 입히고 싶지 않다. 스스로의 영혼을 잃어버린 것처럼 숨겨두고 싶다. 꼭 감추고 싶다는 속내를 드러내는 이중적인 표현이 돋보인다. "아"라는 한탄의 외침이 이를 뒷받침한다. 잃어버린 것이 무엇인지는 구체적으로 제시되지 않았다. 그렇지만 폭풍이 몰아쳐 흔들리는 표면의 움직임에도 요동치지 않는 내면 즉 속마음의 진중함을 표현하는 것임은 분명하다. 진정한 사랑이란 무엇인가? 표층적인 것을 넘어서 심오한 것을 지향하여 쉽게 변하지 않는 것, 그것이 아닐까? 너무 쉽게 움직이지 않는 사랑, 그런 사랑을 릴케는 꾀하고자 한다. 그러나 사랑의 노래는 두 사람을 건드리는 조그만 손길이나 바람의 움직임에도 절로 울려나온다.

시인으로서 예술가적 사명과 현실적 사랑 사이에서 릴케가 겪은 극도의 긴장관계가 악기로 표현된다. 현실적인 소유하는 사랑을 넘어 서로 간에 영혼의 교류를 추구할 정도의 깊은 사랑을, 깊은 곳에서 우러나오는 사랑을 릴케는 바란다. 시의 후반부로 가면 서로에게 가지 않아도, 서로의 영혼을 건드리지 않으면서도 혼이 서로 맞닿아, 아니 누군가의 손길에 의해 노래가 저절로 나올 수 있는 단계가 되길 원한다. 피하고 싶어도 피할 수 없는 어쩔 수 없는 사랑을 노래하는 것 같지만, 이 시는 말미에 이르러 화자의 마음이 한 단계 상승됨을 보여준다. 어느 한쪽이 상대를 억지로 자기 소유로 만드는 것이 아니라 둘이 제3자의 손길 위에 놓여 있기 때문이다. 그야말로 함께 바라보는 곳이 같은 두

연인이 부르는 사랑의 노래이다. 둘이 목소리를 합쳐 부르는 사랑의 노래이다. 그것이 바로 "달콤한 노래"로 표현된다. 사랑의 모습이 변하여 한 단계 상승하기에 사랑의 변용이 여기에 있다.

젊은 릴케는 사랑에 관한 이런 사항을 누구에게 주문했을까? 아마도 그건 그의 아내였을 것이다. 이 시를 쓸 당시인 1907년 3월 중순에 이탈리아의 카프리 섬에 가 있던 릴케는 아내와 많은 편지를 주고받는다. 예술의 길을 가며 홀로 떠돌던 릴케는 사랑은 소유에서 벗어나 열린 공간을 향해야 한다고 믿었다. 서로의 발전을 위하여 독려하고 이끌어줄 뿐 강요하지 않는 사랑이 진정한 사랑이라고 생각했던 것이다. 사랑에 쉽게 빠지는 릴케로서는 늘 자기 보존을 위한 장치가 필요했다. 아름다운 사랑의 결합을 원하면서도 고독의 독립된 공간으로 도피하려는 열망에 사로잡혀 있던 시인의 모습이 고스란히 드러난 시 작품이다. 사랑은 서로가 서로를 열망하거나 강요하지 않고 같은 곳을 바라보며 드높은 뜻을 같이할 때 진정한 사랑이 된다.

제3부

화단의 꽃들은 저마다 잠자리에서 일어나며
깜짝 놀라는 목소리로 '빨강'하고 말했다.

《말테의 수기》 중에서

독서 중인 릴케

고전은 왜 읽는가?

1

우리에게 소설《향수》로 잘 알려진 독일의 작가 파트리크 쥐스킨트의 소설집《깊이에의 강요》에는 〈문학 건망증〉이라는 짧은 단편이 실려 있다. 문학작품을 아무리 읽어도 나중에 가서는 주인공 이름조차 기억나지 않는다면, 소위 고전이라는 것이 무슨 소용이냐고 한탄하는 내용이 주를 이루는 작품이다. 거기서 우연히 등장하는 시인이 릴케이다. 아니 릴케라는 이름조차 소설 속의 화자는 기억하지 못한다. 무슨 토르소라는 시를 지은 것 같기도 한데, 당최 기억이 안 나네, 하는 식으로 화자는 투덜댄다. 팔다리, 머리가 없이 몸뚱어리만 있는 토르소에 대한 시를 썼으니 독특하기는 했던 모양이다. 여기서 작가는 고전이라는 것이 대체 무엇인가? 하고 되묻는다. 뒷날 시간이 흐른 후 작품 주인공의 이름이 기억나지 않는다고, 혹은 줄거리가 전혀 떠오르지 않는다고 해서 고전 읽기는 아무 소용이 없는 건가? 그렇다면 여기서 쥐스킨트의 주인공이 문제로 삼았던, 릴케의《신시집》에 실린 시 중에서 〈고대의 아폴로의 토르소〉를 읽어 내려가면서 이에 대해 한 번 생각해 보기로 하자.

안에서는 눈망울이 무르익어 갔을,

어마어마한 그 머리를 우린 보지 못했다. 그러나
그의 시선이 뒤틀려 박혀 가만히 빛을 발하고 있는
그의 몸뚱어리는 커다란 가스등처럼 여전히

불타오르고 있다. 그렇지 않고서야 어찌 그 가슴의
만곡이 너의 눈을 부시게 할까, 또 살포시 뒤틀린
허리로부터 어찌 한 가닥 미소가
생식을 품은 가운데 쪽을 향해 갈 수가 있을까.

그렇지 않다면 이 돌덩이는 두 어깨의 투명한
추락 아래 짤막하고 볼품없는 모습으로 서 있으리라.
또 맹수의 가죽처럼 그렇게 반짝이지도 못하리라.

또 별처럼 그렇게 제 모든 가장자리에서 빛을
내지도 못하리라. 너를 바라보지 않는 곳이란
한 군데도 없으니까. 너는 너의 삶을 바꿔야 한다.

Archaischer Torso Apollos

Wir kannten nicht sein unerhörtes Haupt,
darin die Augenäpfel reiften. Aber
sein Torso glüht noch wie ein Kandelaber,
in dem sein Schauen, nur zurückgeschraubt,

sich hält und glänzt. Sonst könnte nicht der Bug

der Brust dich blenden, und im leisen Drehen
der Lenden könnte nicht ein Lächeln gehen
zu jener Mitte, die die Zeugung trug.

Sonst stünde dieser Stein entstellt und kurz
unter der Schultern durchsichtigem Sturz
und flimmerte nicht so wie Raubtierfelle;

und bräche nicht aus allen seinen Rändern
aus wie ein Stern: denn da ist keine Stelle,
die dich nicht sieht. Du musst dein Leben ändern.

기원전 6세기경의 것으로 고대 그리스 이오니아 지방의 밀레토스에서 출토된 그리스의 한 젊은이의 토르소상이 이 시의 구체적 대상이다. 시인에 의해 이 젊은이는 무엇보다 예술의 신인 아폴로로 상정된다. 인체의 아름다움을 말할 때 우리에게 가장 호소하는 부위인 가장 중요한 얼굴이 없고 얼굴 표정을 받쳐줄 팔다리조차도 없다. 조형예술에서는 무엇보다 인간의 얼굴이 큰 역할을 한다. 두 자식과 함께 뱀에 물려 죽는 트로이의 마지막 신관을 형상화한 고대 그리스의 조각상 〈라오콘〉(기원전 25년경)을 보라. 극도의 고통이 신체 어느 부위보다 얼굴에 가장 잘 나타나지 않는가. 고함이나 눈물 또는 욕설로 감정을 표출할 때 영웅들은 인간과 다름없이 본성에 충실하다. 물론 이 조각상의 얼굴은 그 극도의 고통을

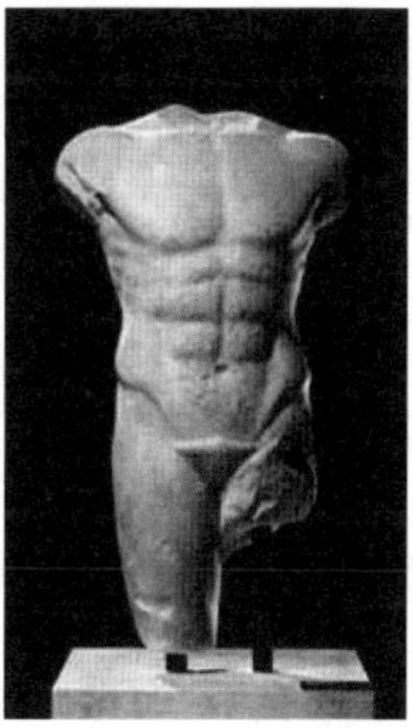

밀레토스에서 출토된 토르소. 루브르 박물관 소장

라오콘 상

안으로 참아 넘기기에 더욱 고통의 극치를 보여준다. 독일의 미술사가인 요한 빙켈만(1717-1768)이 말한 "고귀한 단순과 위대한 고요"의 실제적 구현이다. 미국의 작가이자 에세이스트 수전 손택(1933-2004)이 말한, 고통을 안으로 새긴, "비인격적인 것의 숭고함의 감성"이 바로 그것이다. 조각상이 개인적 감정을 안으로 감추고 절제하는 데에서 생겨나는 감상자의 벅찬 감동을 말한다. 릴케는 이를 두고 "황홀한 감정마저도 마치 하나의 사물처럼 표현한다"라고 규정한다.

이처럼 고통을 안으로 감추면서도 인간의 영혼의 모습을 외면적으로 가장 잘 드러나는 신체 부위는 얼굴이다. 때문에 토르소의 경우 예술적 아름다움을 이야기하기엔 상당히 부정적인 상황에 있다. 토르소는 일반적인 미의 개념에서 볼 때 시인에게 저항한다. 그렇지만 릴케가 본 토르소는 왠지 환하게 빛을 발한다. 일반적 개념의 미로부터 벗어나면서 토르소는 새로운 시각에서 조명된다. 마치 커다란 가스등(Kandelaber)이 환히 도로를 밝히는 것 같다. 릴케가 이 시를 썼던 당시(1908)로서는 가스등이 모든 조명기구 중에서 가장 빛이 밝았던 조명기구였다. 이렇게 빛이 밝게 빛나는 이유를 릴케는 어디서 찾고 있나?

릴케는 토르소의 주인공인 젊은이의 시선이 몸뚱어리 속으로 파고 들어가 안에서 빛을 내고 있다고 보고 있다. 그의 눈은 과일처럼 무르익었다. 토르소의 내부로 들어간 빛나는 광채가 토르소 전체를 밝혀준다. 결여된 신체의 부분을 릴케의 상상력이 채우고 있다. 이것을 그는 모두 독일어의 접속법 2식 즉 비현실 가정법을 통하여 노래한다. 눈에서 뿜어져 나오는 빛을 전제로 하여, 시인은 토르소의 아름다움을 하나하나 열거한다. 가슴 곡선의 아름다움, 살짝 뒤틀린 허리 쪽에서 생식기가 있는 아랫배 쪽으로 번지는 미소, 맹수의 가죽처럼 반짝거리는 모습, 가장자리가 별처럼 반짝이는 것 등등, 시인은 토르소를 보는 동안 마치 밝은 전구에 의해 조명 빛을 받듯 얼굴이 환해진다. 토르소의 결핍된 부정적인 상황이 시인의 밝은 상상력을 통해 변용하는 급변의 순간이다. 릴케는 한 편지에서 "개개의 신체 부위가 다 있었더라면 오히려 이 토르소는 덜 완벽할 뻔했지요."라고 밝힌 바 있다. 불완전함 속에서 오히려 완전함을 읽어내는 이 모든 것은 몸속으로 박혀 들어간 "눈"을 상상해낸 시인의 몽상의 힘 덕분이다. 그 눈으로 토르소는 시인을 빤히 바라본다. "너를 바라보지 않는 곳은 한 군데도 없으니까."라고 말할 수 있는 것은 정신을 바짝 긴장시키고 있는 시인 덕분이다. 아내 클라라에게 쓴 편지에서 로댕이 수집한 고대의 예술품들을 보고 릴케는 "수천의 눈을 뜨고 있소."라고 말한다. 그만큼 릴케의 예술 체험에서는 서로 마주보는 눈이 중요하다. 아름다움은 빛으로 상징된다. 이런 정직한 체험의 결과 마지막 행에 가서는 급기야 "너는 네 삶을 바꿔야 한다."는 정언적 문장이 나타나 시의 화자에게 행동을 촉구한다. 예술 체험의 강렬함을 대변하는 단언적인 표현이다. 예술 체험을 통해 사람 자체가 거듭난다는 말이다. 작품의 겉모습이 아니라 그것을 만들어가는 과정 자체가 시인에게 내면의 깨달음을 준다. 마음속에 품은 미를 향한 의지가 시인의 내면까지도 변화시킨다. 불후의 예술품은 감상자 즉 예술의 수용자인 릴케에게 예술작품의 심미성을 인식하게 만들고 본인도 저렇게 영원히 살아남을 아름다운 시를 써야겠다는 다짐을 하게 한다. 이는 다른 말로 자신의 삶을 불후하도록 재편해야 한다는 의미로 받아들여진다.

2

토르소를 빛나게 하는 것은 관찰자의 사랑이다. 결국 예술작품의 완벽한 완성은 감상자가 마음으로 이루어내는 것이다. 토르소의 얼굴과 팔다리는 관찰자의 머릿속에서 완성된다. 자기 안에 뭔가 완성할 것이 있다는 믿음이 이런 체험을 가져다준다. 이렇게 보면 하나의 작품이 갖는 의미는 꼭 주인공의 이름을 외거나 세세한 것을 기억해서 남는 것은 아님이 분명해진다. 미적 체험에 객관적 기준이 있는 것은 아니다. 이렇게 해서 파트리크 쥐스킨트의 물음에 대한 답은 나왔다. 미의 근원은 작품 안에 있지만, 그것을 촉발하여 완성시키는 것은 수용자이며 수용자는 무의식적으로 마음속에 이 체험을 간직하는 것이다. 미를 느끼는 것은 관찰자 자신의 문제이다. 이는 데이비드 흄이 《취미 기준론》(1745)에서 밝힌 내용과 같은 맥락이다. "미는 사물 그 자체가 갖고 있는 성질이 아니다. 미는 사물을 바라보는 사람의 머릿속에만 존재하며, 모든 정신은 미를 제각각 다르게 느낀다." 릴케의 시적 화자는 미를 자각하고 느끼는 것에 그치지 않고 생 전체를 새롭게 시작해야 한다고, 이제부터는 지금까지와는 완전히 다른 삶을 살아야 한다고 스스로에게 고백한다. 예술작품을 응시하는 가운데 관찰자는 자신의 인생의 법칙을 깨달았기 때문이다. 자신 속에 숨겨져 있는, 아직은 실현하지 못한 많은 가능성을 찾아나서야 한다고, 릴케는 "너는 네 삶을 바꿔야 한다."고 말하는 것이다. 여기서 중요한 것은 작품을 바라보고 감상함에 있어 수동적이지 않고 적극적인 관찰자의 상상력 또는 몽상의 힘이다. 아무튼 위대한 아름다움은 삶의 방향까지도 지시하는 힘을 갖는다. 시간적으로 아주 먼 옛날, 고대의 아폴로의 토르소가 현재에도 우리에게 영향을 미치듯, 예술가는 무릇 시간을 초월하는 작품을 향한 열망을 가슴에 담고 있어야 한다.

3

이 글의 서두에서 꺼냈던, 왜 고전을 읽는가, 하는 문제로 돌아가 보자. 고전을 읽으라고 하면 보통은 다음과 같은 말을 듣기 일쑤다. '아무리 많이 읽어도 세월이 지나면 주인공 이름도 생각나지 않는데 뭘…'. 사실 그렇다. 주인공 이름뿐만 아니라 줄거리, 아니 심지어 제목까지도 제대로 기억나지 않는, 그것도 재미없는 책들을 무엇하러 읽는가. 심지어 작가들도 이런 말을 한다. 파트리크 쥐스킨트는 무엇 때문에 고전을 읽는가에 대해 고민하다가 그에 대한 답을 이렇게 밝힌다. "(인생에서처럼) 책을 읽을 때에도 인생항로의 변경이나 갑작스런 변화가 멀리 있는 것 같지는 않다. 독서는 서서히 스며드는 활동이기 때문에 우리는 의식 깊이 빨려들면서도 눈에 띄지 않게 서서히 녹아들어서 그 과정을 몸으로 느낄 수 없는 것인지도 모른다." 주인공의 이름을 외거나 작품의 줄거리를 달달 외는 게 중요한 것은 아니라는 말이다. 무엇을 읽든, 그것이 자신의 가슴에 와서 뭔가 호소할 때, 또 나중에 자신의 삶을 위해 거름이 될 때 의미가 있다는 말이다. 몽상 역시 독자에게 고통을 요구하고 이런 고통을 겪은 작품만큼은 독자의 가슴에 골이 깊은 흔적을 남긴다.

릴케의 눈

1

시적 창조의 중기에 이르러 릴케는 관례적인 시 쓰기의 인습에 복종하지 않고 저항한다. 하나의 시적 대상을 상대로 한 극단적인 언어 시험을 통하여 릴케는 독일 시문학사에서 '사물시'라고 하는 아주 독특한 시 장르를 창출해낸다. 물론 이와 비슷한 유형의 시 쓰기는 독일 사실주의 시절의 콘라트 페르디난트 마이어(1825-1898)의 〈로마의 분수〉나 에두아르트 뫼리케(1804-1875)의 〈등잔에 부쳐〉에서도 찾아볼 수 있지만, 이 같은 시적 표현 방식을 극한으로까지 끌고 가서 성공시킨 시인은 유일하게 릴케뿐이다. 이 책의 초반부에서 보았던 릴케의 시들과 지금 우리가 접하게 될 그의 시들은 그 견고함이나 언어의 운용 그리고 상상력의 전개방식에서 큰 격차를 보인다. 이것은 릴케 스스로가 수없이

많은 고민과 방황 끝에 이루어낸 시적 성과이며 보편화된 쉬운 감성에서 예리하고 고통스런 지성 쪽으로 시의 축을 움직여 창출해낸 시인의 에너지의 응집의 결과이다. 이 '사물시'의 훈련장을 통과하여 무한을 향한 노력의 결과로 릴케는 후기의 대작《두이노의 비가》에 이른다.

이제 이런 시적 성과의 첫 작품을 보자. 1902년에 쓴 아주 유명한 시〈표범〉이다.

표범

파리 식물원에서

그의 눈길은 스치는 창살에 지쳐
이젠 아무것도 붙잡을 수가 없다.
그에겐 마치 수천의 창살만이 있고
그 뒤엔 아무런 세계도 없는 듯하다.

아주 조그만 원을 만들며 움직이는,
사뿐한 듯 힘찬 발걸음의 부드러운 행보는
커다란 의지가 마비되어 서 있는
중심을 따라 도는 힘의 무도(舞蹈)와 같다.

가끔씩 눈동자의 장막(帳幕)이 소리 없이
걷히면 형상 하나 그리로 들어가,
사지(四肢)의 긴장된 고요를 뚫고 들어가
심장에 가서는 존재하기를 그친다.

Der Panther

Im Jardin des Plantes, Paris

Sein Blick ist vom Vorübergehn der Stäbe
so müd geworden, dass er nichts mehr hält.
Ihm ist, als ob es tausend Stäbe gäbe
und hinter tausend Stäben keine Welt.

Der weiche Gang geschmeidig starker Schritte,
der sich im allerkleinsten Kreise dreht,
ist wie ein Tanz von Kraft um eine Mitte,
in der betäubt ein großer Wille steht.

Nur manchmal schiebt der Vorhang der Pupille
sich lautlos auf -. Dann geht ein Bild hinein,
geht durch der Glieder angespannte Stille -
und hört im Herzen auf zu sein.

이 시에서 시의 화자는 시 안에 들어가 있지 않고 시의 바깥에서 대상만을 예의 주시한다. '나'라는 말도 없고 '너'라는 말도 없으며, 오로지 '그'라는 말만 있다. 내용상으로 다루고 있는 것도 오로지 한 가지 대상 즉 "표범"뿐이다. 시인의 눈은 표범에 얽혀 있는 많은 이야기를 풀어서 읽어낸다. 초기의 몽환적이고 인생파적인 어법과는 사뭇 달라져 있음을 알 수 있다. 한 마디도 서툴거나 부수적으로 쓰지 않고 꼭 필요한 말만 가지고 시를 전개하고 있다. 특히 독일어로 한 연이 4행을 이룬 시의 구조와 행마다 전개되는 표범의 움직임을 살린 음조는 일상의 어법이나 비예술적 표현에서와 달리 그 자체로 시의 형태에 의미의 옷을 입혀주고 있다. 릴케에게 이런 시 쓰기를 독려한 것은 다름 아닌 조각가 로댕이다. 한 출판사로부터 로댕 전기 집필 의뢰를 받고서 독일의 브레멘 근교의 베스터베데 신혼집에서 아내 클라라가 써준 소개장 하나만 달랑 들고 파리로 로댕을 찾아간 것이 1902년 8월 27일의 일이다. 로댕이 쉼 없이 작업하는 모습을 본 그는 영감에 의지하여 시를 쓰고, 영감이 떠오르지 않으면 고통을 겪던 자신의 창작방식을 되돌아본다. 영감이 떠오르지 않을 때의 시인은 도구를 빼앗긴 목수와 같은 꼴이다. 막연함에 기대던 릴케는 이제 다른 시각에서 생각을 한다. 조각가가 돌을 재료로 하여 정으로 정확하게 내리쳐 조각을 만들 듯이 릴케에겐 언어를 재료로 삼아 정확한 표현으로 대상을 정확하게 묘사하는 것이 정답으로 보였다. 낱말 하나하나에게 시적 임무를 맡기기 위해서는 낱말의 내면을 탐구할 필요가 있었다. 릴케는 그림 형제가 편찬한 사전을 책상머리에 두고 적확한 표현을 찾기에 골몰하기도 했으며, 막연히 시가 써질 때까지 기다리지 않고 시적 대상을 찾아 나섰다. 이것은, 가만히 앉아 있지 말고 '일하라'는 로댕의 독려 덕분이었다. 그는 파리 베르사유 궁전의 낙숫물 홈통이나 건물의 생김새 등을 빠짐없이 관찰하고 다녔다. 파리는 이후 1926년 3월 17일 자 한 젊은 여성에게 보낸 편지에서 스스로 밝혔듯이 그에게 "형상화

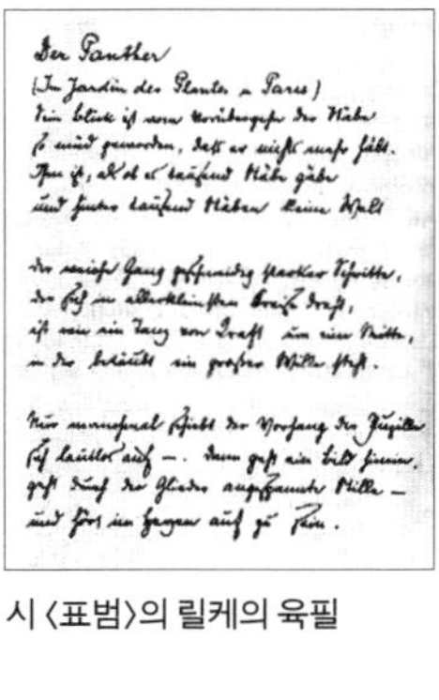
Der Panther
(Im Jardin des Plantes, Paris)
Sein Blick ist vom Vorübergehn der Stäbe
so müd geworden, daß er nichts mehr hält.
Ihm ist, als ob es tausend Stäbe gäbe
und hinter tausend Stäben keine Welt.

Der weiche Gang geschmeidig starker Schritte,
der sich im allerkleinsten Kreise dreht,
ist wie ein Tanz von Kraft um eine Mitte,
in der betäubt ein großer Wille steht.

Nur manchmal schiebt der Vorhang der Pupille
sich lautlos auf –. Dann geht ein Bild hinein,
geht durch der Glieder angespannte Stille –
und hört im Herzen auf zu sein.

시 〈표범〉의 릴케의 육필

릴케와 로댕, 1902년 가을

의지"의 토대가 되었다. 이렇게 정확성을 목표로 하여 시작(詩作)에 매진하여 첫 결실로 다가온 것이 1902년 11월에 쓴 위 시이다. 릴케 자신의 말대로 "자연 앞에서 화가나 조각가처럼 냉혹할 정도로 사물을 파악하고 모사하려는 엄격한 훈련"의 결과이다. 부제에 '파리 식물원에서'라고 실제 장소가 붙어 있는 것 역시 이 시가 상상으로 쓴 것이 아니라 실제의 대상을 앞에 놓고 관찰하여 기록한 것임을 알려준다. 물론 로댕이 석고로 본을 떠놓은 고대의 작은 호랑이상 역시 릴케에게 영향을 끼쳤다.

이 시에서도 릴케가 중요시한 것은 신체의 여러 기관 중에서 인식 기관인 눈이다. 바라보고 관찰하는 화자의 눈에 들어온 것은 표범의 눈길이다. 그렇기 때문에 독일어 원문에서 릴케는 "Sein Blick" 즉 "그의 눈길"로 시를 시작하고 있다. 대상을 파악하기 위해서는 눈길과 눈길의 마주침이 중요하다. 눈은 외부의 사물을 관찰하고 외부의 사물의 움직임에 대해 내부의 기관 중 심장이 반응하도록 가장 바깥에 위치한 감시 기관이다. 바로 이 눈과 심장 두 가지를 중심으로 해서 표범의 묘사는 전개되고 있다. 사물의 모든 부분을 일일이 다 묘사하지 않고 가장 핵심이 되는 부분을 포착하여 묘사하는 면에서는 강렬한 붓 터치의 표현주의 회화를 연상시킨다. 화가의 눈에 중요한 것 위주로 묘사하고 강조할 것은 더 강조하여 보여주기 때문이다. 이중섭(1916-1956)의 그림 〈소〉를 생각하면 잘 이해가 되는 대목이다. 진정한 예술을 위해서는 보는 것은 보는 것만으로 그치지 않고 예술가의 상상과 몽상의 힘이 함께 작용하는 것이다. 이것이 사진과 다른 점이다. 릴케의 시들이 음악성과 함께 조형성을 갖게 되는 계기가 바로 여기에 있다.

이중섭의 〈소〉

아프리카 평원을 힘차게 뛰어다니며

먹이 사냥을 해야 할 표범이 동물원 우리에 갇히어 있을 때 하는 행동을 우리는 잘 안다. 바로 이 시에서처럼 우리 안에서 스스로 내놓은 발자국을 따라 지루하리만큼 빙빙 도는 것이다. 이를 "그의 눈길은 스치는 창살에 지쳐/이젠 아무것도 붙잡을 수 없다."고 표현한다. 계속해서 빙빙 돌기 때문에 우리의 창살이 수십 개일 뿐이지만 표범에겐 수천의 창살이 된다. 이렇게 빙빙 돌 때 그의 눈은 마비되어 "그 너머엔 아무런 세계도 없는 듯하다."라고 표현된다.

표범의 본성은 맹수로서 야수성에 있다. 그것이 밖으로 터지지 못하고 속으로 마비되어 있을 때 어떤 모습을 띠게 되는지 릴케는 언어의 뉘앙스를 살려가며 절묘하게 묘사해 보여준다. 수많은 낱말들의 우주 속에서 표범의 본질과 조응할 수 있는 것들을 찾아 하나의 언어의 건축물을 구축한 것이다. 속에 든 본성이 갇혀 있지만 은근히 겉으로 나타나는 것을 "사뿐한 듯 힘찬 발걸음의 부드러운 행보"로 표현하여 마치 실제 모습을 보는 듯한 착각을 일으킨다. 심장이 제 역할을 못하므로, 마치 목을 뒤틀어놓아 땅바닥에 내팽개친 풍뎅이처럼 한 곳을 중심으로 삼아 빙빙 돌 뿐이다. 이것을 역시 세세하게 서술하지 않고 "커다란 의지가 마비되어 서 있는/중심을 따라 도는 힘의 무도와 같다."고 표현한다. "힘의 무도", 한 마디 말로 정곡을 찌른다. '웅장한 발걸음'이라 하지 않고 "힘의 무도"라고 했다. 앞에서 말한 이중섭의 소의 힘찬 붓 터치를 연상해보자. 우리 안에 있으면서 밖으로 뛰쳐나가지 못해 "커다란 의지는 마비되어 서" 있다.

첫 행에서 말하듯, 밖으로 나가지 못해 주위만 뱅뱅 돌던 표범의 눈은 이미 지쳐 있지만, 그래도 습관적으로 "가끔씩 눈동자의 장막이 소리 없이 걷히"기도 한다. 눈동자가 열리는 순간 표범을 바라보고 있던 관찰자의 모습이 그 안으로 들어가서, "사지의 긴장된 고요를 뚫고 들어가" 그의 의지를 관장하는 "심장"의 반응을 불러일으키려 했으나 "심장에 가서는 존재하기를 그친다." 먹이나 경계의 대상을 보는 순간 심장의 명령을 받아 반사적으로 반응하는 "사지"가 이제는 "고요"하다. 이 "고요"는 아프리카 평원의 표범에게는 있을 수 없는 일이다. 그러기에 우리 안에 갇힌 표범의 무기력감은 더 클 수밖에 없다. 원문의 마지막 행 "und hört im Herzen auf zu sein."는 우리말로 뭉뚱그려서 "심장에 가서는 사라진다."라고 할 수도 있으나 "존재하기를 그친다."로 옮긴 까닭은 그래야 존재가 존재로 감응되지 않는 것을 나타낼 수 있기 때문이다. 원어에 있는 그대로 번역했을 때 의미를 제대로 살릴 수 있음을 보여주는 예이다.

2

위 시는 이른바 '사물시' 중에서 가장 먼저 쓰인 것이자 가장 유명한 작품이다. 전체적으로 우리에 갇힌 표범의 속성을 선이 굵게 파악하여 그 모습을 완벽하게 복원하고 있다. 앞서 보았던 〈가을〉이나 〈가을날〉이 릴케가 잠시 들렀던 보르프스베데 화가촌의 화가들의 영향을 받아 이미지가 강한 이차원적 세계를 보여주었다면, 이 시는 조각가 로댕의 영향을 받아 삼차원의 세계를 보여준다. 삼차원 중에서도 요즘 식으로 말하면 유튜브의 동영상에 가깝다. 카메라맨이 화면에 등장하지 않듯 이 시에서도 화자는 동영상 바깥에 존재한다. 이를 통해 사물에 대한 정확한 묘사라는 객관성이 보장된다. 하나의 완벽한 시는 이렇게 해서 자체로서 존재할 수 있는 완벽한 예술 사물이 되는 것이다.

이만큼 시인은 자신이 다루는 재료인 언어에 대한 많은 고민을 해야 한다. 언어가 무엇인지, 그 가능성은 무엇인지 사색하지 않고는 새로움을 찾을 수 없다. 마치 세공사가 보석을 다듬을 때 그러는 것처럼 시인은 낱말 하나하나의 무게를 달고 아름다운 빛을 내기 위해 어디를 어떻게 깎아야 하는지 탐구해야 한다. 이는 프랑스의 상징주의 시인 스테판 말라르메가 했던 고민과 다르지 않다. 그러나 릴케는 거기에 그치지 않고 자신의 차원을 끌어올리기 위해서는 인접 예술에 대한 관심이 큰 도움이 된다는 것을 깨닫게 된다. 이때 시인에게 정신의 자양분이 된 것이 바로 조형예술이었다. 어디에 기둥들을 세우고 들보를 걸치고 서까래를 어느 각도로 설치해야 할지 정확히 계산한 기하학적 언어의 건축물을 세우는 것이 문제였다. 시인으로서 자신의 한계를 극복하고 차원을 끌어올리는 데에는 언어에 대한 철학적 자세가 릴케만의 어법을 가져왔다고 할 수 있다. 언어로 철창을 짜고 그 안에 표범을 위치시키고 마비된 듯 빙빙 돌게 만드는 릴케의 독일어는 특유의 음보와 멜로디를 갖고 있다.

이 시는 이제 독일에서는 고전이 되었다. 청소년을 위한 시집에도 빠지지 않고 등장한다. 초기의 어슴푸레한 몽환적이고 낭만적이며 경계가 없이 불분명했던 릴케의 시적 분위기는 뚜렷함과 분명함, 그리고 언어에 대한 깊은 성찰 앞에 자리를 양보한다. 릴케는 인간의 삶이 갖는 우연성과 자연에서 보이는 무상성을 예술적 조화와 창조성으로 극복해낸다. 사실적 관찰에 이른 사고와 성찰이 이루어낸 업적이다. 후고 폰 호프만스탈은 릴케가 세상을 뜬 뒤인 1927년 10월 30일, 릴케의 시 선집을 펴낸 출판업자 카타리나 키펜베르크 부인에게 보낸 편지에서 언어를 가지고 조각과 같은 예술품을 만들어내는 릴케의 재주를 두고 이렇게 말한다. "나의 눈길을 끌고 내게서 감탄을 자아내는 중심적인 것은, 바로 시각적인 것에 뿌리를 둔, 영혼적인 것으로 넘어가는 이 유일무이한 소환입니다." 여태껏 존재하지 않았던 특별히 탄탄하게 조직화된 '사물시'를 통해 이와 같은 영혼의 소환은 가능하다. 그것이 릴케만의 재주라고 시인 호프만스탈은 평가한다. 언어의 리듬과 낱말의 뉘앙스로 만든 조형물인 '사물시'에는 미학적 완성을 향한 시인의 꿈이 배어 있다고 할 것이다.

조형예술의 힘

릴케의 삶과 예술 세계의 전개 과정은 그가 《기도시집》의 초두에서 노래한 "사물들 위로 번지며 점점 커져만 가는/동그라미들 속에서 나는 나의 삶을 살고 있습니다."는 구절의 현실적 실현이다. 그의 시들은 시인으로 성장해가는 그의 모습을 보여주는 삶의 기록과 같다. 벌거벗은 젖먹이가 있는가 하면 순박한 소년이 있고, 연애편지를 쓰는 청년이 있는가 하면 어느 새 장년이 되어 끌과 망치를 손에 든 언어의 거장이 있다. 꿈속을 헤매듯 시의 흐름에 영혼을 맡기는 듯한 분위기가 있는가 하면, 어느 새 여기서 벗어나 스스로 노를 저어 뚜렷한 목표를 찾아가는 힘찬 손길이 느껴진다. 릴케의 시가 이렇게 야물어지는 데 큰 역할을 한 것은 무엇보다 조형예술과의 만남이다. 특히 조각가 로댕과 여류 화가 파울라 모더존 베커와의 만남이 큰 영향을 주었다. 독문학자 뤼디거 괴르너는 "릴케는 조형예술에서 통사론을, 즉 관찰의 문법을 구한 것 같다."고 말한다. 인접 예술인 조각과 회화와의 접촉을 통하여 릴케는 새로운 시적 언어의 개척을 향해 계속적인 도전을 꿈꾸고 이를 실현해나간다.

이 글에서는 조형예술이 언어예술인 시의 깊이와 넓이의 확장을 위하여 어떤 자극과 영향을 줄 수 있는지, 릴케의 세계에 대한 시적 현장 답사를 통하여 구체적으로 파악해보려 한다.

로댕과 표면과 빛의 미학

로댕
〈코가 깨진 사나이〉(1863)

릴케가 로댕에 대한 생각을 적은《로댕론》이나《로댕강연》은 내용상 예술가로서의 로댕의 삶을 논하는 부분과 작품 창작 과정을 탐색하는 부분으로 이루어져 있다. 여기서 예술가의 삶은 난관을 돌파하는 척후병과 같은 고통으로 묘사된다. 곤경을 극복하지 못하는 예술은 관습의 물결에 휩쓸려 대중 속으로 사라지게 마련이다. 예술가는 곤경에 빠짐으로써 곤경을 극복하는 법을 배운다. 곤경과 고통, 아픔은 극복의 방법을 알려준다. 극복은 예술을 위해 풍요로움을 가져다준다. 로댕은 조각작품 〈코가 깨진 사나이〉를 1864년 '살롱'에서 전시하려다 거부당한다. 오히려 이런 거부와 난관의 극복에서 릴케는 예술적 성숙의 증거를 본다. 코가 부러진 늙은 사나이의 추한 모습을 고통스럽게 조각했으니 당시의 관습에 젖어 있던 미적 감각에 거부감을 일으켰음은 당연한 일이다. 부르주아 세계의 미적 이상은 이미 하나의 틀로 고정된 것이었다. 그것을 따르는 것은 예술적 창조의 새로움을 포기하는 것과 같은 것이었다. 새로움을 추구하기 위해서는 도전이 필요하다. 사물의 본질을 단순하면서도 힘차게 표현하는 방법을 찾는 일은 그 안에 들어 있는 정신을 찾아 소리치게 해주는 것이다. 이것이 로댕의 경우엔〈코가 깨진 사나이〉에서 실현된다. 릴케는 이 작품에 대해《로댕론》에서 다음 같이 말한다.

> 로댕으로 하여금 이런 두상을, 코까지 깨져 얼굴의 고통스런 표정이 더욱 고통스러워 보이는 이처럼 늙어가는 못생긴 사나이의 두상을 만들도록 한 것이 무엇이었는지 짐작이 간다. 그것은 이 얼굴표정들 속에 운집한 삶의 충일이었다. 이 얼굴에는 대칭을 이루는 면이 하나도 없고, 반복되는 것도 없으며, 어느 곳 하나 공허

하게, 즉 침묵하거나 무심하게 남아 있지 않다는 것이 바로 그것이다. 이 얼굴은 삶의 손길에 닿은 정도가 아니라 마치 무자비한 손이, 쥐어짜는 소용돌이 물속에 집어넣듯 운명 속에 집어넣어 버린 것처럼 삶에게 처절하게 얻어터진 얼굴이다.

릴케가 로댕에게서 읽은 것은 인간의 육체를 이루고 있는 성분 중 빛에 닿아 반짝이는 표면이다. 로댕이 조각을 할 때 사물에 집중한 부분은 표면이었으며, 이는 안에서 꿈틀대는 사물의 생명을 되살리기 위한 작업이었다. 로댕이 보았을 때 생명은 행복 속에만 있는 것이 아니라 오히려 고통 속에 있는 경우가 더 많았고 거기에 오히려 진실성이 있었다. 로댕의 아틀리에를 찾아 작업 현장을 직접 목격한 릴케는 로댕의 손길에서 시인으로서의 자신의 호흡을 느꼈고 시로 소네트의 돌기둥을 세워 대상을 노래하려 했다. 로댕이 예술작업을 하며 읽었던 책은 단테의 《신곡》과 보들레르의 성경 구절에 바탕을 둔 시였다. 또한 〈발자크〉상을 만들기 위해 로댕은 발자크의 작품뿐만 아니라 편지를 읽고 또 그의 사진들을 연구했다. 이것들 속에 숨겨진 표정들을 그는 하나하나 다 유심히 살펴보았다. 그렇게 해서 이런 흔적을 남긴 단 하나의 사람, 단 하나의 공통된 표정을 찾아낸 것이다. 그것이 조각 〈발자크〉이다. 릴케는 이 조각을 보고 역으로 말로 되살려낸다. 이 조각의 모습을 줄이고 줄여서 말로 표현하면 한 편의 시가 되는 것이다. 표현을 위해서는 자신의 수단을 자유로이 구사할 수 있는 능력이 필요하다. 그것은 성찰과 표현의 연결점을 생각하는 것이다. 거기엔 다른 것이 없다. 인내라는 연장뿐이다. 〈코가 깨진 사나이〉의 두상은 거기에 스민 고통들이 서로 교차하며 엮어내는 일회적인 충만한 표현으로 살아 있다. 내부에서 서로 부딪치는 모순된 힘들의 높은 파도를 견디는 인물의 인내심이 표현의 관건이다. 아름다운 목조건물이 기둥이나 들보, 서까래 하나하나가 힘을 유지하여 하나의 건축물을 이루듯이 조각품의 내적, 외적 움직임은 어느 것 하나 바깥을 내다보거나 자기만 잘난 체하지 않고 내면으로 완결되어 하나의 생명에 기여한다.

릴케의 〈로댕론〉에 따르면 로댕이 발견한 가장 중요한 것은, "예술작품의 완성도는 일상적 사물의 완전함과 반드시 일치하지 않아도 된다."는 것과 "일상적 사물과는 별도로 그림 안에는 새로운 조화와 결합과 관계와 균형이 생겨난다."는 것이다. 13세기에 토마스 아퀴나스가 쓴 《신명론》에는 이런 구절이 나온다. "서로 적절하게 맞는 많은 돌들에서 건물이 탄생하듯이 우주의 각 부분들이 모두 모여 우주의 존재 이유를 설명한다. 바로 같은 이유로, 각각의 사물이 그 자체와 동등하게 남아 있으면서도 모두 함께 자신의 고유한 속성에 따라 서로 교감해야 한다고 말하는 것이다." 움베르트 에코의 《미의 역사》에서 가져온 이 글을 살펴볼 때 로댕의 조각론은 구조주의적 측면에서 중세의 신학에서 말하는 조화론과 맞닿아 있다고 하겠다.

"로댕의 소묘에서는 소재에서 받은 자극을 잊으며 변화시키는 일이 조각의 준비과정으로 진행된다. 그는 이러한 소묘의 기교에서도 자기 고유의 표현 수단을 키워나갔다." 다음 글을 보자.

> 가만히 쉬고 있거나 꿈틀대는 육체들의 가물대는 윤곽들 — 그것을 입 밖으로 소리내어 말하는 순간, 우리는 그것으로부터 멀어집니다, 마치 추락하는 사람처럼 말입니다 — 그렇다면 이들 육체를 어떻게 하면 표현할 수 있을까요? 로댕의 소묘에서는 꽃들과 동물들 그리고 소녀들의 본질이 제대로 잘 드러나 있습니다. 극한의 사랑과 고통과 마음의 흔들림과 행복한 표정이 정말로 살아난 거죠. 그것을 표현하는 데에는 푸른 선(線) 하나면 충분합니다. 그러면 사방에서 소묘의 화폭을 향해 공간이 우르르 몰려와 이 형상들을 원경(遠景)과 심연(深淵)으로 에워싼 다음 그것들 속으로 흠뻑 스며듭니다. 이어서 공간은 그 형상들을 우리 앞에 보

여줍니다. 그러면 그것들을 바라보는 우리는 엄청나게 높은 산꼭대기에서 현기증을 느끼는 것처럼 부드러운 손놀림으로 화폭을 들고 있는 그 대가의 손을 얼른 붙잡고 싶은 것입니다…

그렇습니다. 이 소묘들은 다른 목적으로 사용하려고 급하게 만든 각주나 임시방편의 것이 아닙니다. 놀라울 만큼 도무지 파악할 수 없고 그러면서도 온갖 법칙으로 가득 차 있는 순간적인 것입니다. 그러니 이것이 궁극적이고 영원한 것과 다를 바가 무엇입니까?

이 글에서 정확하게 순간을 포착하는 로댕의 솜씨를 말하면서 릴케는 조형예술의 특징을 밝히고 있다. 그것은 바로 조형예술이 갖는 재료에 대한 것이다. 이런 재료를 통하여 물질적인 것, 감각적인 것을 표현해도 거기에는 정신적인 것이 깃들인다는 말이다. 육체적인 것이 정신적인 것을 표현할 뿐이지 압도하지 않기 때문이다. 릴케는 대상을 묘사함에 있어 중요한 것은 사진을 찍듯이 그대로 본 따는 것이 아니라 가장 특징되는 것을 일거에 습취하는 것임을 깨닫는다. 관습적인 방식으로 모방하는 것이 아니라, 즉 물질적이고 대상적인 것을 추수하는 것이 아니라 관찰의 눈길을 날카롭게 하여 사물의 안에서 부유하는 고통과 극한의 사랑과 마음의 행복을 하나의 푸른 선으로 그려내는 것이다. 때문에 릴케의 중기 예술관에서 중요한 것은 대상성이나 모방성이 아니라 하나의 추상적 순간적 필치를 통하여 법칙적이고 영원한 것을 획득하는 것이다. 이런 깨우침은 그의 예술관뿐만 아니라 그의 시에도 그대로 흔적을 남긴다.

파울라의 "눈"과 "붉은 장미"

릴케는 외계의 감지를 통해 자신의 창작에 더욱 회화적 요소를 가미하게 되었다. 여기서 그의 시는 더욱 회화 쪽으로 접근하게 된다.

북부 독일의 브레멘 근교에 위치한 보르프스베데 화가촌에서 여류 화가 파울라 베커를 만났을 때 그녀의 모습을 노래한 다음 시는 릴케에게서 시가 회화와 어떻게 어울리는지 잘 보여준다.

붉은 장미가 이렇게 붉은 적은 없었습니다,
비에 흠뻑 젖은 오늘 저녁처럼.
나는 한참 그대의 부드러운 머리칼을 생각했지요,
붉은 장미가 이렇게 붉은 적이 없었습니다.

여류 화가를 바라보는 시인의 사랑의 감정이 시 속에서 붉은 장미의 이미지로 한껏 피어난다. 비오는 광활한 늪지 풍경의 희뿌연 빛 속에 피어나는 붉은 장미를 보며 여류 화가의 붉은 머리칼을 생각하던 릴케는 여류 화가의 눈에 주목한다. "나는 금발의 이 여류 화가를 바라보며 그녀의 눈이, 그러니까 반짝이는 단단한 검은 구슬 같은 눈이 살포시 열리면서 마치 속이 꽉 찬 장미처럼 부드럽고 따뜻해지면서, 뒤로 젖혀진 작은 꽃받침들의 둥근 가슴 위에 던지는 것처럼 여린 그림자와 옅은 빛을 드리우는 것을 다시 본다." 릴케는 인간의 눈을 장미 꽃봉오리에 비유한다. 릴케가 예술행위에서 가장 중요시 하는 신체 부위는 눈이다. 고양이의 눈, 표범의 눈, 아폴로 토르소의 눈, 연못의 눈, 별의 눈 등등. 눈은 그의 시와 사고에서 중요한 역할을 한다. 그의 언급은 눈이 사물을 보기 전에 성찰을 하는 기관으로 충분히 작용하기를 바라는 것에 이른다. 눈은 한 송이 장미가 되어 안에 꽃봉오리를 고이 간직하여 때를

파울라 모더존 베커(1876-1907)

기다리다 피어나는데, 시인의 눈으로서의 "장미"는 릴케의 묘비명에서 명확하게 그 존재의 위상을 보여준다.

장미여, 오, 순수한 모순이여,
겹겹이 싸인 눈꺼풀들 속
익명의 잠이고 싶어라.

릴케는 고독을 사랑하기에 장미 꽃 안의 고독을 사랑한다. 그의 고독은 작품의 고요한 숙성을 위한 침잠이다. 그림과 풍경, 사물의 인식에 대한 깨달음은 눈의 중요성에 대한 성찰로 이어져 이렇게 장미를 드높은 상징으로 고양한다. 조형예술과의 만남은 눈과의 새로운 만남이다. 그림을 그리는 여류 화가의 눈에 대한 언급은 그렇기 때문에 주목의 가치가 있다. "그녀의 즐거운 갈색 눈동자에 땅들이 떠도는 것"을 보며 릴케는 "진정으로 무언가를 바라보는 눈"에서 "정말로 많은 것을 배운다"고 말한다. 그러므로 장미의 눈은 시인의 눈이고, 장미는 세상을 바라보는 눈이다. 이런 눈을 가진 화가들로부터 릴케는 처음으로 그림을 제대로 보는 법을 배운다. "그림의 일부분, 발의 일부분 또는 배경과 잘 어울리는 천의 한 주름을 보며 내가 기쁨을 느끼게 된 것은 그림에 바짝 다가서 있는 이 양심적이고 착한 화가들과 사귀면서부터이다." 릴케의 이 문장에서 부분적인 것, 국소적인 것이 갖는 의미에 대한 큰 울림을 들을 수 있다. 이렇게 해서 릴케는 이들에게 고마움을 표하며 파리로 가서 그림을 구경하고 로댕

예술가촌 보르프스베데에서 만난 파울라 베커와 여류 조각가 클라라 베스트호프

을 만날 결심까지 한다. 파울라 베커가 보르프스베데의 황량한 풍경 속에서 그림의 소재를 찾아 곳곳을 헤맸던 것처럼 릴케는 자신의 눈으로 수많은 것을 흡입하기 위해 방랑하는 시인이 된다. 이렇게 릴케에게 보르프스베데의 거친 황야와 화가들은 그에게 학습을 위한 땅이 되었다.

소녀들아, 시인들은 너희들에게서 배우지,
너희들이 원하는 것을 말로 하는 법을.
시인들은 너희에게서 먼 곳을 사는 법을 배운다,
저녁들이 큰 별들을 바라보면서
영원에 익숙해지는 법을 배우듯이…

위 대목을 보면 릴케가 화가들에게서 무엇을 배우려 하는지 명백하게 드러난다. 시인은 화가들이 원하는 것, 그들이 되고자 하는 것을 말로 표현하려 하며, 그 자세나 방법을 젊은 여류 화가들에게서 배운다. 화가들을 먼 존재로 느끼면서, 즉 앞으로 어떻게 발전해나갈지 가늠하면서 이들의 방식에서 삶을 사는 방법도 배운다. 하늘에 늘 떠 있는 큰 별들에게서 영원함을 배우는 저녁들처럼 시인은 화가들의 존재를 이상화시켜 놓고 이들에게서 뭔가를 늘 배우고자 한다. 예술에 대한 진정한 이해와 진지함은 주어진 환경에서 많은 것을 흡수하여 자기만의 길을 가려는 젊은 화가와 시인들의 공통점이다.

조각과 회화를 성찰한 시 〈청수국〉

조형예술의 영향을 받아 기욤 아폴리네르가 〈새로운 정신과 시인들〉(1917)에서 밝혔듯이 시 문학의 도형화 방식으로 예술의 종합화, 즉 음악, 그림, 문학의 종합화를 꾀할 수도 있지만, 릴케는 시가 갖는 문자적 특성에 유의하며 다른 쪽에서 회화적 요소를 시에서 구사하려 했다. 그것은 1907년에 폴 세잔의 그림을 이야기하며 남긴 "보는 법의 객관성"이라는 말에서 명백히 드러난다. 물론 시를 짓는 화가들도 있다. 에드가 드가, 파블로 피카소, 살바도르 달리, 에곤 실레 같은 화가들인데, 하지만 이들은 시 분야에서 두드러진 성과를 보이지는 못했다. 문제는 언어예술인 시 그 자체에 어떻게 회화적 기법을 절묘하게 도입하여 시대를 뛰어넘는 작품을 만들어내느냐에 있다. 릴케가 조형예술을 받아들이게 된 호기심의 원천은 무엇인가? 바로 시 창작의 동인으로서의 수용이며 창작의 스칼라의 확대와 표현의 한계의 극복이다. 여류 화가 파울라 베커는 회화의 채도와 단순함을 바탕으로 한 새로운 것의 추구에 관심이 많았는데, 릴케 역시 관습적인 것을 깨는 것, 자유의 확대에 더 많은 주의를 기울인다. 시인이 조형예술에 관심을 갖는다면 그것은 나름의 세계를 얻기 위한 노력의 표시이다. 이때 자신의 성격을 조형 속으로 밀어넣을 수 있는 훌륭한 정신이 필요하다. 대상의 사실적인 재현보다는 사물의 본질 묘사에 관심을 더 쏟는다. 결국 추상을 통한 정신적 고양 쪽에 무게 중심이 실린다. 사물의 재현이라는 것도 궁극에는 예술가 자신의 영혼과 감정을 재현하는 것에 다름 아니다.

이른바 릴케의 '사물시'는 조각가 로댕의 영향으로만 조명되는데, 실제로는 회화의 영향까지도 가미된 것이다. 즉 로댕의 삶과 예술세계에 대한 집중적인 연구와 파울라 베커의 회화 세계를 통해 겪은 경험은 릴케가 초기에서와 달리 언어를 구체적으로 운용하고, 화가인 파울라가 직접 자기 눈으로 본 것을 바탕으로 그림을 그려낸 것처럼 구체적인 사물이나 현상을 바탕으로 말로써된 그림을 만들어가도록 이끌었다. 그 증거의 하나로 그의 시 〈청수국〉을 분석해보자.

팔레트에 마지막 남은 초록빛 같다,

이 이파리들은, 마르고 투박하고 거칠다,
파란빛을 스스로 띠지 않고 그저 멀리서
반사시키는 산형(繖形) 꽃차례들 뒤편에서.

그것들은 울어 지친 듯 파란빛을 대충 반사한다,
파란빛을 일부러 다시 잃어버리려는 것 같다,
그리고 오래된 파란 편지지들처럼 그것들 속에는
노랑, 보라색 그리고 잿빛이 깃들여 있다.

어린아이의 앞치마에 어리는 것 같은 퇴색한 빛깔,
더 이상 해질 게 없어 아무 일도 일어나지 않는 것:
우리는 한 작은 생의 짧음을 어떻게 느끼는가.

하지만 산형 꽃차례들 중 하나에서 갑자기
파란빛이 새로워지는 것 같다, 초록 앞에서
감동적인 파란빛이 즐거워하는 게 보인다.

릴케가 1906년 7월 중순에 쓴 이 시에서는 먼저 '청수국'을 묘사하면서 팔레트의 물감들을 비유로 든 데서 회화의 영향이 강하게 느껴진다. 파란 수국의 모습 전체를 세세하게 묘사하지 않고 수국의 색깔에만 집중한다. 화가가 물감을 쓰듯이 언어의 재료를 써서 자신의 생각을 표현하는 것이 주된 시적 운용의 목표이다. 하나의 푸른빛이 세상에 나와 어떤 생을 영위하다 사라지는지, 그 점에 집중한다. 꽃송이라든가 꽃잎은 청수국의 푸른빛이 노니는 무대일 뿐이다. 푸른색은 이 무대에서 한 편의 드라마를 보여준다. 이 드라마는 음악의 멜로디가 흐르는 것처럼 시간적으로 전개된다. 그리고 여러 주인공들이 젊어서부터 노년까지의 역할을 맡아 등장한다.

위 시에서 파울라 베커와 로댕의 영향을 따져본다면, 먼저 단순하고 굵직한 색채감을 말할 수 있다. 파울라는 "단순함 속에 깃든 고상한 위대함"을 추구하면서 독일 표현주의 회화의 선구가 되었다. 그녀의 특징은 사물을 구도로 표현하는 것이 아니라 풍요로운 색채와 질감을 통해 그려내고 이런 개별 색채들이 모여 그림 전체의 틀을 짜는 데 있다. 이런 기법은 릴케의 시에서도 구사된다. 수국의 전체 모습을 말하지 않고 색채의 제시를 통하여 대상에서 해방된 본질의 정신을 핵심적으로 묘사하는 방식이 그렇다. 푸른색은 구체적 대상인 수국에서 떨어져 나와 있다. 수국은 이 색깔을 지니지 못하고 빛에 반사시킬 뿐이다. 강한 인상과 빛의 반사와 표면의 묘사 등은 로댕이 조각에서 구사한 기법과 흡사하다. 수국은 점차 색깔을 잃어간다. 낡은 푸른 편지지가 된다. 어린 아이의 앞치마에 보이는 퇴색한 빛깔이 되기도 한다. 이렇게 보면 이 시는 이른바 꽃을 노래한 자연시가 아니다. 1905년에서 1908년 사이에 파리에 머물며 릴케가 집중적으로 매달렸던 색깔 연구의 흔적이라고 할 것이다. 푸른색을 독립적으로 묘사하여 굵게 추상화하는 가운데 수국의 특징이 드러나게 한다. 이런 묘사 방식은 로댕이 조각에서 추구했던 것과 동일하며 파울라 베커가 회화에서 독자적으로 만들어갔던 방식과 동일하다. "청수국"을 현실의 영역에서 끄집어내 독자적인 예술 사물로 홀로 서게 만들었으므로, 이는 언어로 그려낸 정물화라고 할 수 있다. 청수국의 정물화이며, 파란 색깔에 대한 정물화이다. "청수국"을 말로 그려내면서 릴케가 사용한 일련의 새로운 기법과 양식은 왜 시인이 극복에 극복을 거듭해야 하고, 왜 고통을 사물로 만들어야 하는지 명쾌하게 보여준다. 《신시집》의 이른바 '사물시'가 갖는 감정적으로 냉정한 묘사와 완벽한 어법은 《형상시집》에서 엿보이는 시적 주체와 사물 간의 동질성의 성향과 대비된다. 그렇기 때문에 '사물시'가 《형상시집》의 이미지가 강한 시들보다 더 조형화된 미를 띠는 것이다.

"산"을 어떻게 그려낼까

1907년 10월 19일자 아내 클라라에게 쓴 편지에서 릴케는 보들레르의 시 〈썩은 시체〉를 세잔이 추구했던 예술의 선구로 인정하며 이렇게 말한다. "이 시가 아니었으면 지금 내가 세잔의 그림에서 보는 객관적 말하기에 이르는 전체적인 발전은 시작조차 하지 못했을 거요." 여기서 필요한 것은 사물을 대하는 가차 없는 냉혹함이라고 시인은 말한다. 이 시에서는 짐승의 썩은 시체를 냉혹한 눈길로 바라보는 것이 첫째가는 계명이다. "객관적 말하기"는 이 시기에 릴케가 견지했던 심미적 표어로 자리 잡는다. 미를 구현하기 위한 나름의 혁신적 인식은 회화와 시의 관계를 재정립함으로써 구체화된다. 세잔의 그림에서 발견한 것도 이와 같은 사물에 대한 냉철한 시선이다. 이제 릴케에겐 전래의 시가 갖는 주관적 감정을 벗어나는 것이 첫 번째 목표이다. 회화적 방식에서 시인은 시의 묘사방식을 배운다. 중심점은 주관적 관점을 피하고 대상에 집중하는 데 있다. 그렇게 해서 대상의 속성을 현미경적으로 관찰해내는 것이다. 외부의 사물을 되도록 시인의 주관성을 배제한 가운데 내면화하여 하나의 조형품으로 탄생시키는 일련의 과정이 '사물시' 창작 방식이 된다.

하나의 예술작품이 탄생하기까지 예술가에게 얼마나 크나큰 고통이 요구되는지, 릴케는 《신시집》의 다음 시에서 절실하게 노래한다. '사물시'를 만들어내기 위한 노력의 연장선상에서 시인은 한 예술가가 열정을 통해 사물을 파악하려는 고통의 진면목을 묘사한다. 제목은 〈산〉이다.

서른여섯 번 하고도 백 번이나
그 화가는 그 산을 그렸다가,
찢어버렸다, 다시 몰두했다,
(서른여섯 번 하고도 백 번이나)

파악할 수 없는 화산을 향해,
가슴 설레며, 자꾸 마음이 끌려, 하릴없이.
수수께끼 같은 산은 어렴풋이 떠올라
제 아름다움을 한껏 뽐냈다.

날마다 수천 번씩 위로 솟아올라,
견줄 수 없는 밤들을 제 몸에서
벗어 던지며, 모두 너무 조이는 듯.
모든 모습들을 순간에 써버리며,
이 모습에서 저 모습으로 상승하며,
무심히, 멀리서 그리고 아무 생각 없이,
순간 모든 것을 아는 듯, 마치 유령처럼,
모든 틈바구니 사이로 우뚝 솟았다.

어느 산의 모습을 제대로 그려내려는 화가의 노력과, 이런 것에 아랑곳없이 제 아름다움만 뽐내는 산의 관계를 중심으로 시는 전개된다. 여기에 등장하는 화가는 일본의 에도 시대에 이름을 날렸던 목판화가 카츠시카 호쿠사이(1760-1849)이다.

〈후지 산의 36경〉중 '맑은 날의 후지 산'

카츠시카 호쿠사이의 자화상
〈그림에 미친 늙은이〉(1830년경)

화가의 노력은 대상을 완벽하게 포착하는 데에 집결되어 있다. 삼라만상의 생생한 재현은 그의 생의 목표였다. 첫 행에 등장하는 "서른여섯번"이라는 말과 "백 번"이라는 말은 이를 표현한다. 그렸다가, 찢어버리고, 다시 몰두하는, 이 같은 예술 작업방식은 대상을 향한 끈질긴 탐구의 반영이다. 대상을 묘사한다는 것은 대상의 본질을 파악하는 일이다. 그러나 대상은 쉽게 자기의 본모습을 보여주지 않는다. 화가는 포기하지 않는다. 자꾸만 끌려 아무런 방도도 없이 산만을 바라본다. 1연과 2연은 이런 갈등의 관계를 보여준다. 밤이 되어도 산은 아름다움을 더욱 뽐낸다. 모습을 수시로 바꾸어가며 더욱 아름다움을 구가한다. 그 모습을 화가는 간단없이 바라보고 순간순간 그려낸다. "날마다 수천 번씩 위로 솟아올라"라는 대목은 이것을 나타낸다. 어느 한 순간에 후지 산은 뚜렷하게 화가의 눈에 다가온다. 그것을 릴케는 "순간 모든 것을 아는 듯, 마치 유령처럼,/모든 틈바구니 사이로 우뚝 솟았다."고 말한다. "유령처럼" 한 순간 떠올랐다가 사라지는 모습을 화가는 하나의 정지화면처럼 포착해야 한다.

릴케는 위 시에서 호쿠사이의 그림을 재현하려 한 것이 아니라 화가의 끈질긴 노력을 노래한 것이다. 후지 산의 얼굴을 벗겨내려 무진 애를 쓰는 화가의 노력을 말이다. 마지막 행에 이르러 마치 정지화면처럼 후지 산은 본모습을 드러내고 이를 화가는 순식간에 잡아낸다. 그러면 그중 한 폭이 위의 그림처럼 화면에 잡히는 것이다. 화가가 이 모든 것을 눈을 써서 그리고 그 다음엔 붓을 손에 들고 그것들을 그려내듯 시인은 먼저 눈으로, 가슴으로 담은 뒤 이어 펜으로 써내려야 한다. 이 모든 것의 어려움을 릴케는 일본의 화가를 보고 감탄 섞인 어조로 위와 같은 읊은 것이다. 동양에서의 이런 예술적 전통은《의경 — 동아시아 미학의 거울》을 쓴 푸전위안의 다음 글에서도 잘 나타난다.

> 원나라 화가 황공망(1269-1354)은 "하루 종일 황량한 산과 널브러진 돌, 어수선한 관목과 무성한 나무 숲 속에 앉아서 정신상태가 혼미하니 사람들은 그가 왜 그러는지 헤아리지 못한다. 또한 종종 호수에서 바다로 흘러드는 곳에 가서 서로 부딪히는 세찬 물결을 바라보곤 했는데, 비바람이 몰아치고 물귀신이 울부짖는 소리를 내도 조금도 흠칫거리지 않았다."고 한다. 이들 일화에 따르면 의경의 창조를 위해 예술가들이 모름지기 "호랑이 굴에 들어가지 않으면 어떻게 호랑이 새끼를 잡겠느냐?"는 마음가짐으로 자신이 묘사하려는 대상을 환히 꿰뚫으려고 생활 속으로 깊이 파고들어야 했던 것이다.

묘사의 대상이 충실하게 형상화되었을 때 비로소 거기서 연상의 풍부함이 솟아나기 때문이다. 충실한 묘사는 삶 속으로 깊이 침잠하는 데에서 생겨난다. 예술가가 자신의 삶을 향해 정진하는 모습을 릴케는, 세잔이 모친상을 당하고서도 장례식에 참석하지 않고 작업에 열중한 데에서도 읽고 있다. 그것에 대해 릴케는 조각가인 아내에게 보낸 편지에서 이렇게 말한다. "무척 사랑하던 어머니가 땅에 묻히던 그 자리에 아들의 모습은 보이지 않았소. 자기가 다루려던 소재에 빠져 있었기 때문이오. 그에겐 다른 무엇보다 작업이 중요했던 거요. 사실 경건하고 소박한 천성으로 봐서는 그는 당연히 그 중요한 행사에 참석했겠지만 그땐 장례식마저도 예외가 된 거요." 늘 집을 떠나 세상을 떠돌며 시인의 길을 걷던 릴케에게 세잔은 예술가의 좋은 본보기였다. 따라서 한 걸음 더 나아가 생각해보면 릴케는 일본의 화가 호쿠사이의 모습에서 세잔의 정신을 터득했는지도 모른다. 세잔이 20년에 걸쳐 그린 고향 엑상프로방스의 〈생 빅투아르 산〉은 그의 예술의 결정체이다. 세잔은 빅투아르 산의 그림을 18점이나 그렸다. 빅투아르 산이 잘 보이는 곳에 자리를 잡고 앉아서 끊임없이 변화하는 산의 모습을 포착했다. 그는 산의 모습을 정확하게 관찰한 뒤 그것을 색채와 빛으로 그려냈다. 이렇게 해서 색채로 원근의 거리감을 조정하여 광활한 하늘을 배경으로 우뚝 솟은 빅투아르 산이 조화로운 모습으로 탄생하게 된 것이다.

폴 세잔 〈생 빅투아르 산〉

인생의 모든 것을 건 싸움이 바로 예술가의 삶이어야 한다고 릴케는 생각한다. 릴케는 그러한 수호정신을 세잔에게서 발견하고 있다. 1921년에 발라디네 클로소브스카에게 썼듯이 세잔의 그림을 보고 릴케는 "그것이 화살처럼, 아니 불화살처럼 가슴을 뚫고 지나가는 듯한" 감동을 느꼈다. 예술가는 오로지 작품으로써만 말을 해야 한다는 것이다. 작품 속에 모든 존재를 쏟아 부어야 한다. 얼굴도 없는 풍경 앞에 앉아 풍경의 표정을 읽어내려는 화가의 자세는 겸허함과 종교성을 함께 지닌다. 릴케 자신 역시 이처럼 수도사와 같은 삶을 살았다는 것은, 릴케가 죽고 나서 슈테판 츠바이크가 1927년 1월 4일에 한 지인에게 한 추모의 말에서도 명확히 보인다. "그분은 시적이면서도 수도사와 같은 삶을 살았습니다. 침묵과 비밀로 싸인 삶을 말입니다."

그림을 그리는 것은 대상을 올바르게 열린 마음으로 보는 것을 뜻한다. 그것을 릴케는 여류 화가 〈파울라 모더존 베커를 위한 진혼곡〉에서 이렇게 노래한다.

그렇게 당신의 눈길에는 마침내 호기심도 없어져,
그렇게 소유욕마저 없어져, 그렇게 참된 가난으로 가득 차,
당신 자신까지도 더 이상 탐내지 않았어요, 성스러워진 거지요.

예술가에게 가난은 현실의 물질적인 가난을 떠나 정신적인 가치로 자리 잡는데, 예술을 향한 강렬한 열정뿐만 아니라 대상을 바라볼 때의 순수함, 또는 열린 자세를 뜻하기도 한다. 대상을 자기 것으로 만들겠다는 지나친 욕망에 빠지지 않고, 대상에게 자신의 마음을 열 때 대상도 그 뜻을 알아채고 예술가에게 마음을 열어 보인다. 자신의 마음을 비워 청명하게 갖는 것, 이것이야말로 예술가가 구해야 할 참된 가난이다. 그러기에 그런 가난은 성스러운 것이 된다. 시를 짓는다는 것은 어떤 인생의 조건하에서든지 체념을 수행하는 것이다. 예술가의 치열성이 종교성을 띠게 되는 맥락이다.

제4부

사랑받는다는 것은 불타서 사라지는 것이다.
사랑한다는 것은
아무리 써도 마르지 않는 기름으로 밝게 빛나는 것이다.

《말테의 수기》 중에서

'위대한 사랑의 여인'으로 릴케가 노래한
포르투갈의 수녀 마리안나 알코푸라도(1640-1723)

《두이노의 비가》의 세계

사람들은 말했다. "당신은 푸른 기타를 들고 있소.
당신은 사물들을 본 모습대로 연주하지 않소."
사나이는 대답했다. "사물 본래의 모습들은
푸른 기타로 켜면 바뀝니다."
— 월러스 스티븐스, 〈푸른 기타를 든 사나이〉

《두이노의 비가》의 첫 대목 우리말로 옮기기

프란츠 카프카(1883-1924)는 체코어와 독일어를 다 할 줄 알았다. 이 점에서 릴케와는 좀 다르다. 카프카는 고향 프라하의 보험회사에 취직하여 체코어로 직장생활을 하며 작가로서는 프라하의 단 6퍼센트에 해당하는 사람들만이 사용하던 독일어로 글을 썼다. 릴케는 젊은 나이에 변방의 도시 프라하를 빠져나와 세상 이곳저곳으로 방랑하며 독일어로 글을 쓰는 시인이 되었다. 두 사람의 공통점은 구사하는 어휘 수가 많지 않다는 것이다. 번역 역시 이 점을 주시해야 한다. 지나치게 많은 어휘로 이들의 작품의 특징을 훼손해서는 안 된다. 독일어의 본토에서 멀리 떨어진 곳에서 익힌 독일어가 나름의 특성을 발휘하는 순간을 잘 포착해야 한다는 말이다. 반복되는 어휘는 되도록 같은 우

〈두이노의 비가〉를 완성하고 뮈조성 베란다에 선 릴케

리말로 반복해주어 그 효과를 알려주어야 한다. 과일 바구니에 들어 있는 과일의 종류를 마음대로 바꾸지 말고 그 모습이 전체적으로 들어오게 해주어야 한다. 이를테면 이렇게,

세잔의 〈사과와 오렌지가 있는 정물〉이다. 그림에 있는 사과와 오렌지를 참외나 수박으로 바꾸어서는 안 된다. 번역은 저 그림의 틀 안에서 움직여야 한다. 색깔을 바꾸어도 안 되고 구도를 깨뜨려서도 안 된다. 세잔의 저 그림이 독자의 마음속에서 생생하게 살아나도록 하는 것, 그것이 번역이다. 이것을 두고 니체는 《선악의 저편》에서 "한 언어에서 다른 언어로 번역하는 데 가장 어려운 것은 그 문체의 속도이다: 문체의 속도라는 것은 종족의 성격에, 생리학적으로 말하자면, 그 종족의 '신진대사'의 평균 속도에 근거한다"고 말한다. 여기에 일반적으로 번역의 한계와 맹점이 있다. 그렇다면 《두이노의 비가》는 어떻게 번역할 것인가. 릴케를 만나보자.

Wer, wenn ich schriee, hörte mich denn aus der Engel
Ordnungen? und gesetzt selbst, es nähme
einer mich plötzlich ans Herz: ich verginge von seinem
stärkeren Dasein. Denn das Schöne ist nichts
als des Schrecklichen Anfang, den wir noch grade ertragen,
und wir bewundern es so, weil es gelassen verschmäht,
uns zu zerstören. Ein jeder Engel ist schrecklich.

내가 이렇게 소리친들, 천사의 계열 중 대체 그 누가
내 목소리를 들어줄까? 한 천사가 느닷없이
나를 가슴에 끌어안으면, 나보다 강한 그의
존재로 말미암아 나 스러지고 말 텐데. 아름다움이란
우리가 간신히 견디어내는 무서움의 시작일 뿐이므로.
우리 이처럼 아름다움에 경탄하는 까닭은, 그것이 우리를
파멸시키는 것 따윈 아랑곳하지 않기 때문이다. 모든 천사는 무섭다.

《두이노의 비가》는 시를 좋아하는 사람이라면 누구든지 관심을 갖는 흥미롭고 신비스런 텍스트이다. 난해하면서도 시로서 웅장한 음조를 띠고 있기에 이 시를 읽는 많은 독자들은 열광한다. 특히 음조 자체가 비밀스러움을 더해준다. 그런데 첫 구절은 릴케가 1912년 이탈리아 아드리아 해안에 위치한 두이노 성 근처의 바위 벼랑을 산책하다가 세찬 바람결에 하늘에서 들려온 소리를 그냥 받아 적은 것이라니, 일단은 번역을 거부한다. 시인의 가슴속에 그토록 가득 찼던 영감들이 일순간에 숭고한 표현을 얻었던 것이다. 여기서 릴케에게 두이노 성을 빌려주었던 마리 탁시스 후작 부인의 말을 들어보자. 그녀는 〈제1

비가〉가 생성된 상황을 이렇게 묘사했다.

그는 그의 가슴속에서 무엇이 준비되고 있는지 전혀 알지 못했다…. 대단한 비통함이 그를 덮쳤다. 그는 그 겨울(그가 혼자서 두이노 성에서 보낸 1911년의 겨울)도 아무 성과 없이 보내게 될 것 같다고 생각하기 시작했다.

그러던 어느 날 아침에 그는 성가신 상용 편지 한 통을 받았다. 그는 그것을 얼른 처리해버리고 싶었다. 그는 숫자와 그 밖의 무미건조한 것들을 상대해야 했다. 밖에는 아드리아 해의 거센 북동풍이 불고 있었다. 그러나 햇살이 빛났기 때문에 바다는 푸르게 반짝였다. 은실로 뒤덮인 것 같았다. 릴케는 보루를 향해 내려갔다. 보루는 바다에서 보아 동서쪽으로 놓여 있었으며 좁다란 길을 따라 성의 발치와 연결되어 있었다. 그곳의 바위는 바다의 수면까지 200피트가량 깎아지른 듯했다. 릴케는 상용 편지에 대한 답변 문제로 골머리를 썩이며 생각에 잠겨 이리저리 거닐었다. 생각에 잠겨 있던 그는 불현듯 발걸음을 멈추었다…. 윙윙대는 폭풍 속에서 한 목소리가 그를 향해 외치는 것 같았기 때문이다. "내가 이렇게 소리친들, 천사의 계열 중 대체 그 누가 내 목소리를 들어줄까…."

그는 귀를 기울이며 서 있었다. "저게 뭐지?" 그는 낮은 목소리로 중얼거렸다…. "저게 뭐지, 무엇이 다가오는 걸까?" 그는 언제나 몸에 지니고 다니던 그의 수첩을 꺼냈다. 그리고 그 말을 적었다. 이어서 거기에다 그의 간섭 없이 그냥 생겨난 몇 마디를 더 보탰다.

누가 왔는가?… 그는 이제 그것을 알았다. 그것은 바로 그 신이었다….

아주 조용히 그는 다시 그의 방으로 올라가 그의 수첩을 옆으로 치우고 상용 편지를 처리했다.

그러나 저녁나절 제1 비가는 완성되었다.

위 글에는《두이노의 비가》의 탄생에 얽힌 이야기가 자세히 언급되어 있다.

옆의 사진에서 보이는 바위 벼랑을 따라 두이노 성을 내려오던 릴케는 무슨 계시처럼 어디선가 들려온 구절을 자신의 생각을 가미하지 않고 그냥 그대로 받아 적었고, 그로부터 10년의 세월이 흐른 뒤인 1922년 2월, 스위스의 뮈조 성에서 《비가》를 완성한다. 릴케는 이 작품을 최초 발생지인 "두이노 성"을 따서 《두이노의 비가》로 이름 짓겠다는 내용과 함께 투른 운트 탁시스 부인에게 다음과 같은 편지를 쓴다. "이 모든 것은, 후작 부인, 당신의 것입니다. 어찌 안 그럴 수 있나요! 제목은 '두이노의 비가'라고 할 겁니다. 애당초부터 당신의 것이던 이 책을 당신에게 드릴 수는 없는 노릇입니다. 그 때문에 책에는 헌정의 말 대신, '투른 운트 탁시스 후작 부인의 소유에서'라는 말이 놓일 것입니다." 사진에서 보듯 두이노성을 둘러싼 풍경은 이 작품의 첫 구절을 끌어내기에 부족함이 없어 보인다. 자, 그렇다면 이렇게 영감에 찬 시 구절의 번역은 어떻게 진행시킬 것인가?

이탈리아 아드리아 해안에서 본 두이노의 성 모습

한나 아렌트(1906-1975)는 《두이노의 비가》를 앞에 놓고 고민해야 하는 해석자의 입장을 이렇게 전한다.

> 이처럼 의사소통하고는 거리가 먼 시 작품을 앞에 두면 다음 같은 근본적인 물음이 생겨난다. 대체 이 작품은 얼마만큼 이해되길 원하는가, 이 작품은 얼마만큼 이해될 수 있는가, 다시 말해 이 작품은 우리에게 얼마만큼 해석을 허락하는가.

작품 자체 내에 난해함을 품고 있는 《두이노의 비가》는 아무리 소리쳐도 반향 없는 메아리 같다. 이 같은 절망적인 상황이 이 작품을 이해하기 위한 출발점이 된다. 느닷없이 닥치는 어둠 같은 것이 이 작품의 기본 정조이다. 작품에 태생적으로 주어진 문체가 형식을 이루어 거기에 내용이 담겼기 때문이다. 원천적으로 남는 것은 한 가지로 흘러가는 시의 음조와 소리뿐이다. 추후에 행과 행 사이의 의미를 연결시켜보는 것도 쉬운 일이 아니다. 어찌 보면 행과 행이 섬처럼 고립되어 있는 것처럼 보이기 때문이다. 이런 것들이 이 작품을 앞에 둔 한나 아렌트에게 떠오른 상념들이다. 왜 이리 릴케의 시 작품은 난해한 국면에 이르렀는가? 1913년 1월 중순에 릴케는 스페인 여행 중에 자신의 일기에 이렇게 기록한다. "여태 사물들을 통해 이승의 것에 익숙해진 나는 이제 분명 (이것이 근년 들어 어렵게 느껴지기는 하지만) 인간들을 넘어서서 천사들을 (배우며) 천사들에게로 넘어가야 한다." 이제 그는 《신시집》의 사물들의 세계를 벗어나 눈에 보이지 않는 것 쪽으로 눈길을 돌린다. 시인은 한 편의 시에다 모든 것을 응축시켜 넣으려 한다. 모든 것이란 세상의 자연풍경뿐만 아니라 삶과 죽음이 하나가 되어 공존하는 영역을 말한다. 이 공간이 바로 천사의 공간이다. 이 공간을 인간의 언어로 옮기는 것이 시인의 사명이다. 말라르메가 그랬듯이 릴케 역시 한 권의 책 속에 이승의 모든 것을 집약하여 넣으려 한다. 그러다 보니 그의 책은 난해해질 수밖에 없다.

엘 그레코(1541-1614)의 〈톨레도 풍경〉(1597-1599)

스페인의 도시 톨레도를 여행하면서 투른 운트 탁시스에게 보낸 1912년 11월 2일자 편지에 쓴 릴케 자신의 표현대로 거의 "천사의 언어"를 인간의 언어로 옮기는 것에 가까우니까 말이다. 마치 엘 그레코의 그림 〈톨레도 풍경〉에서처럼 릴케는 지상의 모든 것을 하나의 시의 화폭에 담고자 했던 것 같다. 릴케는 1911년 12월 20일자의 한 편지에서 엘 그레코의 "대상을 그 자체를 넘어서도록 끌어내는 능력이 불꽃처럼 내 가슴을 쳤습니다."라고 말한 바 있다.

이런 시적 야망을 간직한 시인은 릴케나 말라르메뿐만이 아니다. 헤르만 헤세 역시 단편 〈시인〉에서 중국의 주인공 한혹의 모습을 빌어 이렇게 말한다.

> 고독한 구경꾼이 되어 자신의 기분을 좇아 이 모든 것을 아름다운 것들을 바라보고 있자니 청년은 가슴이 두근거렸다. 그러나 강 반대편으로 건너가서 그곳에 있는 그의 신부와 친구들과 함께 축제를 즐기고 싶은 생각이 간절하기는 했지만, 그는 그보다 훨씬 더 섬세한 구경꾼이 되어 한 편의 완벽한 시 속에 그 모든 것을 되살리기를 열망했다. 밤의 푸른 빛깔과 물 위에 노니는 불빛, 축제 손님들의 즐거움과 강가 나무줄기에 기대어 있는 조용한 구경꾼의 그리움을 말이다. […] 그의 목표는 언젠가 이 세상을 완벽하게 시 속에 담아서 이 영상들 속에서 세계 자체를 정화된 상태로 영원히 소유하는 것이었다.

세계를 이처럼 언어로 모두 옮겨내는 것의 대표적 인물은 릴케에겐 바로 오르페우스이다. 오비디우스의 《변신 이야기》에 기초한 릴케의 《오르페우스에게 바치는 소네트》의 첫 구절은 세계를 언어로 번역하는 일을 잘 묘사해 보여준다. "저기 한 그루 나무가 솟았다. 오 순수한 승화여!/오 오르페우스가 노래한다! 오 귀속의 우람한 나무여!" 오르페우스가 노래를 부르는 것 자체가 시인이 노래를 짓는 것과 같다. 대상을 언어로 불러내는 것이다. 오르페우스는 세상 곳곳을 오가며 노래한다. 시인은 죽음까지도 언어로 표현해내려 한다. "노랫소리가 들리면/그건 언제나 오르페우스다. 그는 왔다가 간다."

그러면 릴케는 시 작품의 번역에 대해서 어떻게 생각했는가?

행복하리라, 아는 이들은, 모든 언어들
너머엔 표현 불가능한 것이 있음을;
그곳으로부터 우리들 흐뭇하게도
위대함이 우리에게로 밀려옴을!

우리가 서로 다른 것들로 짓는
이 다리들과는 아무런 상관없이:
그리하여 우리 언제나 황홀해하며
기쁘게 공통된 것을 바라봄을.

1924년, 릴케가 자신을 찾아온 폴란드의 번역가 비톨드 훌레비츠(1895-1941)에게 《두이노의 비가》 한 권을 선물하며 "충실하며 성실한 중개자 비톨드 훌레비츠에게 감사하는 마음으로"라는 말과 함께 책 안쪽에 써준 헌시이다. 훌레비츠는 《두이노의 비가》를 폴란드어로 번역하면서 릴케에게 편지로 이런저런 물음을 많이 던진 사람이다. 위 시는 번역에 대한 릴케의 사고를 볼 수 있는 현장이다. 언어로 모든 것을 다 표현할 수 있는 것은 아니다. 같은 대상을 놓고도 사용하는 언어에 따라 느낌이 달라진다. 구조주의의 효시인 언어학자 페르디낭 드 소쉬르(1857-1913)의 말대로 사회마다 "체계에서 우러나는 가치"에 따라 "하나의 개념은 다른 사항들과의 관계에 의해 소극적으로 정의"되기 때문이다. 릴케는 같은 테마를 놓고 그것을 독일어로 쓸 때와 프랑스어로 쓸 때 각기 시의 전개가 다른 방향으로 흘러간다고 루 살로메에게 실토한 바 있다. 바로 이것을 시에서 "모든 언어들 너머에는 표현 불가능한 것이 있음을"이라고 말하는 것이다. 릴케는 여기서 번역 불가능성을 천명한다. 이 번역 불가능함이 오히려 독자에겐 위대하게 느껴진다. 그때그때의 해당 언어로 번역된

작품 속에서도 "황홀해하며" "기쁘게 공통된 것을 바라보는 것", 똑같지는 않지만 독자에게 "기쁘게 공통된 것"을 선사하는 것이 번역이다. 번역을 통해 원문은 새로운 재생의 힘을 얻는다. 번역가는 각자 서로 다른 다리를 짓지만 추구하는 바는 똑같다. 언어에 따라 사각지대가 있지만 그것 때문에 번역을 포기할 수는 없다. 우리는 노력을 통해 기쁘게 공통된 것을 바라볼 수 있다. 번역자가 중개의 역할을 함을 홀레비츠에게 써준 "충실하며 성실한 중개자"라는 헌정의 말이 보여준다. 다양함 속에서도 통일성은 있다는 것이다. 원문이 추구했던 이데아를 번역이 추구하기 때문이다. 프랑스의 번역학자 앙투완 베르만의 이야기를 들어보자.

> 번역이 원작을 그 경험적 발생지로부터 분리시켜 가져오는 것은 그것을 또 다른 언어의 경험성 속에 다시 심기 위한 것이다. 물론 하나의 작품이 자신의 모국어로부터 떨어져 나와 새로운 언어 속에서 구현되면서 일종의 섬광이 발생하고 지상의 모든 언어들로부터 멀리 떨어져 나와 지극히 순수하게 정신을 투영하는 언어를 통하여 그 작품의 순수한 결정체를 엿보게 되는 것은 사실이다 — 앙트완 베르만, 윤성우 · 이향 옮김, 《낯선 것으로부터 오는 시련》

비록 우리말 번역이 원문인 독일어로부터 멀리 떨어져 릴케의 사고를 새로 재생한다고 하지만, 이는 원작품에 대한 또 하나의 정신의 구현인 것이다. 우리말로 번역된 《두이노의 비가》는 릴케가 바라보고 그리워했던 시적 표현의 이데아를 지향한다.

그러면 《두이노의 비가》 첫 〈비가〉의 원문으로 돌아가 보자. 첫 네 행은 이른바 접속법 2식의 비현실 구문이다. 뭔가 상황을 가정해서 말한 것이다. 실제로 그렇다는 것이 아니다. 일단 비현실문이라는 전제하에서, 첫 문장에서는 몇 가지 낱말이 번역에서 고려될 수 있다. 먼저 눈에 띄는 것은 "schreien"이다. 독일어 원래의 뜻은 젖 먹은 힘을 다해 "큰 소리로 외친다"는 말이다. 꽥꽥 고성방가를 하며 지나가는 취객을 향하여 쓸 수 있는 말이다. 시적 화자의 처지를 생각해서 "울부짖다"로 해도 문제는 없다. 그러나 "울부짖다"가 좀 과장된 몸놀림이기에 원문에서 멀어지는 느낌이 드는 것은 사실이다. 무난하게 "소리친들"로 가는 것도 나쁠 것은 없다. 독일어로 낭송된 시를 들어도 이 구절을 그렇게 강조하거나 과장하여 읽는 법은 없다. 멀리서 들려오는 소리처럼 여운을 가지고 낭송한다. 시구절은 저녁 햇살에 프리즘을 통해서 비치는 빛과 같아서 어느 것으로 확정해서 말하기가 참으로 어렵다. 필자도 예전에는 이 구절을 "울부짖은들"로 번역해서 선보인 적이 있다. 지금은 "소리친들"로 하지만 나중에 가면 또 다른 생각을 갖게 될지도 모른다. 시의 묘미가 바로 여기에 있는 게 아니겠는가. 특정한 쪽에 구속되지 않고 일정한 스칼라 안에서 움직이는 것이 시어의 흔들림 내지는 요동이고, 그것이 또한 의미의 자장을 형성하는 것이라 여겨진다.

다음은 "aus der Engel Ordnungen"인데, 이것은 '천사들이 갖는 위계질서 중 어느 천사'라는 뜻이다. 제1품 천사인 세라핌을 비롯한 많은 천사들의 위상이다. 그러므로 '그 많은 천사들 중 어느 천사가 나서서'라는 말이다. 그러니 '악마의 계열'이라는 말이 있듯이 "천사의 계열"로 해두는 것이 좋다. 어떻게 보면 뜻을 확장하여 그냥 "천사의 세계"라고 하는 편이 나을 수도 있다. 아니면 그냥 "치품천사들 중에서"라고 해도 그만이다. 릴케의 이 말 속에는 '아, 저 편에는 다양한 위계의 천사들의 세계가 있구나'하는 감정이 녹아들어 있다. 이곳과 다른 저곳의 세계를 인정하고 있는 셈이다. 그러니 "저기 저 높고 낮은 천사들 중에서"라고 해야 할 것 같기도 하다. 여기서 이른바 번역상의 결단의 문제가 대두된다. 정확하게 말하면 "죽 늘어서 있는 천사들의 서열 중에서" '어느 천사가 나서서'가 된다. 그 다음 문장은 접속법 2식으로 되어 있기 때문에 '어느 천사가 나서서 나를 갑자기 가슴에 확 끌어안는다고 가정한다면'이라고 읽어야 한다. 물론 "selbst"가 있으므로 '나를 가슴에 끌어안는다 해도'로 해도 무방하다. 그러나 릴케는 그의 시에서 많은 문장부호를 사용하고 있음에 유의해야 한다. 그 다음에 나오는 문장부호는 쌍점(:)이다. 즉 그 다음의 상황을 설명하는 것이다. 때문에 천사가 나를 확 끌어안는다면 이렇게 될 것이라는 설명이다. 그러므로 '갑자기 천사가 나를 끌어안는다면'으로 옮기는 것이 좋다. 내 목소리를 들어줄까 하고 반문하다가, 다시 화자는 아, 그렇게 되면 안 되겠구나, 해서 그 소망이 부질없음을 피력한다. 그러므로 두 번째 문장은 전반부와 후반부를 나누어서 우리말 어미를 붙일 것이 아니라 문장부호까지 다 따져서 맨 끝에 "할 텐데" 식으로 옮기는 것이 낫다. 여기에 "selbst"의 의미가 들어간 것이다. 그래서 "한 천사가 느닷없이/나를 가슴에 끌어안으면, 나보다 강한 그의/존재로 말미암아 나 스러지고 말 텐데."라고 번역된다. 텍스트의 흐름에 따라 문장구조를 잘 파악해야 한다는 말이다. 부문장 한쪽에만 매달리다 범할 수 있는 실수의 예이다. 왜 화자는 스러지는가? 그것은 천사의 존재가 화자의 존재보다 훨씬 강력하기 때문이다. 천사가 그의 목소리를 듣고 달려와 그를 가슴에 끌어안는 순간, 부서지고 말 터인데, 천사의 구원이 다 무슨 소용이냐는 말이다. 그 원인은 천사가 화자를 끌어안는 것이다. 천사가 끌어안는 순간 천사의 완벽한 존재로 말미암아 화자의 존재는 거의 없는 것이나 다름없이 된다는 뜻이다. 그러니 "천사가 끌어안는다 해도"라고 번역하면 어법상 문제가 발생한다. 천사가 끌어안는 순간 내가 스러지는 것이지 끌어안지 않으면 그렇게 금방 스러지지는 않는다는 얘기다. 아니면 허공에서 들려오는 말이라 문법적 요소가 간과되었을 수도 있다. 영어 번역의 경우엔 독일어와 어족이 같은 관계로 비슷하게 번역하고 넘어가는 경우가 허다하다. 하지만 우리말로 옮기면서는 표현의 경계선을 올바르게 그어주어야 할 때가 많다. 번역을 할 때 전체적인 맥락에서 고민을 해야 할 때가 있다.

여기까지가 비현실을 표현한 가정적 구문이고, 또 이것이 릴케가 바람결에 들려오는 구절을 받아 적은 것이다. 그 다음부터는 그가 받아 적은 시구에 대한 해석이라고 할 수 있다. 왜 천사의 포옹에 스러질 수밖에 없는가. 아름다움의 총체로 받아들여지고 있는 천사는 하찮은 존재인 인간과의 거리로 인해 인간에게는 무섭게 느껴질 수밖에 없다. 그리고 그것을 견디어내는 것은 정말 어려운 일이다. 여기서 우리는 릴케가 선배 시인 프리드리히 횔덜린의 비가《빵과 포도주》(1801/02)의 한 대목의 영향을 받고 있음을 추정하게 된다. 횔덜린의 말투가 릴케 작품 곳곳에서 터져 나오는 것을 우리는 부인할 수 없다. 횔덜린에게는 "신들"이었던 것이 릴케로 오면 "천사"로 바뀐다. 횔덜린의 화자가 현시점에서 견딜 수 없는 신의 존재를 릴케는 천사로 바꾸어서 말한다. 천사와 나의 거리가 문제다. "아름다움이란/우리가 간신히 견디어내는 무서움의 시작일 뿐이므로." 미의 원형을 바라보는 화자의 눈길은 강력한 빛에 멀 수밖에 없다. 횔덜린의 "우리가 우리의 약한 그릇으로는 그들을 아무 때나 담아낼 수 없고, /가끔씩이나 우리가 신들의 충만을 견뎌낼 수 있기 때문."이라는 구절이 위와 같은 어조로 바뀌어 나타난다. 천사는 모두 무섭다. 그런데도 화자는 천사에게 경탄을 보낸다. 오히려 우리 존재를 완전히 무시해버리니 거기엔 경원의 뜻이 자리 잡을 수밖에 없다. 천사는 인간이 죽건 말건 신경 쓰지 않는다. 천사는 시간과 영원성을 한데 아우르는 총체적인 존재이다. 천사는 무서운 존재로 초반에 비치는데, 이것은 시적 화자의 나약함의 결과로 천사는 완벽한 존재로서 눈부신 빛을 뿌리며 저 높은 천상에 위치하기 때문이다.《두이노의 비가》는 이러한 거리감의 극복을 위한 처절한 몸부림의 노래이다. 니체가《차라투스트라는 이렇게 말했다》에서 천명한 '거리의 파토스Pathos der Distanz'가 시인으로 하여 지상에 얽매인 자신의 한계를 직시하고 천사를 노래하게 한다. 이 한계 극복의 방법을 시인은 노래하며 '비가'에서 '찬가'를 만들기 위해 노력한다. 제1비가에서 시작된 화자의 처절한 울부짖음은 뒤로 갈수록 성찰과 명상을 거듭한 결과 나름의 깨달음으로 바뀌어 간다. 그것은 바로 시인으로서 이 세상에서의 존재 이유에 대한 각성이다.

프리드리히 횔덜린(1792) 프란츠 카를 히머의 파스텔화

《두이노의 비가》에서 릴케가 해안의 언덕을 내려오며 받아 적었다는 첫 구절이 비가의 많은 부분의 음조를 결정한다. 신이나 천사를 담을 수 없음은 우리의 존재의 그릇이 아직 약하거나 작기 때문이다. 하늘 위를 쳐다보며 거기에 뭔가 있을까 하여 그리움을 털어놓는 자세는 횔덜린이나 릴케나 똑같다. 예언적 어투 또한 그렇다. 횔덜린이 정신적 정점에서 쓴《빵과 포도주》중 일곱 번째 비가를 좀더 상술해 보면 이렇다.

그러나 친구여! 우리는 너무 늦게 왔다. 신들이 살아 있어도
　우리의 머리 위 저쪽 다른 세계에 살고 있다.
그들은 거기서 끝없이 힘을 미치며 우리 따위엔 관심도 없다,
　우리를 무척 아끼는 그들이기는 하지만.
우리가 우리의 약한 그릇으로는 그들을 늘 담아낼 수 없고,
　가끔씩이나 우리가 신들의 충만을 견뎌낼 수 있기 때문이다.
그러기에 산다는 건 그들을 꿈꾸는 것일 뿐이다. 하지만 방황도
　수면처럼 도움이 되며, 고난과 밤은 우리를 강하게 해준다.
그리하여 영웅들은 청동의 요람에서 튼튼하게 자라나고,

심장들은 지난날 천상의 신들처럼 강한 힘을 얻으리라.
그 뒤에 그들은 소리치며 내려오리라. 그동안 동료들도 없이
혼자서 기다리는 것보다는 잠이나 자는 편이 더 나을 것 같다.
무엇을 행하고 무엇을 말해야 할지 나는 모르겠다.
궁핍한 시대에 시인들은 무엇을 위해 존재하는가.
하지만 그대는 말한다, 그들은 성스러운 밤에 이 나라에서
저 나라로 원정을 한 주신(酒神)의 성스러운 사제들 같다고.

《빵과 포도주》는 자연 현상적으로 저녁에서 밤으로 넘어가는 거리의 묘사로부터 시작하여 거기에 어떤 의미를 실어 보여주고, 이어서 그리스의 밝은 세계를 노래한 다음, 거기에서 무언가 희망을 보고자 하며, 마지막에 가서는, 그렇다면 이 궁핍한 시대에 우리 시인들은 무엇을 해야 하는가 하는가를 묻는다. 신들이 사라진 시대란 무엇을 뜻하는가? 정말 신들이 사라졌다는 말인가? 횔덜린의 시는 현상 그대로 읽을 것이 아니라 자신의 사고를 독자에게 인식시키기 위한 은유적 장치로 읽어야 한다. 신들이 2000킬로 혹은 20만 킬로 상공에서 사는 것도 아니다. 횔덜린이 살던 시기는 시대적으로 캄캄한 어둠이다. 신은 사라지고 없다. 그래도 신은 어디엔가 있다고 본다. 그 신은 환한 빛을 뿌린다. 그의 신은 기독교의 신이 아니다. 오히려 주신 디오니소스에 가깝다. 시인은 자신이 먹고 마시기 위해 빵과 포도주를 만드는 것이 아니다. 주위에서 무슨 일이 벌어지는지 아무것도 모르는 민중을 위해서이다. 그의 포도주는 사람을 졸리게 만드는 재료가 아니라 경직성을 풀어주는 완화제로서 현재의 얽매인 상태를 벗어나게 해준다. 〈비가〉는 기독교의 제목을 달고 내용상으로는 이교도의 세계인 그리스를 그리워한다. 웅장한 메타포는 횔덜린의 정신세계의 폭과 깊이를 반영하며, 그가 관념의 세계를 바라보는 듯해도 현실의 눈길을 접지 않고

있음을 우리는 그가 시 쓰기의 바탕으로 현실에 출발점을 둔 데에서 확인한다. 그의 삶의 바탕은 뒤처진 상태에 있던 독일의 현실에 있다. 《빵과 포도주》의 많은 시적 표현들이 궁극적으로는 시인 자신의 이 땅에서의 존재 이유를 밝히는 쪽으로 수렴된다. 이런 면에서 이 비가는 릴케의 《두이노의 비가》와 유사하다. 궁극적으로 릴케의 천사나 횔덜린의 신들은 시인의 예술적 정체성을 보증해주는 존재로서의 역할을 한다. 자신이 넘어설 수 없는 최고의 지평 위에 자신을 위치시킬 때 시인은 스스로를 깨달을 수 있기 때문이다. 천사는 감각적인 것으로부터 초감각을 지향하며 땅에서 하늘을, 그 무한을 지향하는 초월적 존재이다. 창세기의 우주적 차원을 감싼다. 삶과 죽음, 땅과 하늘, 감각과 초감각, 이 모든 것이 천사의 영역에 속하며 시인은 이것을 노래한다. 시인의 눈은 자기 초극을 위하여 늘 높은 곳을 바라본다. 이렇게 본다면 두 시인에게 있어 천사나 신들은 자기 초월과 극복에 대한 믿음의 다른 이름임이 드러난다.

가스파라 스탐파(1523-1554)와 "위대한 사랑의 여인들"

네가 시기할 지경인 저 버림받은 여인들, 너는 그들이 사랑에
만족한 남자들보다 훨씬 더 사랑스러움을 알았으리라.
결코 다함이 없는 찬양을 언제나 새로이 시작하라.

생각하라, 영웅은 살아남으려 함을. 몰락까지도 그에겐
존재하기 위한 구실이었음을, 그의 궁극적 탄생이었음을.
그러나 지친 자연은 사랑의 여인들을,
두 번 다시는 그 일을 할 기력이 없는 듯,
제 몸 속으로 거두어들인다. 너는 가스파라 스탐파를
깊이 생각해 보았는가, 사랑하는 남자의 버림을 받은
한 처녀가 사랑에 빠진 그 여인의 드높은 모범에서
자기도 그처럼 되었으면 하는 바람을 느끼는 것을?
언젠가 이처럼 가장 오래된 고통들이 우리에게
열매로 맺지 않을까? 지금은 우리가 사랑하며
연인에게서 벗어나, 벗어남을 떨며 견딜 때가 아닌가?
발사의 순간에 온 힘을 모아 자신보다 더 큰 존재가 되기 위해
화살이 시위를 견디듯이. 머무름은 어디에도 없으니까.

《두이노의 비가》의 첫 번째 비가에서 릴케가 이른바 자신의 삶의 에토스라 할 수 있는 "소유하지 않는 사랑"을 설파한 대목이다. 릴케는 편지와 산문에서 사랑에 버림받고도 오히려 사랑하는 남자를 더욱 사랑했던 여인들을 노래했다. 이른바 "위대한 사랑의 여인들"이다. 위 시에서는 그 많은 여인의 이름 중 이탈리아의 여류시인 "가스파라 스탐파"의 이름이 등장한다. 가스파라 스탐파는 파두아에서 태어났으며 일찍 부모를 여의고 여동생 하나와 남동생 하나와 함께 베네치아에서 성장했다. 세 남매 모두 음악과 문학적 재능이 뛰어났다. 가스파라 스탐파는 당시에 귀족의 정부 노릇을 했던 것 같은데, 여러 연인을 두고 있었다. 특히 그녀는 베네치아의 귀족인 콜랄티노 디 콜랄토 백작과 사랑에 빠졌었지만, 그는 삼 년 뒤에 그녀를 버렸다. 그녀가 쓴 《칸초니에레》

는 그녀가 죽고 나서 일 년 뒤에 세상에 알려지게 되었는데 거기엔 그녀의 비극적 인생의 흔적이 잘 나타나 있다. 거기엔 감각적인 사랑의 시들이 실려 있으며, 고통에 빠진 한 영혼의 감정과 열정이 진실한 어투로 표현되어 있다. 그녀의 시를 보자.

날 산산조각 내다오, 사랑아, 날 찢어발겨다오,
내 온 마음을 바쳤던 그 사람도 내게서 앗아가다오,
너 무자비한 사랑아, 그래 내게 마지막 남은
행복과 평화도 그 사람과 함께 앗아가버려다오.
나를 후려쳐 병들게 하여 저세상으로 보내다오,
수천의 죽음이 달려들어 나를 짓밟게 하고,
나로 하여 영원히 고통의 모범이 되게 해다오.
나 그래도 너를 향한 신의를 지키겠다.
내 마음속에서 그 빛들을 다시 보니,
너의 그 변덕스러운 길 위에서 내게 비추었던
그 빛들을. 아, 내게 마치 축복이,
마치 위안과 기쁨이 내려앉는 것 같구나.
그래, 너의 잔인함은 — 내 너를 어찌 부르랴? —
너를 더 잘 견디어낼 힘을 내게 주는구나.
— 가스파라 스탐파, 〈소네트〉

위 시의 내용을 보면 가스파라 스탐파가 사랑하는 백작을 잃고 얼마나 실의에 빠졌었는지 알 수 있다. 사랑했던 백작을 향해서가 아니라 사랑을 향해 그녀는 절규한다. 차라리 자기를 산산이 찢어버려 달라고. 그리하여 사랑을 더욱 잘 견딜 수 있도록. 그녀는 자기를 버린 남자를 탓하지 않고 오히려 사랑하는 마음에 사랑을 더욱 호소하고 있다. 사랑의 잔인함이 오히려 사랑을 더욱 잘 견딜 수 있게 하다니. 이 얼마나 처절한 말인가! 그녀는 차라리 고통의 모범이 되고자 한다.

사랑은 결국 고독이다. 사랑한다고 해서 둘이 하나라고 생각한다면 이는 오산이다. 인생은 결국 홀로 견디는 것이다. 홀로 견디며 살아가는 것이 삶의 일반적 법칙이다. 화살이 홀로 팽팽한 시위를 견디듯 온몸으로 견디는 것이다. 고통을 겪어내는 것은 그만큼 더 커지기 위함이다. 한곳에 머물지 않아서, 즉 "머무름은 어디에도 없으니까." 사람은 이를 통해 더욱 위대한 존재로 자라난다. 그렇게 견디며 노도하는 숱한 강물을 건너다보면 나중에 더욱 커진 자신의 모습을 느낄지도 모른다는 것이 릴케의 생각이며 여기에 그가 주장하는 '소유하지 않는 사랑'의 요체가 들어 있다. 영웅은 오히려 사랑에 버림을 받고 그것을 넘어서려 한 여인들에 비하면 아무것도 아니다. 그들에겐 자신을 완전히 버릴 줄 아는 마음의 자세가 없었다. 그들은 플라스틱처럼 썩지 않고 자연에 남아 자연을 힘들게 하지만 사랑에 버림을 받고도 사랑하는 남자를 넘어서려 노력했던 여인들은 자연의 품속으로 영원히 깃든다. 그런 여인들을 그토록 칭송했던 릴케의 속내는 무엇이었을까? 그런데 릴케의 시와 스탐파의 시를 잘 비

릴케가 《두이노의 비가》를 완성한 스위스 뮈조 성의 서재. 릴케가 체류할 당시엔 전기가 없었다.

교해 보면 상호 간에 닮아 있음을 알 수 있다. 번역에서 고려해야 할 점이 바로 이것이라고 생각한다. 어느 텍스트가 만들어지기까지의 과정에서 어떤 영향 속에 위치해 있었는지, 바로 그것이다. 그런 자료가 많으면 많을수록 번역의 정확성은 높아지게 마련이다. 이를테면 가스파라 스탐파의 "그래, 너의 잔인함은 — 내 너를 어찌 부르랴? — 너를 더 잘 견디어낼 힘을 내게 주는구나."라는 구절과 릴케의 "지금은 우리가 사랑하며/연인에게서 벗어나, 벗어남을 떨며 견딜 때가 아닌가?/발사의 순간에 온 힘을 모아 자신보다 더 큰 존재가 되기 위해/화살이 시위를 견디듯이."라는 구절은 그 발상법이 아주 유사하다. 릴케의 비가에서 횔덜린의 음조가 툭툭 튀어나오는 것 역시 우리가 고려해야 할 사항이다. 바탕이 넓을 때 깊게 파고들어갈 수 있는 법이다. 그래서 릴케는 번역하는 사람의 자세로 이렇게 말하는 것인지도 모른다. "언젠가 이처럼 가장 오래된 고통들이 우리에게/열매로 맺지 않을까? 지금은 우리가 사랑하며/연인에게서 벗어나, 벗어남을 떨며 견딜 때가 아닌가?/발사의 순간에 온 힘을 모아 자신보다 더 큰 존재가 되기 위해/화살이 시위를 견디듯이. 머무름은 어디에도 없으니까." 번역은 대상에 대한 끝없는 사랑일 뿐이며 번역에도 머무름은 없다. 오로지 대상을 향한 사랑의 신비와 자기 무게중심으로서의 윤리의식만이 영원한 명제로 남을 뿐이다.

릴케의 장미와 〈묘비명〉에 숨은 뜻

1926년 12월 29일 밤, 제네바 호수가 내려다보이는 스위스의 몽트뢰 언덕에 자리 잡은 발몽 요양원[9]에서 라이너 마리아 릴케는 그를 돌봐주던 의사의 팔에 안겨 눈을 뜬 채로 세상을 떴다. 오래 잠복해 있던 백혈병이 그의 목숨을 앗아갔다. 그는 성직자들을 자신의 임종의 침상 자리에 들이지 않았다. 자신의 영혼의 자유로운 항해에 방해가 된다는 것이 그 이유였다. 이미 10년 전부터 입 안이 붓고 피가 역류하는 것 같은 고통을 느꼈던 그였다. 그는 죽기 전 몇 달 동안 번역 일을 했다. 공교롭게도 그것은 폴 발레리의 《해변의 묘지》였다. 발레리가 쓴 이 시집의 마지막은 삶에 대한 의지를 다음 같이 노래한다.

> 바람이 인다! … 살아보도록 해야겠다!/대기는 내 책을 열었다간 다시 닫고,/산산이 부서지는 파도는 바위들로부터 마구 용솟음치고!/날아가라, 온통 눈부신

---

9 재활과 치료를 위해 1905년에 스위스 알프스 산속에 세워진 클리닉이다. 최초로 식이요법과 수중요법을 치료에 적용했다. 이탈리아 출신의 여배우 소피아 로렌, 헐리웃 여배우 잉그리드 버그만, 패션디자이너 코코 샤넬 등도 이 클리닉을 이용했다.

책장들아!/부숴라, 파도여! 네 희열의 물로써/삼각돛들 모이 줍던 저 조용한 지붕을! (박은수 옮김)

릴케와 발레리(오른쪽)

그에게 짙게 드리웠던 어둠 때문에 창작일을 하기는 사실 어려웠다. 발레리를 통하여 죽음에 직면하여 삶에의 의지를 간접적으로 느껴보려던 릴케는 1925년 10월 27일, 죽기 1년 전에 미리 작성한 유언서에서 "어떻게든 나를 접수하려는 병에 대비하여 몇 가지 개인적 규정"을 하고자 한다면서 자신의 묘비와 관련해서 다음과 같은 글을 남긴다.

요즘의 석공들이 쓰는 기하학적인 기술이 나는 마음에 들지 않는다. 어쩌면 (이를테면 제정시대의) 오래된 비석을 구해서… 거기 있던 비문을 갈아내고 거기에 이런 내용을 담는 게 좋겠다. 먼저 문장(紋章)을 놓고
(우리 조상 때부터 해왔던
형태로, 최근에 내가 파리에서 가져왔던 은빛
인장을 그대로 흉내 내서)
다음엔 이름을,
그리고 조금 거리를 두고 다음의 시구를 놓는다.
장미여, 오, 순수한 모순이여,
겹겹이 싸인 눈꺼풀들 속
익명의 잠이고 싶어라.

먼저 비석의 재질에 대한 이야기와 비문에 들어가야 할 내용이 나와 있다. 비석을 새로 제작하지 말고 제정시대(나폴레옹 1세와 그 다음 시기인 1800년에서 1830년까지의 기간)의 것을 얻어서 남의 비문을 밀어내고 거기에 자기 것을 새로 적어달라는 구절이 눈에 띈다. 릴케가 자신의 비문을 만들면서 돌을 새것을 쓰지 말고 남이 쓰던 것에다 쓰라고 한 것은 무슨 의미인가? 현대의 비석 제작 방식이 마음에 들지 않는 까닭도 있지만, 남이 쓰던 비석을 자신의 것으로 삼아 달라고 한 것은 아마도 죽음의 낯설음을 덜어내려는 생각의 결과로 보인다. 가문의 문장(아래 사진 참조)을 맨 위에 넣고 그 다음에 자신의 이름, 그리고 조금 떨어진 아래쪽에 묘비명의 시구가 놓이게 해달라고 릴케는 부탁한다. 릴케는 10월 27일에 작성한 첫 원고에서 위의 세 가지 요소를 가로로 줄을 그어 나누어 놓았다. 비석에 들어가야 할 내용들, 즉 가문의 문장, 이름, 그리고 비문 등에 대한 세세한 내용으로 보아 릴케의 이 시는 릴케의 생애를 담은 분명한 묘비명이다. 이처럼 묘비명으로 볼 때, 이것을 독립적인 시 작품으로보다는 그의 생이나 문학을 간략하게 표현한 상징물로 판단해야 한다. 시에 대한 해석 역시 이 시각에서 이루어져야 한다. 〈묘비명〉에 쓰인 주요 낱말을 중심으로 해서 전체 의미를 파악해보기로 하자.

릴케 가문의 문장. 검은 바탕에 은색의 두 마리의 그레이하운드가 마주보고 있는 형상이다. 이 문장에 대해 릴케는 모리스 베츠에게 자세히 설명한 바 있다. 그레이하운드는 중세 이래로 귀족들만이 즐겨 기르던 고급견이다. 그레이하운드를 죽인 사람은 사형을 선고받기도 했다. 그레이하운드는 눈이 좋고 동작이 날렵하여 중세부터 사냥에 주로 쓰였다. 문장의 나뭇잎은 명성과 승리, 평화의 상징은 월계수 나뭇잎이다. 이 문장은 릴케의 증조부로부터 전해져 내려온 것이다. 산문시 〈기수 크리스토프 릴케의 사랑과 죽음의 노래〉(1906)에는 프리츠 엔델(1873-1955)의 솜씨로 동판 제작한 이 문장이 들어가 있다. 릴케 스스로 프랑스의 한 귀족 후예로 여기게 된 유일한 증거이다. 그러나 그도 찾아보았지만 족보상으로 확실한 흔적은 없다. 아무튼 릴케는 평생 귀족이고 싶어 했다. 그가 쓴 대부분의 헌시들이 귀족과 여성들을 대상으로 한 것만 보아도 그러한 열정을 느낄 수 있다.

"장미"

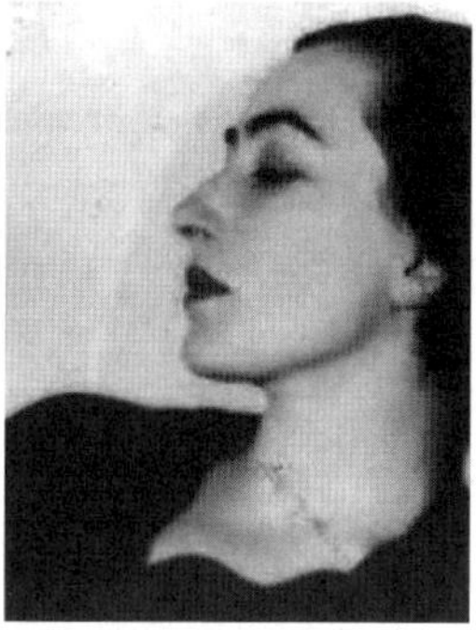

니메트 엘루이

릴케는 자신이 스위스의 뮈조 성 정원에서 가꾸던 장미를 〈묘비명〉에 적어 넣었다. 〈묘비명〉에서 가장 많은 정보를 갖고 있을 것으로 생각되는 낱말은 물론 "장미"이다. 나머지 주요 낱말들은 주인공인 이 장미를 꾸며주는 역할을 한다. 현실의 장미에서 시작된 "장미"는 시인의 상상력 속으로 들어갔다가 나오면서 극단적인 추상화의 과정을 겪는다. 이 시의 난해성은 이렇게 시인만의 머릿속에서 형성된 독특한 장미 개념 때문이다. 게다가 그 추상화의 과정이 우리의 상식적인 수준을 뛰어넘고 있기 때문에 난해성과 결부된 비의성은 더욱 커진다. 자신이 거처하던 중세풍의 뮈조 성으로 자신을 방문하러 온 한 귀부인〔이집트 출신의 여인 니메트 엘루이(1903-1943)〕에게 정원의 장미를 꺾어주다가 장미가시에 찔려 죽었다는 다소 과장된 시인의 죽음의 신비는 이 시를 더욱 비밀스럽게 만들어놓았다. 이 때문에 그의 죽음이 패혈증 때문이라는 이야기가 나오기도 한다. 그러나 그의 병명은 정확히 백혈병이다. 장미가시에 찔린 상처는 아물지 않고 갈수록 악화되었다. 금세 그의 팔 전체가 퉁퉁 부어올랐다. 부기는 다른 팔로도 전이되었다.

"장미" 하면 가장 먼저 떠오르는 전통적이고 상징적 의미, 이를테면 사랑이나 아름다움 또는 죽음 따위의 의미를 넘어서는 시인 고유의 상징성에 릴케의 장미가 이르고 있기에 특별한 고찰을 요한다. 릴케 자신이 무슨 격자울타리라도 된 듯 장미는 그의 생을 타고 줄곧 가지를 뻗었다. 그의 나이 25세이던 1900년에 장미가 가진 상징성에 아주 매료되어 있었기 때문인지 릴케는 벌써부터 무의식적으로 그의 묘비명을 다음과 같이 음미하고 있다. 시에서 눈꺼풀과 관련된 부분이다. 예술가촌인 보르프스베데에 머물면서 거기서 사귀었던 여류화가 파울라 베커와 후에 그의 부인이 된 조각가 클라라 베스트호프에게, 어느 밝은 일요일 아침에 장미 꽃다발을 선물하고서 자신의 일기에 적은 것이다.

> 나는 새로운 애무의 방식을 고안해냈다. 그것은 장미 한 송이를 감긴 눈 위에다 살며시 올려놓고 있는 것이다. 장미 특유의 찬 기운과 함께 장미가 더 이상 느껴지지 않을 때까지, 그리고 장미 이파리의 부드러움만이 마치 해뜨기 전의 잠처럼 형상 위에 가볍게 드리워질 때까지.

실제로 서양에서는 죽은 사람을 위해 장미를 관 속에다 뿌려준다. 이때 관은 장미 속의 침대가 된다. 죽은 사람의 입장에서는 관은 영원한 안식을 위한 편안한 침대이다. 장미와 침대의 이런 연관 상황은 후기 시 〈도착〉에서 "장미 속에 그대의 침대가 있네, 사랑하는 여인이여."라는 말을 끌어내기에 충분하다. 에로스의 분위기 속에서 죽음을 통한 재생의 이미지가 이 속에 살아 있음을 우리는 깨닫는다. 그러기에 예수의 재림을 알리는 "Ankunft" 즉 "도착"이라는 말이 쓰인 것으로 보인다.

그렇다면 위 시에서 장미는 과연 무엇을 의미하는가? 이 시가 릴케 자신이 쓴 자신의 《묘비명》이라는 점에 주목한다면, 일단 여기에서의 장미는 릴케 자신의 분신이 된다. "장미"는 시인의 존재를 뜻한다. 그리고 한 송이의 장미는 시 자체일 수도 있다.

릴케가 좋아했던 프랑스 시인 스테판 말라르메의 시 구절에서 우리는 장미와 죽음과 관련하여 다음과 같은 구절을 발견할 수 있다. 시인이 장미와 죽음과 얼마나 하나가 되어 있는지 잘 알려주는 대목이라서 여기에 소개한다.

— 장미꽃들이 찾아오면, 오 몽상이여, 그 새벽을 보고
무슨 말을 하리? 막막한 무덤은, 제 창백한 장미들이 두려워,
저 빈 구덩이들을 하나로 합칠 텐데.

— 말라르메, 〈쓰라린 휴식이 지겨워…〉, 《시집》(황현산 옮김)

죽음이 가까이 올 때까지 시인은 창조와의 씨름에 빠져 있다. 황현산 교수의 설명에 따르면 물론 위 시에서 죽음은 창작의 불모로서의 시인의 뇌수를 말하는 것이지만, 시인과 장미와 죽음이 어떻게 동일선상에서 논의될 수 있는지 흥미롭게 보여준다.

"모순"

1902년 12월 말에 로댕과 관련하여 화가 오토 모더존에게 쓴 편지글에서 릴케는 이런 말을 전한다.

> 무엇보다 로댕은 위대하고 조용하며 힘찬 모순입니다. 시간은 그에게서 흘러 떨어져, 그렇게 전 생애에 걸쳐 일하고 있는 그의 모습은 누구도 건드릴 수 없고 성스러우며 거의 이름마저 잊은 듯합니다. 그와 그의 작품은 그 성격과 본질상으로 오래된 성당이나 루브르 박물관의 사물들 같습니다. 그리고 오토 모더존, 당신의 집에서 보낸 날들과 같습니다.

릴케 특유의 어휘 구사가 두드러지는 경우를 우리는 "모순"에서 볼 수 있다. 모순은 "무엇에 대한" 즉 "gegen"이 있어야 한다. 무언가와 부딪치거나, 무엇에 대해 저항하는 것에 대해 "모순"이라는 말을 쓴다. 릴케의 의미로는 '시간에서 벗어난 존재' 또는 '상궤를 벗어난 존재'를 말한다. 시간과의 갈등을 몸

소 구현하는 저항예술가로서 로댕은 칭송의 대상이다. 일에만 빠져 있을 때 예술가의 존재는 건드릴 수 없으며 신성불가침이며 이름마저도 없다. 여기서 "namenlos" 즉 "이름마저 잊은 듯"이라는 표현은 릴케의 어휘 중 다른 말로 "niemand" 즉 "아무도 아닌 자"에 해당한다. 자신의 이름을 인식하지 못할 정도로 일에 열중하는 모습을 표현한 말이다. 이 말과 쓰인 다른 동격의 말들, 즉 "건드릴 수 없고", "성스러우며" 같은 형용사들은 예술가가 자신의 작업에 몰입할 때 얼마만큼 독립적 존재가 될 수 있는가를 보여준다. 따라서 로댕 자신과 로댕의 작품이 성당과 같으며 루브르 박물관의 전시물들 같다고 한다면, 이는 시간을 초월한 그의 특성을 말해주는 것이다. 이것을 릴케의 〈묘비명〉에 대입하여 보면 "장미"는 시인 자신이 될 수 있으며, 시 작품이 될 수도 있다. 릴케의 〈묘비명〉은 예술가의 전형으로서의 삶을 노래한 것이다. 시간을 초월한 영원성을 꿈꾸는 존재가 〈묘비명〉에서는 "장미"로 등장한다. 시간의 흐름을 잊고 예술적 완성을 위해 진력하는 로댕의 모습을 릴케는 "크고 조용하고 힘찬 모순"이라고 정의한다. 사람을 일러 "모순"이라고 표현한 것으로 미루어 릴케의 "장미"가 "모순"이 되는 것도 무리는 아니다. 이와 같은 양태로 로댕을 "모순"으로 본다면, 〈묘비명〉의 "장미"는 사람을 이르는 다른 말임이 드러난다. 시대와의 마찰을 두려워하지 않고 자신의 세계 속에 몰입하여 무언가를 만드는 존재로서의 "장미"가 곧 예술가를 이르는 말임은 당연하다. 릴케의 "모순"은 "저항"이라는 뜻을 담고 있다. 아웃사이더요 일상의 삶에서 비켜선 자의 삶이 그 속에 배어 있다. 저항하는 존재가 장미라는 것이다. 남의 눈길을 넘겨다보지 않는 자존심 같은 것이 느껴진다. 릴케에게서는 이것이 장미의 속성으로 자리 잡는다. 이름값이나 명성에 휘둘리지 않는 초탈한 장미를 향한 속성의 부여라 하겠다.

"모순"은 삶에서의 모든 갈등, 시대와의 불화, 들끓는 고통의 총화를 나타내는 말이다. 모순은 자신의 생을 되돌아보는 시인의 마음에 어려 오는 회한의 총체 개념이라 할 수 있다. 1922년 3월의 "내가 예술적으로 쓰는 것들에는 결국 어딘가에는 모순의 흔적이 남아 있을 것입니다. 그런 모순을 기반으로 나는 일을 시작했지요."라는 릴케의 말은 이와 같은 맥락에서 해석이 가능하다. 자신의 생을 릴케는 늘 모순의 연속으로 파악했다. 1913-14년 겨울, 파리에서 쓴 시의 초고에서도 릴케는 이렇게 말한다.

오, 인생, 인생이여, 놀라운 시간이여,
모순에서 모순들로 이어지며
〔…〕
오, 뭐라 설명할 수 없는, 오 인생의 시간이여.

"모순"은 다른 말로 역설이다. 말의 흐름에 순응하는 것이 아니라 이것을 거스르는 것이 바로 역설이요 이 지점이 개성 있는 예술가의 지점이다. 거부와 부정으로 대변되는 이런 표현들이 시인의 개성을 드러내주는 중요한 거점이다. 그러니까 시어가 공공의 소통의 도구인 언어를 사용하면서도 거기에 시적 개성을 주려는 노력을 함으로써 소통을 막는 역할을 하는 것 역시 시적 역설의 한 모습이다. "Spruch" 즉 "언어"라는 공공의 장소에서 보통사람들과 어긋나는 말 "Widerspruch" 즉 "모순되는 말"을 하는 존재가 시인이다. 일상의 "말", 즉 "Spruch"에 대한 "저항" 즉 "Wider"이다. 모순의 외침은 다른 말로 순수를 향한 열정이다.

"아무도 아닌 자" 혹은 "익명의"

릴케의 〈묘비명〉은 엄연한 릴케 자신의 묘비명이다. 여기서 죽음을 "잠"으로

만 표현했다면 이것은 평범한 상상력의 범주를 넘어서지 못하는 것이 된다. 그러나 여기 "잠" 앞에 "Niemand" 즉 영어로 "nobody"라는 말이 붙음으로써 릴케만의 글쓰기가 시작된다. 잠에는 누구의 잠인지 명확하게 잠의 주체가 있게 마련인데 그것이 아니라니 그 문장을 대하는 사람에게 많은 고민을 안겨준다. 때문에 "Niemand" 쪽에 온 신경이 집중된다. "Niemand"는 사전적으로는 "아무도… 않다"의 뜻이다. 따라서 "Niemandes Schlaf"는 '누구의 것도 아닌 잠'이다. 묘비의 주인이 있는데, 이 말은 앞에서 나온대로 "모순"이다. 묘비 위쪽에는 문장을 넣고 이어서 "라이너 마리아 릴케"라는 이름을 넣으라고 한 릴케의 말에 비추어 누구의 잠도 아닌 잠이라니! 그렇기 때문에 "Niemand"에 대한 릴케만의 낱말 운용의 특징을 알아야 한다.

릴케의 무덤에서 바라본 라롱 계곡

"Niemand"는 "아무도 아닌 자"로 번역 가능한데, 릴케가 통상적인 의미와는 달리 이 낱말에 긍정적인 뜻을 심어놓고 있기 때문이다. 즉 그는 하나의 특별한 개체로서의 어떤 사람이 아니라 "아무도 아닌 사람"이 되길 바랐기 때문이다. 자신을 떠나 타자 속에 변모하는 모습으로 존재하는 것, 그것은 구체성에서 보편성으로의 확장이다. 이것은 그의 작품이 갖는 의미의 확장까지도 내포한다. 특정 종교의 이념과 관습에 얽매이길 싫어하고 '자유' 그 자체를 추구한 시인의 모습이다. 익명 속으로의 잠적은 자신의 묘지 자리까지 신경을 쓴 릴케의 세심한 성격에서도 확인된다.

나는 오래된 라롱 교회 옆 높은 곳에 있는 묘지에 묻히고 싶습니다. 담으로 둘러싸인 그곳은 내가 이곳 풍광 속에서 바람과 햇볕을 쬐곤 했던 가장 멋진 장소 중의 하나였습니다.

바람과 햇볕이 자신의 친구가 되길 바라는 릴케는 그 자체로 모든 것으로부터의 자유를 원한다. 이것이 "Niemand"에 담긴 속뜻일 것이다.

장미여, 오, 순수한 모순이여,
겹겹이 싸인 눈꺼풀들 속
익명의 잠이고 싶어라.
Rose, oh reiner Widerspruch, Lust,
Niemandes Schlaf zu sein unter soviel
Lidern.

이 시의 원문을 큰 소리로 읽어보면 초반의 어두운 모음에서 밝은 모음으로 넘어가는 것을 느낄 수 있다. 처음에는 콤마로 막히던 것이 뒤로 갈수록 자유롭게 풀리는 것도 느낄 수 있다. 해방의 느낌이랄까. 이렇게 막힘과 흐름, 기쁨과 모순의 뒤엉킴 속에서 죽음과 삶의 병존을 느낄 수 있다. 죽음은 삶의 마침표가 아니라 다음 단계로 넘어가는 말없음표와 같다.

또 한 가지 재미있는 측면에서 릴케의 〈묘비명〉을 해석해볼 수 있다. 그것은 각 시행의 첫머리에 놓인 대문자를 중심으로 펼쳐지는 이야기이다. 각 행의 첫머리는 "R", "N", "L"로 되어 있다. 그리고 "N"은 본디 부정대명사 "niemand"를 쓴 것으로 소문자로 써야 하나 릴케가 굳이 대문자로 고친 것이다. 여기서 우리는 어느 정도 그의 의도를 읽을 수 있다. 왜냐하면 그가 편지글에서 특히 말년에 들어서 자주 쓰던 그의 이름의 이니셜이 "RMR"이기 때문이다. 릴케는 보통 때는 편지 끝에 "Rainer Maria Rilke"라고 썼지만, 그러나 죽기 3년 전

1923년에 일제 하이제에게 보낸 1923년의 편지들에서는 RMR이라고 이름의 이니셜로만 서명을 했다. 이렇게 여러 가지 방식으로 아름답게 서명을 한 릴케에게서 우리는 자신의 이름에 대한 집착을 읽을 수 있다. 열아홉 살 때는 "르네 마리아 카이사르 릴케"라고 서명을 했던 그였다. 로마의 황제 카이사르라고! 여기에 또한 그의 모순의 감추어진 모습이 들어 있다. 문학작품 속에 자신의 흔적을 감추려 하면서도 또 흔적을 남겨놓고 싶어 했던 릴케의 의도를 보면 이해가 가는 일이다. 문학적 진리와 보편성에 대한 열망 아래에는 언제나 자기도 모를 그만의 개성의 싹이 숨 쉬고 있었던 것이다.

릴케 묘비 앞의 나무십자가. RMR 약자로 표기되어 있다.

"RMR"과 "RNL" 사이에서 우리는 어떠한 연관성을 짐작할 수 있다. "RMR"은 "Rainer Maria Rilke"를 줄인 생전의 릴케의 이니셜이지만 "RNL"은 죽어서의 릴케의 이니셜이라 할 수 있다. "R"까지는 같으나 뒷부분이 달라진 것은 '살아서'와 '죽어서'의 차이라 할 수 있다. "RMR"은 "라이너 마리아 릴케"이지만 "RNL"은 'Rose Niemand Liedern'의 줄임꼴로 "라이너 마리아 릴케, 이제 익명의 시인으로 많은 노래를 남기고 잠들다"로 읽어야 하기 때문이다. "익명성"에 대한 강조는 평소 릴케가 보였던 명성에 대한 경계심과 관련이 깊다. 《말테의 수기》의 입센(1828-1906) 부분이 이를 잘 말해준다.

> 그렇게 나는 당신의 책들을 앞에 놓고 앉아서, 완고한 이여, 내 나름대로 그것들을 이해해보려고 했습니다. 꼭 당신의 책들을 전체적으로 읽지 않고 원하는 부분만 떼어서 읽고 만족해하는 다른 사람들처럼 말입니다. 그때만 해도 명성이라는 게 무엇인지 내가 아직 제대로 알지 못했기 때문입니다. 명성이란 한참 커가는 사람의 건축 부지에 무더기로 쳐들어와 돌멩이들을 다른 곳으로 치우며 그 사람

을 공공연히 무너뜨리는 것이지요.

위 글에서 "완고한 이"는 헨리 입센을 말한다. 명성을 경계하는 릴케는 〈묘비명〉의 많은 것을 침묵의 영역에 남겨놓았다. 명성에 대한 경계는 삶을 초월하고자 하는 시인의 의지와 맞물려 있다. 이는 〈묘비명〉에서도 마찬가지이다. 익명성의 강조가 그것이다. 아무도 아닌 자의 장미를 그리워하는 시인의 성찰의 소산이다. 여기서 보듯 릴케의 시는 현실적 사고에서 멀리 떨어져 있는 것 같지만, 그의 시 창작 방식의 근저는 언제나 경험과 체험에서 출발하고 있다. 장미에 관한 상상력은 이것을 잘 보여준다.

릴케가 생의 마지막을 함께했던 당시의 뮈조 성 모습

제5부

모든 것을 직접 몸으로 살아보는 것이 중요합니다.
이제부터 당신의 궁금한 문제들을 직접 몸으로 살아보십시오.
그러면 먼 어느 날 자신도 모르게
자신이 해답 속에 들어와 살고 있음을 깨닫게 될 것입니다.

《젊은 시인에게 보내는 편지》에서

릴케가 프란치스카 추 레벤틀로(1871~1918)에게 보낸 엽서

젊은 시인에게 보내는 편지

편지는 스스로 체험한 것이나 마음속에서 전개된 것들을 다시 한 번 문자의 형태로 객관적으로 되살려주는 기능을 한다. 편지는 서로 간에 마음을 주고받는 진정성의 표현이다. 편지는 두 사람 사이의 비밀 형태로 진행되기 때문이다. 편지를 쓰는 사람은 혼자 있으면서 동시에 수신자와 함께 있다. 여기엔 대화가 있고 교감이 있다. 그렇기 때문에 누군가가 남겨놓은 편지를 읽는 것은 두 사람 간의 은밀한 소통의 현장을 목격하는 것과 같다. 독일의 철학자이자 사회학자인 게오르크 짐멜의 말대로 편지에는 편지를 쓰는 사람의 개성과 주체성이 고스란히 담긴다.

릴케가 많은 독자들로부터 사랑을 받는 이유 중의 하나는 그의 편지글 속에 스며있는 조언자로서의 따뜻한 숨결 때문으로 보인다. 주위 사람의 삶을 함께 호흡하면서 누가 편지를 보내오던 반드시 답장을 해주었던 그였다. 이를테면 시골 우체국 여직원과도 오랫동안 서신 왕래를 했고 말년에는 에리카 미터러(1906-2001)라는 소녀와 시로 쓴 편지를 주고받기도 했다.

에리카 미터러

릴케가 평생 동안 쓴 편지는 지금까지도 지속적으로 출간되고 있다. 릴케는 그의 편지들을 그의 전체 작품의 일부로 보았으며, 유언서에서도 편지를 책으로 묶어내는 것에 대해 명확히 허락을 해두었다. 독일에서 출간되는 릴케와 관련된 책들 중에는 그의 편지에서 뽑아낸, 삶의 지혜를 다룬 책들도 다수 있으니 그의 문학이 어떤 역할을 했고 지금도 하고 있는지 가늠해볼 수 있다. 이를테면 최근에 미국에서 출간된《릴케와 함께하는 한 해*A Year with Rilke: Daily Readings from the Best of Rainer Maria Rilke*》(2009) 같은 책은 일 년 365일을 날마다 읽을 릴케의 정감 있는 글들로 채우고 있다.

릴케의 편지는 그가 겪은 고통의 내용을 겉으로 드러내 보여주며 많은 수신인들에게 그의 이미지를 고정시키는 역할을 했다. 그 이미지란 고독한 시인으로서의 존재와 그것을 지켜내기 위해 고투하는 한 인간이었다. 위안이나 조언을 구해온 상대를 향해 늘어놓는 그의 언급들은 또한 자기를 향한 이야기이기도 하다. 그는 글을 씀으로써 거기서 자신의 존재의 안정을 찾으려 했다. 릴케가 나눈 편지 중에서 우리의 관심을 끄는 것은 무엇보다도《젊은 시인에게 보내는 편지》이다. 릴케에게 편지를 쓴 프란츠 크사버 카푸스(1883-1966)는 릴케에게서 조언자이자 인생의 선배를 보고 마음속에 품고 있던 고민을 마음껏 털어놓았다. 당시 스무 살이었던 카푸스는 대학 1학년생의 풋내기 입장에서 선배 격인 시인 릴케에게서 인생의 모범을 보았던 것 같다. 게다가 두 사람이 처했던 상황 역시 비슷했다. 릴케는 군사학교를 다니다가 그만두고 문학의 길로 들어서 있던 상태였고, 카푸스는 오스트리아 육군사관학교 생도로서 문학과 군인의 갈림길에 서 있었다. 1903년 카푸스가 릴케에게 첫 편지를 썼을 당시 릴케 역시 아직은 만개하지 않은 젊은 시인이었다. 카푸스는 이미 일가를 이룬 노련한 시인보다는 인생의 갈림길에서 방황하다가 시인의 길로 들어선 선배로서 인생의 고민을 잘 들어줄 수 있는 나이대의 릴케를 선택했던 것 같다. 카푸스는 릴케에게 자작시 몇 편을 동봉하여 시에 대한 평가를 부탁하면서 시인이 되는 길에 대해 의견을 묻는다. 편지를 받은 릴케는 예의 푸른 편지지에 아름다운 필치로, 특히 겸손함이 묻어나는 다정한 어투로 장문의 답장을 해준다.

나는 글을 쓰지 않으면 안 되나?

친애하는 프란츠 카푸스씨,

보내주신 편지는 며칠 전에야 받았습니다. 편지에서 보여주신 저에 대한 크고 진지한 신뢰에 대해 감사드립니다. 이렇게 밖에 달리 표현할 수가 없군요. 저로서는 당신의 시에 대해 뭐라고 말할 처지가 못 됩니다. 저는 비평과는 너무나 거리가 멉니다. 비평의 글만큼이나 예술작품에 접근하는 데 소용없는 것도 없습니다. 비평의 말은 언제나 다행스런 오해로 귀결될 따름이니까요. 사람들이 보통 생각하는 것처럼 우리가 사물들을 모두 이해할 수 있고 또 말로 표현할 수 있는 것은 아닙니다. 대부분의 사건들은 말로 표현할 수가 없습니다. 왜냐하면 그것들은 우리의 말이 한 번도 발을 들여놓아 보지 못한 영역에서 일어나니까요. 이 모든 것보다 더 말로 표현할 수 없는 것이 바로 예술작품들입니다. 이것들은 신비스런 존재들이죠. 이것들의 생명은 우리의 삶이 덧없이 스쳐 흘러가는 동안에도 변함없이 이어집니다.

릴케가 편지에 쓰는 말투는 한없이 공손하다. 자신이 쓴 시에 대한 평가를 부탁해온 문학청년 카푸스에게 일단 많은 부분의 이해를 구한다. 시에 대한 평가를 부탁했기 때문에 이른바 평론이라는 것의 부질없음에 대해 말하면서 예술작품의 본질에 대해서 정의를 내린다. 인간이 갖는 이해의 한계와 언어의 한계는 예술작품의 신비로움을 건드리지 못한다고 말한다. 이것을 그는 "비평의 말은 언제나 다행스런 오해로 귀결"된다고 표현한다. 다행스럽다는 말은 아무리 비평가들이 애를 써도 예술작품의 고유성을 해치지 못한다는 뜻이다. 언어의 한계 때문에 예술작품을 제대로 이해할 수 없으며 다행스럽게도 바로 이런 점 때문에 작품들은 우리의 덧없는 삶과 달리 나름의 생명을 지닌 채로 영원히 살아남는다. 예술작품에 대한 존재론적 관점을 릴케는 보여준다. 즉 예술작품은 다른 그 무엇을 위해 존재하는 것이 아니라 그 자체로 하나의 사물이며, 하나의 독립된 유기체로서 나름의 고유한 생명력을 지닌다는 말이다. 예술작품이 신비스럽다는 것은 쉽게 접근할 수 없다는 뜻을 내포한다. 릴케는 자신의 시에 대한 평가를 부탁한 시인 지망생 프란츠 카푸스에게 이렇게 말해주면서 자꾸만 남에게 평가를 부탁하지 말라고 충고한다.

> 당신에겐 단 한 가지 길밖에는 없습니다. 당신의 마음 깊은 곳 속으로 들어가십시오. 당신에게 글을 쓰도록 명하는 그 근거를 캐보십시오. 그 근거가 당신의 심장의 가장 깊은 곳에까지 뿌리를 뻗고 있는지 확인해 보십시오. 글을 쓸 수 없게 되면 차라리 죽음을 택하겠는지 스스로에게 물어보십시오. 이것을 무엇보다 당신이 맞이하는 밤의 가장 조용한 시간에 스스로에게 물어보십시오. 나는 글을 꼭 써야 하는가? 깊은 곳에서 나오는 답을 얻으려면 당신의 가슴 깊은 곳으로 파고 들어가십시오. 만약 이에 대한 답이 긍정적으로 나오면, 즉 이 더없이 진지한 질문에 대해 당신이 "나는 써야만 해"라는 강력하고도 간단한 말로 답할 수 있으면, 당신의 생을 이 필연성에 의거하여 만들어 가십시오. 당신의 생은 당신의 정말 무심하고 하찮은 시간까지도 이 같은 열망에 대한 표시요 증거가 되어야 합니다.

우리는 세상을 살아가면서 주위 사람들에게 조언을 구할 때가 많다. 그러나 릴케는 그렇게 하지 말라고 당부한다. 이 세상에서 자신의 문제에 대해 올바른 답을 줄 수 있는 사람은 오로지 자신뿐이라는 말이다. 실제 자기를 가장 잘 아는 사람은 자신밖에 없다. 그래서 릴케는 카푸스에게 가장 조용한 시간에 자신의 내면 깊은 곳으로 내려가 알아보라 한다. 꼭 글을 써야 하는가? 못 쓰게 되면 차라리 죽음을 택하겠는가? 이런 질문을 스스로에게 던져보라고 말한다. 함부로 쉽게 결정을 내리지 말고 내면 깊은 곳에서 들려오는 목소리에 귀를 기울이라는 얘기다. 만약에 꼭 시인이 되어야 한다는 답이 나오면 "생을 이 필연성에 의거하여 만들어" 가야 한다. 다른 생각은 하지 말고 그 길로 일로매진해야 한다는 뜻이다. "당신의 정말 무심하고 하찮은 시간까지도 이 같은 열망에 대한 표시요 증거가 되어야" 한다. 어디 가서 누구를 기다리는 시간이나 잠시의 짬, 아니면 특별히 할 일이 없는 무료한 시간에도 늘 시만을 생각하고 시인답게 행동해야 한다는 것이다. 이를테면 릴케의 어느 지인이 밝혔듯이 릴케처럼 손을 씻을 때조차도 시인다운 자세를 보여야 한다는 뜻이다. 한번 시인은 영원한 시인이 되어야 한다고나 할까.

> 그러므로 친애하는 카푸스씨, 제가 당신에게 드리고 싶은 충고는 바로 이것입니다. 그 원천(源泉)에 도달하여 당신은 당신이 꼭 창작을 해야 하는지 당신의 내면으로 파고들어가 당신의 생의 샘물이 솟아나는 그 깊은 곳을 알아보라는 것입니다. 물음에 대한 답을 얻을 수 있을 것입니다. 그에 대한 답이 나오면 더 이상 그것을 캐묻지 말고 거기서 들려오는 대로 받아들이십시오. 아마도 당신이 예술가의 운명을 타고났다는 답이 나오겠지요. 그러면 그 운명을 받아들여, 그것을 짊어지십시오. 그 운명의 짐의 무게와 그 크기를 말입니다. 그리고 당신은 혹시 바깥세계로부터 올지 모르는 어떠한 대가도 바라지 마십시오. 왜냐하면 창조자는 자체가 하나의 세계가 되어야 하며 모든 것을 자신의 내면에서 그리고 자신과 한몸이 된 자연에서 구해야 하니까요.

앞에서 나온 이야기를 릴케는 좀더 섬세하게 표현한다. 압축된 강한 이미지를 사용해가며, 직접 심장의 원천으로 거슬러 올라가서 '시를 써야 한다'는 욕구가 그곳으로부터 흘러나오는지 알아보라고 한다. 한참을 걸어서 산기슭을 지나고 언덕을 넘어 자신의 심장의 원천이 있는 곳까지 가서 직접 보아야 한다. 그곳에서 표주박으로 물을 떠서 마시면서 물맛을 자신의 혀로 느껴봐야 한다. 물의 맛이, 즉 답이 나오면 더 이상 묻지 말고 "그 운명의 짐의 무게와 그 크기"를 짊어지라고 릴케는 충고한다. 그러면서 외부의 대가는 기대하지 말라고 덧붙인다. 외부로부터 대가를 받는 순간 시인은 그것의 노예가 되기 십상이기 때문이다. 아무런 대가를 받지 않을 때 예술가는 자신의 세계를 지켜낼 수 있다.

릴케가 쓴 글 중에서 〈용을 죽인 사나이〉(1902)라는 동화가 있다. 어느 왕국 숲속에 끔찍한 용 한 마리가 주리를 틀고 앉아 백성들을 계속해서 괴롭혔다. 임금은 방(榜)을 내려 용을 죽이는 사나이에게 왕국의 절반과 공주를 주겠다고 공표한다. 어느 날 한 사나이가 홀로 나타나 숲속으로 들어가 용을 죽이는데 성공한다. 그러나 그 사나이는 홀연 말을 타고 그냥 그곳을 떠나간다. 임금이 주기로 했던 하사품에는 전혀 관심도 보이지 않고서. 새들이 지저귀는 숲을 지나 자신이 갈 길을 그냥 갈 뿐이다. 그는 그곳에 머물지 않는다. 여기서 우리는 릴케가 위 글에서 말한 "혹시 바깥세계로부터 올지 모르는 어떤 대가도 바라지 마십시오"라는 말의 의미를 이해하게 된다. 시인이 외부의 소리에 귀를 기울이거나 거기서 올 대가에 눈이 멀면 자신만의 문학을 추구하지 못하기 때문이다. 주위의 서툰 말이나 분위기에 휘둘려 결국엔 글을 망치고 만다. 시인은 자신만의 세계를 구축하려면 주위의 유혹에 흔들리지 말아야 한다. 모든 것을 스스로 결정하고 내면에서 들려오는 목소리에 따라야 한다. 그런 다음 "이 세상의 맨 처음 사람처럼 말해보십시오"라는 릴케의 말대로 인류의 첫 조상인 듯한 태도로 누구의 영향도 물리치고 자연을 보고 인생을 노래해야 한다. 일단은 자연의 침묵을 익혀야 한다. 그것이 시적 개성을 발견하는 가장 큰 지름길이다. 자신의 마음의 소리에 따라 자기만의 길을 가기 위해서는 이렇게 당찬 결심이 서야 한다. 시인의 이런 무보상적 행위는 그 연원을 프랑스의 시인 샤를 보들레르 그리고 스테판 말라르메에게서 찾을 수 있다. 주위의 반응에 편승하지 않고 얕은 감정에 호소하지도 누구의 마음을 거짓되게 흔들려 하지도 않는 것, 이것이야말로 시인이 내면에 튼튼하게 건설해놓아야 할 예술가적 기반인 것이다.

글의 소재와 체험에 대하여

시를 쓴다고 하면 엄청나거나 남다른 경험을 한 사람이나 가능한 게 아니냐고 묻는 사람들이 있다. 날마다 똑같은 일상인데 쓸 이야기가 무엇이 있겠느냐고 한다. 이럴 때 릴케라면 무슨 이야기를 들려줄까.

> 당신의 일상이 너무 보잘것없어 보인다고 당신의 일상을 탓하지는 마십시오. 오히려 당신 스스로를 질책하십시오. 당신의 일상의 풍요로움을 말로써 불러낼 만큼 아직 당신이 충분한 시인이 되지 못했다고 스스로에게 말하십시오. 왜냐하면 진정한 창조자에게는 이 세상의 그 무엇도 보잘것없어 보이지 않으며 감흥을 주지 않는 장소란 없기 때문입니다. 그리고 심지어 사방이 벽으로 둘러싸여 당신의 귀에 세상으로부터 아무런 소리도 들리지 않는 감방에 당신이 갇혀 있다고 할지라도, 당신은 당신의 어린 시절을, 왕이나 가질 수 있는 그 소중한 재산을, 그 기억의 보물창고를 갖고 있지 않습니까? 그곳으로 당신의 관심을 돌리십시오. 까마득히 머나먼 옛날의 가라앉아 버린 감동들을 건져 올리려고 애써 보십시오.

남이 보았을 땐 전혀 아무 감흥도 없을 것 같은 일상이 시인에게는 무궁무진

한 시의 원천이 될 수 있다. 다만 그것을 시로 불러내지 못했을 따름이다. 지그문트 바우만이 그의 저서《고독을 잃어버린 시간》에서 말했듯이 "그처럼 친숙한 사물들을 관심의 대상으로 삼아 면밀한 조사를 하기 위해서는 우선 감각적으로 무디고 아늑하지만 어떤 의미에서는 타락한 판에 박힌 듯 순환하는 일상으로부터 그 사물들을 뜯어내서 분리시켜야 한다." 익숙한 것을 낯설게 보는 재주가 필요할 뿐이다. 그러므로 시인은 심지어 감방에 앉아 있어도 쓸거리는 얼마든지 있다. 그것은 바로 어린 시절의 체험들이다. 위 편지글에서 말하는 시의 소재와 그것의 바탕을 이루는 것으로서의 체험과 관련하여〈예술에 대하여〉(1898)라는 초기의 글에서 릴케는 어린 시절에 아이가 장난감을 갖고 노는 것과 그것이 아이의 정신적 체험에 미치는 관계를 이렇게 풀이한다.

> 어린 시절은 위대한 정의와 깊은 사랑의 왕국이다. 아이의 손에 들려 있는 물건만큼 중요한 것은 아무것도 없다. 아이는 황금 브로치나 흰 들꽃을 가지고 논다. 아이는 지치면 이 두 가지를 아무렇게나 내던지고 방금 전까지도 그의 기쁨의 빛 속에서 이 두 가지가 얼마나 반짝였던지 그 사실마저도 잊고 만다. 아이는 상실의 불안도 없다. 세상은 그에겐 여전히 아름다운 그릇과 같아서 거기에 담기는 것은 어느 것 하나 사라지지 않는다. 그리고 아이는 한 번 보거나 느낀 것, 또는 들은 것을 모두 자신의 재산으로 여긴다. 한 번 마주쳤던 것은 어느 것이나. 아이는 사물들을 정착시키려고 강요하지 않는다. 사물들은 한 무리의 어두운 유목민들이 마치 개선문을 통과하듯 그의 성스러운 두 손 사이를 지나간다. 그의 사랑 속에 안겼을 땐 잠시 환히 빛나다가 그의 사랑이 지나고 나면 어둠에 잠기지만 사물들은 모두 그의 사랑을 통과해야 한다. 그리고 언젠가 그의 사랑 속에서 환히 빛났던 것은 그의 사랑 속에 형상으로 남아 그 뒤로도 절대 사라지지 않는다. 그리고 이 형상은 그의 재산이다. 그래서 아이는 그만큼 부자가 된다.

글에서 쓰인 고상한 어휘들을 통해 릴케는 어린 시절의 왕국의 소중함을, 그 내밀함을 흥미롭게 표현한다. 〈사물들을 몰고 가는 목동〉의 장에서 보았던 유목민의 모습이 어린아이가 사물들을 보는 모습에서 발견된다. 어린 시절이 "위대한 정의의 왕국"인 것은 아이가 나중에 가서 갖게 되는 어른들의 편견의 세계에서 벗어나 있음을 말한다. "깊은 사랑의 왕국"인 것은 많은 것을 담는 깊숙한 그릇 같은 사랑을 아이의 왕국에서 소유하고 있기 때문이다. 무엇이 중요하고 안 하고는 잠시 물건이 아이의 두 손에 담기는 그 순간에 달려 있다. 아이는 어른들처럼 한 가지 물건에 집착하여 그것을 잃을까 봐 노심초사하지 않는다. 세상은 아름다운 그릇이고 아이의 마음 역시 아름다운 그릇이다. 커다란 그릇이라서 거기에 담기면 어느 것 하나 사라지지 않는다. 아이는 바라보고 느낀 것, 들은 것 모두를 자기 것이라고 여긴다. 그렇지만 물질적인 소유에 매달리지는 않는다. 체험 자체만이 중요하다는 말이다. 그의 체험은 초원을 따라 이동하는 유목민을 통과시키는 개선문의 그것과 같다. 사물들은 그에겐 검은 유목민의 무리이다. 개선문을 통과하여 가듯이 사물들은 그의 성스런 손의 세례를 받는다. 그의 두 손은 둥근 개선문과 같다. 그의 손은 사물들이 와서 담겼다가 지나가는 그의 마음이다. 그의 마음속엔 깊은 사랑의 세례수가 있어 그것이 지나가는 사물들을 성스럽게 적셔준다. 그의 사랑 속에서 사물들은 빛나다가 그의 손길이 지나고 나면 어둠에 잠긴다. 유목민들이 개선문을 지날 땐 환히 빛나다가 개선문을 지나 멀어져가며 어둠에 잠겨 멀어져 가듯이 말이다. 사물들은 여럿으로 바뀌어도 어린아이의 사랑의 개선문을 지나며 하나의 그림이 되어 남는다. 그 그림은 사라지지 않고 영원히 아이의 재산이 된다. 그런 영상이 하나둘 쌓이는 만큼 아이는 부자가 되는 것이다. 이것이 릴케가 편지글에서 말한 어린 시절의 "기억의 보물창고"인 것이다. 마음을 그릇으로, 두 손을 개선문으로 그리고 사물들을 유목민으로 이미지화하는 것은 시인의 마음속에 얼마나 많은 체험들이 고이고 또 통과할 수 있는가를 강하게 보여주는 비유 행위이다. 예술가에게 어린 시절의 체험은 그만큼 마음속에 깊이 각인된다는 뜻이다. 거기로부터 예술의 나무는 우람한 가지를 뻗는다. 많은 양분을 흡수한 나무일수록 더욱 웅장한 모습으로 우뚝 설 수 있다. 수전 손택이《우울한 열정》에서 말한 대로, 거리를 두고 어린 시절을 보았을 때 자기 삶을 지도로 만들 수 있다고 여겼던 벤야민의 생각과도 멀지 않다. 체험이 기억 속에 쌓여서 삶의 지도를 만든 것이다. 이럴 때 기억에서 시간은 떨어져 나가고 하나하나의 체험은 낱낱의 형상으로서 공간에 위치한다. 기억을 가장 잘 되살리는 길은 하나의 사물로 남은 그것을 마음의 공간 속에 세워놓는 것이다. 궁극적으로 형상들은 시인의 손길을 통해 글의 행간의 공간 속에 자리 잡는다. 릴케는〈백의의 후작 부인〉에서도 "시간은 공간이야"라고 선언한 바 있다. 릴케의 시학에서는 하나하나의 형상들이 쌓여 시간에서 벗어나 하나의 건축물을 구성하는 것이다.

인내에 대하여

릴케가 예술을 위하여 가장 중요하게 생각하는 덕목 중의 하나는 오래도록 참고 견디는 것이다. 이토록 인내에 중요성을 부여하는 까닭은 조급함이 예술작품을 망치기 때문이다.

> 여기서는 시간을 헤아리는 일이 통용되지 않습니다. 여기서는 1년도 아무것도 아닙니다. 심지어 10년도 아무것도 아닙니다. 무릇 예술가라고 하는 존재는 세지도 헤아리지도 말아야 합니다. 예술가는 나무처럼 성장해 가는 존재입니다. 수액(樹液)을 재촉하지도 않고 봄 폭풍의 한가운데에 의연하게 서서 혹시 여름이 오지 않으면 어쩌나 하고 걱정하는 일도 없는 나무처럼 말입니다. 걱정하지 않아도 여름은 오니까요. 그러나 여름은 마치 자신들 앞에 영원의 시간이 놓여 있는

듯 아무 걱정도 없이 조용히 느긋하게 기다리는 참을성 있는 사람들에게만 찾아오는 것입니다. 저는 그것을 날마다 배우고 있습니다. 나는 오히려 내게 고맙기만한 고통 속에서 그것을 배우고 있습니다. 인내가 모든 것이라고!

시인은 무엇을 닮아야 하는가? 릴케는 그것은 다름 아닌 나무라고 말한다. 나무처럼 성장하는 존재가 시인이다. 시인은 하나 둘 셋하며, 숫자로 세지도 계산하지도 말고 참을성 있게 기다리는 법을 알아야 한다. 조급증을 버리고 뭉근한 불로 오래도록 끓이는 데 익숙해져야 한다. "수액을 재촉"한다고 여름이 더 빨리 오는 것은 아니다. 벌판에 "의연하게" 서서 시간이 무르익기를 기다리는 나무가 되어야 한다. 조급한 나무는 여름이 오기도 전에 너무 설치다가 제풀에 말라죽을 수도 있다. 자기 앞에 "영원의 시간이 놓여 있는 듯" 여유있게 기다리는 자세가 필요하다. 비록 고통스럽지만, 그것이 시인의 기본자세이다. 어떤 습작을 하나 썼다고, 그것을 얼른 어느 잡지에 발표하여 유명해져야겠다는 생각은 버리라는 말이다. 시간이 차야 보름달이 되듯 산달을 기다리는 마음으로 기다려야 한다. 이 모든 것은 카푸스에게 직접적으로 하는 말이며 릴케 자신에게도 하는 말이다. "그것을 날마다 배우고 있습니다"라고 그는 말한다. "인내가 모든 것이라고!" 인생이란 결국 더 위대하고 중요한 것을 위해 지금의 자신을 바치고 자신의 시간을 내놓는 것에 다름 아니다. 이것이 릴케가 말하는 고독과 인내에 대한 생각의 요체이다.

프리츠 마켄젠(1886-1953), 〈냇가의 소들〉

인생을 살다가 마주치는 문제들에 대해서도 릴케는 인내를 강조한다.

선불리 해결하려 들지 말고 참고 견디면서 문제들과 몸으로 직접 부딪치라며 인내가 갖는 중요성을 거듭 강조한다.

당신은 참으로 젊습니다. 당신은 모든 시작을 앞에 두고 있는 사람입니다. 그러기에 저는 제가 할 수 있는 한 당신께 이런 부탁을 드리고 싶습니다. 그것은 다름 아니라 당신의 가슴속에 풀리지 않은 채로 있는 문제들에 대해서 인내심을 갖고 대하라는 것과 그 문제들 자체를 굳게 닫힌 방이나 지극히 낯선 언어로 적혀 있는 책처럼 사랑하려고 노력하라는 것입니다. 당장 해답을 구하려 들지 마십시오. 아무리 노력해도 당신은 그 해답을 구하지 못할 것입니다. 왜냐하면 당신은 아직 그 해답을 직접 체험하지 못했기 때문입니다. 그러므로 모든 것을 직접 몸으로 살아보는 것이 중요합니다. 이제부터 당신의 궁금한 문제들을 직접 몸으로 살아보십시오. 그러면 먼 어느 날 자신도 모르게 자신이 해답 속에 들어와 살고 있음을 깨닫게 될 것입니다.

위 글의 내용을 보면 시인 지망생 카푸스는 릴케에게 시나 문학에 대한 것 말고도 인생과 관련된 많은 문제들에 대해 조언을 구한 것 같다. 그에 대해 릴케는 우리에게 아주 잘 알려진 조언을 하나 해준다. 무언가 해결할 문제가 있으면 성급하게 덤비거나 회피하지 말고 인내심을 가지고 그 문제와의 직접적인 대결을 꾀하라고 한다. 그러나 여기서의 대결이란 싸우라는 것이 아니라 해결해야 할 문제를 사랑하라는 말이다. 이것을 표현하는 릴케의 표현 방식이 아주 감동적이다. 릴케가 평소에 자신의 주변에서 적확한 표현을 위한 이미지를 가져온다는 것을 알 수 있다. 프랑스어, 이탈리아어, 러시아어 같은 외국어에도 많은 관심을 갖고 있던 릴케로서는 평소에 외국어의 어려움을 알고 있었기 때문에 "문제들 자체를 굳게 닫힌 방이나 지극히 낯선 언어로 적혀 있는 책처럼 사랑하려고 노력하라는 것입니다." 같은 표현을 사용할 수 있었던 것으로 보인다. 아주 어려운 외국어로 된 책을 앞에 두었을 때의 막막함, 그것은 해결하기 아주 어려운 문제를 앞에 두었을 때와 다를 것이 없다. 외국어를 접해본 사람이라면 누구나 동감할 수 있는 비유이다. 이때 꽉 닫혀 있는 방을 열 수 있는 열쇠를 찾는 것이 필요하다. 그렇다면 열쇠를 찾아 헤매 다닐 것인가? 여기서 릴케는 최적의 해결책을 제시한다. 바로 해당 문제 자체를 몸으로 직접 겪어보라는 이야기다. 피하지 말고 문제 속으로 뛰어들어 문제와 함께 살아가며 그 문제와 대화를 하고 많은 접촉을 하다보면, "어느 날 자신도 모르게 자신이 해답 속에 들어와 살고 있음을 깨닫게 될 것"이라고 말한다. 앞에서 문제를 굳게 닫힌 방이라고 했으므로 인내심을 가지고서 꿋꿋하게 문제와 함께 한 공간 안에 공생하다 보면 문제가 해결되는 순간 자기도 모르게 방문을 열고 편안한 방 안에 들어와 있게 된다는 뜻이다. 심리적 실천을 통한 문제 해결을 말한다. 이때에도 기본이 되는 것은 바로 인내이다.

사랑에 대하여

사랑은 젊은이들이 가장 많이 겪는 인생의 고뇌이며 또한 성장을 위한 일종의 통과의례이다. 사랑에 대한 릴케의 생각은 다양하다. 젊은 카푸스 역시 사랑의 번민을 릴케에게 고백하고 릴케는 자신이 겪은 여러 사랑의 경험을 마음속으로 되뇌면서 카푸스에게 진정한 사랑이란 무엇인지 알려준다. 젊은이들의 사랑과 관련해서는 다음 대목이 가장 눈에 띈다.

> 사랑하는 것 역시 훌륭한 일입니다. 왜냐하면 사랑은 어려우니까요. 사람과 사람 사이의 사랑, 그것은 우리에게 부과된 과제 중에서 가장 힘든 과제인지도 모릅니다. 그것은 우리가 해야 할 최후의 과제이며 궁극적인 시험이자 시련입니다. 그리

고 사랑은 작업입니다. 다른 모든 작업은 사랑이라는 작업을 위한 준비과정에 지나지 않습니다. 바로 이러한 이유 때문에 모든 면에서 초심자인 젊은이들은 아직 제대로 사랑을 할 수 없습니다. 즉 젊은이들은 사랑을 배워야만 합니다. 그들의 온힘을 다하여, 그들의 고독하고 소심하면서도 높은 곳을 향해 박동질치는 심장의 근처로 모인 모든 힘을 쏟아 그들은 사랑하는 법을 배워야 합니다. 그러나 무언가를 배우는 기간은 언제나 기나긴 밀폐의 시간입니다. 그렇기 때문에 사랑은 오랫동안 인생 속으로 깊이 몰입하는 고독입니다. 다시 말해 사랑이란 자신을 사랑하는 사람을 위한 강도 높고도 심오한 고독인 것입니다. 무엇보다 사랑한다는 것은 전혀 융합이나, 헌신 그리고 상대방과 하나가 되는 것을 뜻하지 않습니다.

무언가가 훌륭한 까닭은 그것이 어렵기 때문이라고 릴케는 말한다. 진정한 삶의 가치를 대변해줄 수 있는 훌륭한 명제이다. 사랑이라는 것이 훌륭한 까닭은 그것이 어렵기 때문이다. 인생에서 무엇을 어떻게 행해야 하는지, 이 대목은 분명히 알려준다. 사랑은 우리가 수행해야 할 가장 어려운 과제이자 시험이다. 그러나 젊은이들은 아직 인생의 초심자이기 때문에 이런 어려운 과제를 해내기가 쉽지 않다. 실수를 많이 하는 것이 젊음의 특징이기 때문이다. 젊은이들은 온 힘을 다하여 사랑을 배워야 한다. 아무런 생각 없이 둘이 만나 그냥 속삭이고 애무하는 것이 사랑은 아니라는 말이다. 보통 우리가 생각하는, 둘이 스스로 반씩 줄여서 하나가 되는 것이 아니라, 둘이 만나 둘, 셋 이상이 되도록 노력해야 한다.

둘 중에 누구 하나를 위해 희생하는 삶이나, 둘이 서로를 희생하는 것이 아니라, 상대의 인격과 발전을 진정으로 도모해줄 수 있는 사랑이 진정한 사랑이라고 릴케는 보는 것이다. 이를 위해 릴케는 '소유하지 않는 사랑'의 모토를 내세운다. 릴케는 여류 조각가 클라라 베스트호프와 결혼한 후 편지로 "서로의 고독을 지켜주는 파수꾼이 되어주자"는 말을 한다. 얼핏 들으면 좀 특이한 것 같지만 잘 새겨보면 전혀 그렇지 않다. 여기에는 상대의 고독이라는 공간을 존중하자는 인간으로서의 진심 어린 예의가 들어 있다. 그렇기 때문에 그는 극단적으로 밀고 나가 사랑은 고독이라고 말한다. 사랑을 위해 많은 생각을 할 수 있는 고독한 시간, 그것이 진정한 사랑을 가능케 해준다. 사랑이 고독이 되는 것은 상대방을 위한 존중심의 소산이며 자신의 발전을 위한 성찰의 결과이다.

진정한 사랑을 외치는 릴케의 목소리에서는 당시에 유럽에서 싹트고 있던 페미니즘의 기치가 느껴진다. 사람은 남녀로서 사랑하는 것이 아니라 사람 대 사람으로 사랑하는 것이다.

> 남자들은, 주제넘고 성급하게, 자신이 사랑한다고 생각하는 것을 업신여깁니다. 줄곧 고통과 굴욕을 견디어온 이 여자라는 인간은 자신의 외적인 지위의 변화를 통하여 단지 여자일 뿐이라는 인습을 떨쳐버리는 날 세상의 빛을 보게 될 것입니다. 그리고 이러한 여자라는 인간이 다가오고 있다는 사실을 아직도 깨닫지 못하고 있는 남자들은 그때 가서 깜짝 놀라 뒤통수를 한 방 얻어맞은 꼴이 되고 말 것입니다. 언젠가(지금도 특히 북구의 여러 나라에서는 벌써 이에 대한 신뢰할 만한 조짐들이 나타나 반짝이고 있습니다), 언젠가 여자들의 명칭이 더 이상 단순히 남성에 대한 반대쪽을 나타내지 않고 그 자체로서 무언가를 나타내는, 즉 보충과 한계가 아니라 삶과 존재를, 즉 인간으로서의 여성을 생각게 하는 처녀들과 부인들이 나타날 것입니다.

남성 우월적 사고에 대해 일침을 놓으면서 이미 시대적 흐름은 다른 물결을 타고 있음을 릴케는 미리 예견하여 보여준다. 릴케가 이런 사고를 갖게 된 데에는 루 안드레아스 살로메와의 만남이 큰 역할을 한 것으로 여겨진다. 릴케의 사랑 개념은 그가 겪은 많은 사랑의 체험을 바탕으로 하여 형성되었기 때문에 단순한 말이 아니라 그 안에 철학적, 성찰적 에너지가 담겨 있다. 예의를 지키는 것이 상대를 높여 주는 것뿐만 아니라 사실은 자기 자신이 그에 합당하는 대접을 받을 수 있는 계기가 되기도 한다는 점을 상기해보면, 릴케가 말하는 '소유하지 않는 사랑'이라는 말이나 극단적으로 '사랑은 고독'이라는 말이나 어느 정도 수긍이 간다. 여기에는 한 인간으로서 여성을 대하자는 인간주의적 관점이 바탕으로 깔려 있다.

신에 대하여

젊은 시인 카푸스의 궁금증은 아마도 신의 존재로까지 이어졌던 모양이다. 착한 일을 하는 사람이 왜 불행을 겪는가, 잘못한 것이 없는데 왜 고통스런 시험에 드는가, 아무리 기도를 해도 왜 신은 나의 소원을 들어주지 않는가, 그렇다면 과연 신은 존재하는가, 이런 질문들이 릴케에게로 향해졌을 테고 릴케는 그것에 대해 이렇게 답한다.

> 왜 당신은 신이란 다가오는 자, 영원으로부터 그 도래가 임박한 자, 미래의 존재, 우리가 그 이파리인 한 나무에 열릴 마지막 열매라고 생각하지 않습니까? 신의 탄생을 앞으로 다가오는 시간 속으로 위치시켜 놓고서 당신의 인생을 위대한 잉태의 역사 속의 고통스러우면서도 아름다운 하루처럼 살고자 하는 당신의 뜻을 막는 것이 그 무엇입니까? 일어나고 있는 모든 일들은 그 하나하나마다 새로운 시작이며 시작 자체는 늘 아름다운 것이기에 그 하나하나가 신의 시작이 될 수 있음을 당신은 알지 못합니까? 신이 이 세상에서 가장 완벽한 존재가 되려면, 가득 차고 넘치는 것들 중에서 골라 가질 수 있을 만큼 신 앞에 상대적으로 더 하찮은 것이란 없어야 하지 않을까요? 모든 것을 자기 안에 품으려면 그는 마지막에

오는 존재이어야 하지 않을까요? 우리가 이토록 바라는 존재가 이미 과거에 존재했다면, 우리의 존재는 도대체 무슨 의미를 가질 수 있겠습니까?

만일 우리가 이미 존재하는 신의 영향 아래에 서 있어 아무것도 자신의 뜻으로 이루어내지 못한다면, 우리의 존재란 무엇이란 말인가? 그렇기 때문에 릴케는 어린아이의 존재에 큰 의미를 부여한다. 어른들의 이미 굳어진 세계는 그 자체로 아무것도 아니다. 그러나 어린아이는 어느 순간 어른으로 변해가면서 충만한 상상력의 공간을 어른들의 굳어진 사고로 채우게 된다. 어른의 세계로 들어간다는 것은 관습의 망 속으로 얽혀드는 것을 의미하기 때문이다. 이는 어린 시절엔 산타클로스가 있다고 믿다가 나중엔 믿지 않게 되는 것과 같다. 그러나 과연 신은 존재했고, 그 신의 영향 아래 우리의 삶은 놓여 있어 옴짝달싹하지 못하는가?

여기서 릴케는 아니다!라고 단언한다. 릴케의 신학은 미래의 신학이다. 그의 말에는 미래를 향한 꿈이 실려 있다. 신을 향한 열망을 릴케는 성당을 짓는 행위로 표현한다. 성당을 짓는 가시적인 행위는 우리 인간의 정신적 활동에 대한 객관적 상관물이다. 그렇기 때문에 우리는 우리의 미래의 희망을 직접 만들어간다. 이것을 릴케는 '신을 짓는다'고 말한다. 역사적 존재로서의 신의 사고에 매여 있는 사람은 이해하기 어려운 대목이다. 릴케에겐 인간의 정신을 짓누르는 어느 것도 무가치하다. 오히려 우리가 일상을 하루하루 충실히 살아갈 때 그것이 나중에 인류의 훌륭한 보상으로 돌아오지 않을까? 우리의 정신적 축적이 언젠가 신 안에서 빛을 발하지 않을까? 신이란 인간이 만들어가는 성당과 같다. 이렇게 볼 때 비로소 인간의 마음속 벌판은 쏟아지는 빛살로 환히 빛날 수 있다. 신을 잃은 것도 아니고 신이 위에서 군림하여 우리를 짓누르는 것도 아닐 때 희망은 가슴마다 살아 있게 마련이다. 그래서 릴케는 다시 한 번 우리는 마지막 훌륭한 열매를 위하여 신을 짓는다고 말하는 것이다. 이를 통해 우리의 존재는 그 자체로서 튼튼한 삶의 지반을 갖게 되고 또 살아가야 할 이유까지도 갖게 되는 것이다.

고독에 대하여

우리의 불행은 거의 모두가
자신의 방에 남아 있을 수 없는 데서 온다.
— 파스칼

고독은 릴케를 평생 따라다닌 생활의 좌우명이자, 그가 평생토록 추구한 삶의 윤리이기도 했다. 그의 시에서 빈번하게 고독이 노래되고《말테의 수기》같은 작품에서도 고독이 큰 줄기를 차지하는 것만 보아도 그렇다.[10] 고독은 삶의 정체성을 찾기 위한 성찰의 시간을 마련해준다.

> 성탄절이 되어 당신이 이 축제 분위기의 한복판에서 평소보다 훨씬 힘겨운 고독을 견디고 계신다면, 제가 어찌 당신에게 인사말 한마디 없이 그냥 있을 수 있겠습니까. 그러나 당신의 그 고독이 위대한 고독인지 한 번 살펴보십시오. 만약 그렇다면 그 사실을 기뻐하십시오. 위대함을 지니지 못한 고독이 대체 무슨 고독이란 말인가? (이렇게 스스로에게 물으십시오.) 고독은 단 하나뿐이며, 그것은 위대하며 견디어내기가 쉽지 않습니다. 거의 누구에게나 고독을 버리고 아무하고나 값싼 유대감을 맺고 싶고, 마주치는 첫 번째 사람, 전혀 사귈 가치조차 없는 사

10 릴케가《말테의 수기》에서 서술하는 고독과 불안의 세계는 프랑스의 작가 장 폴 사르트르의《구토》에서 많은 부분 새롭게 되풀이되어 나타난다.《말테의 수기》가《구토》에 끼친 영향은 인간 자아의 관념과 외부 세계 사이의 관계를 따지는 실존주의 관점에서 아주 뚜렷하다. 이만큼 사르트르의《구토》는 고독뿐만 아니라 소리, 냄새, 시간 등등 많은 묘사와 사고의 영역에서 릴케에게 덕을 입고 있다.

람과도 자신의 마음을 헐고 하나가 된 듯한 느낌에 빠지고 싶을 때가 있게 마련입니다…. 그러나 그때가 바로 고독이 자라나는 시간입니다. 왜냐하면 고독의 성장은 소년들의 성장처럼 고통스러우며 막 시작되는 봄처럼 슬프기 때문입니다. 그러나 여기에 현혹되지 마십시오. 꼭 필요한 것은 다만 이것, 고독, 즉 위대한 내면의 고독뿐입니다. 자신의 내면으로 걸어 들어가 몇 시간이고 아무도 만나지 않는 것, 바로 이러한 상태에 이를 수 있도록 노력해야 합니다.

고독에는 부정적 차원의 것도 있고, 긍정적 차원의 것도 있다. 시인으로서는 이 두 차원의 융합이 중요하다. 생각 없이 남과 어울리는 것이 아닌, 자기만의 내적 성찰을 취할 수 있는 시간을 릴케는 사랑한다. 그렇기 때문에 오히려 성탄절의 들뜬 분위기 속에서 남들로부터 떨어진 채 혼자서 시간을 보내야 하는 젊은 시인 지망생에게 릴케는 고독의 긍정적 차원을 설파한다. 남으로부터 소외된 것처럼 멀리 떨어져 피동적으로 외로워하고 있을 땐 그것은 진정한 고독이 아니다. 릴케가 말하는 "위대한 고독"이란 물결치는 호수의 깊은 곳의 고요함 같은 것이다. 자신의 내면으로 몇 리를 걸어 들어가 아무도 만나지 않으면서 느끼는 절대 진공의 상태 같은 것이 진정한 고독이다. 그런 상태를 적극적으로 짊어질 때 비록 슬프지만 내면의 나무는 무럭무럭 성장한다. 누구에게도 기대지 않는 인간적인 성찰의 자양분을 먹고 내면의 나무는 자란다. 고독을 부정적 차원의 소외에서 긍정적 차원의 창조적 고독으로 전환해내려는 자아의 의지가 문제이다. 이때의 고독은 금강석처럼 단단하다. 그늘이 없이 순수하다. 시인의 삶에 가장 큰 영향을 끼친 것이 무엇이었으며 그의 삶에서 모범은 누구였느냐는 한 지인의 질문을 받고 릴케는 다음같이 답했다. 1926년 2월 26일자, 그러니까 세상을 뜨기 불과 10개월 전의 편지이다.

내가 받은 가장 큰 영향을 말한다면 아마도 그토록 많은 나라들, 도시들 그리고 풍경 속에서 나 혼자 있을 수 있었던 것, 그것이 아닐까 합니다.

그렇게 고독을 적극적으로 누리는 가운데 그는 자신의 본질에 귀를 기울여 새로운 것을 맞이할 수 있었던 것이다. 여기에 바로 창조의 원칙이 있다.

지그문트 바우만은 현대인의 삶에서 소셜 네트워크에 의한 진정한 고독의 파괴에 대해 그의 저서《고독을 잃어버린 시간》에서 이렇게 표현한다.

결국 외로움으로부터 멀리 도망쳐나가는 바로 그 길 위에서 당신은 고독을 누릴 수 있는 기회를 놓쳐버린다. 놓친 그 고독은 바로 사람들로 하여금 '생각을 집중하게 해서' 신중하게 하고 반성하게 하며 창조할 수 있게 하고 더 나아가 최종적으로는 인간끼리의 의사소통에 의미와 기반을 마련할 수 있는 숭고한 조건이기도 하다.

바우만의 견해는 전자매체 속에 함몰되어 있는 현대인의 상황 속에서 고독의 긍정적 차원을 말하려는 데 중점을 두고 있다. 진정한 고독은 성찰과 반성의 기틀을 마련해준다는 것이다. 같은 차원에서 겉으로는 번잡하지만 오히려 그 안에 내재한 고요를 즐기려는 데서 릴케 역시 자아의 성장을 본다. 그 성장은 젊은이들이 추구해야 할 가치이다. 그래서 릴케는 앞에서 사랑을 위해 했던 말로 이렇게 말한다. "고독하다는 것은 훌륭한 것입니다. 왜냐하면 고독은 어렵기 때문입니다. 무언가가 어렵다는 것, 그것이 바로 우리가 그 일을 하는 이유가 되어야 합니다." 고독한 개인은 표면적인 것에 흔들리지 않아 자기만의 무게중심을 갖고 있다. 흔들리지 않는 심오한 법칙 아래 있을 때 마음의 평정을 찾을 수 있고 이로 인해 헛되고 경망스런 생각과 행동을 피할 수 있다. 고독은 법칙성과 안정성, 영혼의 평온함을 보장해준다. 이런 상태에서 사물과 같은 고적한 태도로 예술작업에 임할 때 진정한 작품을 만들어낼 수 있다. 비단 예술작품만이 아니라 생의 과업을 제대로 성취해내기 위해선 이 같은 위대한 고독이 필요하다. 고독은 어디에 휘둘림이 없는 진정한 자유의 표현이다.

그러기에 릴케는《말테의 수기》에서도 새로운 글쓰기에 대한 자신의 염원을 담은 대목에서 보들레르의《파리의 우울》중〈새벽 1시에〉라는 다음 글을 애잔하게 읊는 것이리라.

> 모든 사람들에게 불만스럽고 내 자신에게도 불만스럽기만 한 나는 이 밤의 고요와 고독 속에서 내 자신을 되찾고 조금이나마 기운을 되살리고 싶다. 내가 사랑했던 사람들의 영혼들아, 내가 노래했던 사람들의 영혼들아, 나를 도와다오, 내게 힘을 다오, 세상의 모든 거짓과 더러운 악취로부터 나를 떼어놓아 다오. 그리고 당신, 나의 주, 나의 하느님이여! 내게 은총을 베푸시어 내게 아름다운 시 몇 줄을 쓸 수 있게 해주소서. 그리하여 내가 모든 인간들 중에서 가장 형편없는 인간이 아님을, 내가 경멸하는 사람들보다 못나지 않았음을 스스로에게 증명할 수 있게 해주소서.[11]

고독은 시인에게 글쓰기를 보장해주고, 글쓰기는 시인에게 존재증명을 가져다준다. 고독 속에서 자신을 성찰하고 이때 글을 쓰게 해주는 존재로서, 은총을 가능케 해주는 존재로서 하느님이 등장한다. 자신의 존재증명은 초월적 존재 앞에서 더욱 두드러지는 까닭이다. 시와 예술은 그럴 만한 힘을 가졌다고 시인은 믿는다.

---

11 릴케는《말테의 수기》에서 이 글을 독일어로 옮기지 않고 프랑스어로 그대로 기록해 놓았다. 우리말 번역은 독일에서 1996년에 새로 나온《릴케전집》의 독일어 주석을 따른 것이다.

인간 릴케

릴케는 프란츠 카푸스에게 보낸 한 편지에서 이렇게 말한다.

> 그리고 제가 당신한테 또 한 가지 말씀드려야 할 것이 있다면, 그것은 다음 같은 것입니다. 당신을 이렇게 위로하려 애쓰는 이 사람이 당신에게 가끔 위안이 되는 소박하고 조용한 말이나 하면서 아무런 어려움 없이 살고 있다고는 생각하지 마십시오. 나의 인생 역시 많은 어려움과 슬픔을 지니고 있으며 당신의 인생보다 훨씬 뒤처져 있습니다. 그렇지 않다면 어떻게 이 사람이 그러한 말을 할 수 있겠습니까.
>
> 당신의
> 라이너 마리아 릴케

릴케의 조언이 그 자신의 뼈아픈 인생 경험에서 나온 것임을 말해주는 글이다. 릴케가 겪었던 고통들, 특히 여자아이로 길러졌던 어린 시절과 부모의 뜻에 따라 어쩔 수 없이 다녔던 군사학교 교육은 그 무엇으로도 만회할 수 없는 악몽이었다. 또한 결혼한 상태에서 아버지가 세상을 뜨면서 경제적 도움을 더 이상 받지 못해 겪었던 가난은 파리 시절로 들어가면서 더욱 심화되어 그를 더욱 궁지로 내몰았다. 이런저런 고통을 겪은 릴케는 고통의 시절을 뚫고 나름의 철학적 성찰을 할 수 있었다. 그렇기 때문에 그의 고통은 삶의 맥박을 뛰게 하는 원동력이었다. 릴케의 시는 이렇듯 고통을 뚫고 자라났으며 따라서 그의 문학을 관념의 소산으로 보는 것은 잘못된 시각에 지나지 않는다. 고통을 바라보고 그것을 시로 만들어가는 과정에는 생생한 삶의 체험이 자리 잡고 있기 때문이다.

릴케의 편지를 보면 그가 무슨 생각을 하며 세상을 살아갔는지 분명하게 알 수 있다. 말하자면 그의 편지를 살펴보면 그의 문학의 개인적 배경이 드러나고 그가 평생 추구했던 문학적 테마들의 근간이 어떻게 가지를 뻗고 꽃을 피웠는지 하나하나 짚어볼 수 있다. 예술, 고독, 죽음, 신, 사랑 등에 대한 생각의 뿌리는 물론 시인의 마음속에 있었지만 그에 대한 생각을 은밀하게 털어놓은 장소는 무엇보다 편지였다. 시나 산문이 마음속 생각을 몇 단계에 걸쳐 정화하여 내놓은 것이라면 그의 편지는 마음속 생각의 직접적인 표현으로 그의 내적인 풍경을 보다 진솔하고 질박하게 보여준다. 하나의 작품으로 완성되기 전의 테마들이 거푸집에 들어 있는 모습으로 아틀리에에 걸려 있어 우리는 그의 창작과정의 분위기를 목격할 수 있다. 미소와 눈물 그리고 그가 사랑했던 것들에 대한 이야기를 우리는 편지에서 릴케의 목소리를 통해 직접 들어볼 수 있다.

릴케가 편지에서 했던 가장 큰 역할은 조언자의 역할이었다. 물론 남의 말을 귀담아듣고 그것에 대해 적절한 대답을 주는 것이 더 어려울 수도 있다. 그러므로 릴케가 편지에서 말한 문학적 테마들은 편지 수신자들을 향한 겸손한 조언에서 나온 것이라고 보아야 한다. 실생활에서 늘 모순과 고통 속에서 살았던 릴케였기 때문이다. 작품으로야 오히려 자신의 능력을 보여줄 수 있었지만 편지를 해온 사람의 마음을 헤아려 답을 하는 일은 쉬운 일이 아니었다. 그렇기 때문에 릴케는 자신의 어린 시절의 체험이나 삶의 고통들을 솔직하게 털어놓음으로써 상대방의 마음속에 돋아나는 생의 질문에 상응하는 해답을 줄 수 있었다. 자신의 마음의 중심을 남에게서 찾을 수 있을 만큼 편지 수신자들에게 마음을 활짝 열었던 것이다.

릴케에게 젊은 가슴속에 쌓여 있던 고민을 털어놓으며 자신이 걸어가야 할 인생의 갈림길에서 이정표를 물었던 젊은 시인 지망생 프란츠 카푸스는 오스트리아 사관학교 과정을 성공적으로 마치고 1918년에 대위로 예편하기까지 15년 동안 장교로 군에 복무했다. 제1차 세계대전이 일어난 1914년에는 전선에 배치되기도 했고 이후에는 군의 홍보국에서 일했다. 군에 있으면서 이런저런 잡지에 흥미롭고 비판적인 글을 실어 독자들로부터 사랑을 받았다. 《젊은 시인에게 보내는 편지》의 두 번째 편지에서 릴케는 반어법은 되도록 사용하지 않는 것이 좋다고 했는데, 작가로서 카푸스는 많은 반어식 표현을 사용하여 독자들의 인기를 끌었다. 군대 체험을 가지고 재미있게 쓴 글들이 그러하다. 이 글들은 약간의 거리를 두고 조금은 비극적인 내용을 담고 있다. 프란츠 카푸스는 군대생활을 마치고 1925년부터는 베를린에 살면서 많은 작품을 썼다. 17세기의 독일 작가 그리멜스하우젠의 소설 《모험가 짐플리치시무스》를 현대식 어투로 바꾸고 해설을 달아서 출간하기도 했다. 당대의 단편 산문들 모음집에 등장하는 것으로 보면 소설가로서 어느 정도 성공을 거둔 것으로 보이지만, 그 이상의 경지에는 오르지 못한 것 같다.

릴케와 서신 왕래를 했던 《젊은 시인에게 보내는 편지》의 수신자 프란츠 크사버 카푸스

프란츠 크사버 카푸스의 소설 《불타는 그림자》

제6부
마음으로 느껴보는 시

이별의 꽃

이 세상 어디선가 이별의 꽃은 피어나 우리를 향해 끝없이
꽃가루를 뿌리고 우리는 그 꽃가루를 마시며 산다.
가장 먼저 불어오는 바람결에서도 이별을 호흡하는 우리.

Die Blume des Abschieds

Irgendwo blüht die Blume des Abschieds und streut immerfort
Blütenstaub, den wir atmen, herüber; auch noch
im kommenden Winter atmen wir Abschied.

Rainer Maria Rilke

라이너 마리아 릴케(Rainer Maria Rilke, 1875.12.4 – 1926.12.29)

이것이 나의 그리움

이것이 나의 그리움, 큰 물결 속에 살아도
시간 속에 고향을 갖지 않는 것이랍니다.
이것이 나의 소망, 나의 나날의 시간들이
영원과 조용히 이야기를 나누는 것이랍니다.

이것이 나의 삶입니다, 어제를 헤치고
가장 고독한 시간이 떠올라 시간의
다른 자매들과는 또 다른 미소를 지으며
영원한 분 앞에 침묵하는 것이랍니다.

초기의 릴케에게서는 낭만주의 향기가 난다. 시에서 먼 곳에 대한 동경이 묻어나기 때문이다. 어쩌면 시를 쓰는 초년의 젊은이들에게 나타나는 보편적인 현상인지도 모른다. 청춘의 양식인 시에서 어찌 자신의 그리움과 소망을 이야기하지 않을 수 있을까. 젊은 시인이라면 거의 공통점에 가까운 이런 시에서도 시인의 개성은 드러나게 마련이다. 그리움과 소망을, 영원과 시간을 이야기하면서도 단단한 이미지에 기대는 릴케만의 솜씨가 그렇다.

이 시는 초기 시집《나의 축제를 위하여》의〈서시〉이다.〈서시〉는 한 시집의 전체 분위기를 아우르는 강령이므로 거기에 맞게 우리는 시인의 에스프리를 만날 수 있다. 시인은 힘들고 복잡한 일상을 살아도 눈은 늘 멀리 이상을 향하고자 한다. 일상의 번잡 속에서도 가장 고독한 시간을 찾아 기도를 올린다. 기도 속에 그의 속마음이 뚜렷이 드러난다. 그리움과 소망이 무엇인지 절대자를 향해 고백하기 때문이다. 그의 그리움과 소망은 시간과 영원의 대조적 구조 속에서 분명하게 각인된다. 밀치고 밀리는 파도와 같은 일상은 "큰 물결"로 그의 존재를 흔들리게 하지만 그는 어느 한 "시간" 속에 잠기지 않고 영원을 향해 꿈을 꾼다. 이런 시간 속에서도 시인은 뭔가 성취하고자 한다. "고향"이라든가 "영원" 같은 시어는 상당히 규모가 큰 말이다. 어딘가 격정을 풍기기도 한다. 그러면서도 그 뒤로는 차분한 고요가 번진다. 이것이 릴케 시의 매력이다. 분망함 속의, 아니 분망함 뒤에 번지는 고요함 속에서 시인은 일상의 스트레스를 떨치고 자기 자신을 찾아간다. 아니다. 나로부터도 휴가를 얻어 떠난다. 이 같은 매순간이 그에게는 독특하게 다가온다. 영원한 분 앞에서는 침묵으로 내면을 다지는 성찰의 모습이 그를 앞날 탄탄한 시인으로 만들어줄 것이다.

내게는 부르지 않은 노래가 있습니다

내게는 부르지 않은 노래가 있습니다.
솟아오름이 있어,
나의 감각은 그리로 기웁니다.
당신은 나를 크게 보지만 나는 작습니다.
당신은 무릎 꿇은 사물들과 나 사이를
구별하기 힘들 것입니다.
사물들은 풀을 뜯는 가축 떼와 같습니다.
나는 황야의 언덕을 지키는 목동입니다.
황야를 배경으로 가축 떼는 저녁을 향해 갑니다.
그러면 나는 이들 뒤에 서서 걸어갑니다.
어둠에 묻힌 다리들이 쿵쿵 울리는 소리를 듣습니다,
그리고 그들의 등 뒤로 어리는 안개 속에는
나의 귀환이 숨어 있습니다.

이 시를 보면 골방에서 신을 향해 무릎을 꿇고 경건한 자세로 기도를 하던 수도사가 밖으로 나와 하늘을 배경으로 펼쳐진 언덕바지를 거니는 모습이 연상된다. 수도사의 내면엔 부르지 않은 노래가 가득 들어 있다. 신을 향해 머리를 조아리는 이 순간, 그는 창조를 향해 한 걸음 다가가게 된다. 그는 스스로를 아주 작게 생각한다. 이러한 겸손함이 그에게 창조를 가능케 해준다. 스스로 무릎

꿇은 사물들과 같다고 그는 생각한다. 자신을 내세우지 않는 사물들은 그에겐 양 떼와 같다. 이때 그는 목동이 된다. 커다란 하늘을 배경으로 걸어가는 목동이다. 그는 양 떼를 몰고 집으로 돌아간다. 자신이 앞서서 가지 않고 사물들이 가는 길을 따라 갈 뿐이다. 지상의 많은 사물들과 친해지려 노력하고 거기에 강제를 가하지 않는 겸손한 시인의 모습이 보인다. 이 시는 1899년 처음 방문했던 러시아의 체험을 바탕으로 쓴 시집《기도시집》제1부〈수도사 생활의 서〉에 실려 있다.

당신은 성흔(聖痕)이 내린 수도원입니다

당신은 성흔(聖痕)이 내린 수도원입니다.
오팔과 호박(琥珀) 조각으로
담을 두른 서른둘의 오래된 성당과
쉰의 교회들이 그 곁에 서 있습니다.
수도원 뜰의 사물마다
당신의 음향이 한 소절씩 깃들여 있고,
그 뒤로 거대한 문이 시작됩니다.

길게 늘어선 집집마다 수녀들이
칠백십의 검은 자매들이 살고 있습니다.
가끔 수녀 하나 샘으로 나오고
또 한 수녀는 거미줄에 걸린 듯 서 있고
또 다른 수녀 하나는 저녁햇살 속을 가듯
가냘픈 몸매로 말없는 가로수 길을 갑니다.

그러나 대부분의 수녀들은 좀처럼 보이지 않습니다.
그 누구도 켤 수 없는 선율이
바이올린의 병든 가슴속에 잠들어 있듯이
그들은 집들의 침묵 속에 남아 있습니다.

그리고 교회들 주위로 둥그렇게 원을 그리며,

그리움에 여의어가는 재스민에 둘러싸인 채,
돌처럼 무거운 소리로 세상을 말하는
묘지들이 늘어서 있습니다.
파도처럼 몰려와 수도원 담벼락에 부딪치지만,
이제는 갈 수 없는 그 세상을 이야기합니다,
이 세상의 공허한 하루와 하찮은 것은
모두 쾌락과 속임수를 향합니다.

그 세상은 흘러갔습니다, 당신이 존재하니까요.

그 세상은 빛들의 유희처럼 지금도
무심한 세월 위로 흐르고 있습니다.
하지만 당신, 저녁 그리고 시인들은
천천히 흐르는 환각 속에서
검은 사물들의 제 모습을 봅니다.

《기도시집》 제2부 〈순례의 서〉에 실려 있는 이 시는 1900년 6월 초 릴케가 했던 러시아 여행의 기록이다. 릴케는 여기서 키예프의 동굴수도원 주변을 아름답게 묘사한다. 페체르스크 라브라 동굴 수도원이 바로 그것이다. 이 동굴 수도원은 드네프르 강 절벽을 따라 넓게 분포하고 있으며, 서기 1051년에서 1062년 사이에 만들어졌다. 은자 안토니우스가 이곳의 한 동굴에 자리를 잡고 나자 다른 은자들이 그의 뒤를 따랐다. 나중에 가서는 바로 이 동굴수도원 위

에다 지상 수도원을 짓고 동굴들은 묘실로 이용했다.

릴케에게 감동을 준 것은 이런 외양뿐만 아니라 러시아 사람들이 가슴에 품은 경건함이었다. 이런 경건함이 겉으로 드러난 것이 수많은 교회와 성당들의 아름다움이라고 그는 보았다. 실제로 키예프의 동굴수도원 위에는 서른둘의 교회가 솟아 있다. 동굴수도원은 은폐의 공간이자 안전함의 공간이고 또한 현실의 일부이다. 무상하게 흘러가는 세월 속에서 남는 것은 신을 향한 경건함의 상징인 성당과 교회의 웅장한 모습이다. 시인인 릴케가 이것을 보았을 때 느낀 것은 예술이라는 것도 이와 다르지 않다는 생각이었다. 마음속에서 오래 발효되어 피어나는 한 편의 시야말로 오래도록 지어 하늘의 뜻을 받드는 이런 경건함의 표현 아니겠는가. 키예프 곳곳에 서 있는 웅장한 성당들이야말로 릴케의 눈에는 하나둘 쉼 없이 어려움을 헤쳐나간 영광된 예술작업의 성과로 보였다. 그렇기 때문에 릴케는 작품 곳곳에서 성당을 노래하고 그것을 지은 장인들의 정신을 칭송한다.

세상의 왕들은 늙었습니다

세상의 왕들은 늙었습니다.
후사(後嗣) 하나 두지 못할 것입니다.
아들들은 이미 어려서 죽었고
창백한 딸들은 병든 왕관을
폭력에 넘겨버렸습니다.

폭도들은 왕관을 잘게 쪼개 돈을 만들고,
이 세상의 새로운 주인들은
그것을 불에 달구어 저희 뜻에
투덜대며 따르는 기계를 만듭니다.
그러나 행복은 그들과 함께하지 않습니다.

금속은 고향을 그리워합니다.
작은 삶만을 가르치는
화폐와 바퀴에서 떠나고 싶어 합니다.
언젠가 공장과 금고에서 뛰쳐나와
열려진 산들의 핏줄 속으로
다시 들어갈 것입니다,
그러면 그 뒤로 산맥은 닫힐 것입니다.

1899년과 1900년, 두 번의 여행에서 러시아의 원초적 풍경을 본 릴케의 마음 속에는 속도와 발전으로 치닫는 유럽 문명의 돌풍이 떠오른다. 그런 분위기 속에서는 진정한 삶이 불가능하고 또 진정성을 추구하는 예술 역시 위치를 찾기 힘들다. 문명을 비판하고 머나먼 옛 시원의 세계를 동경하는 면에서 릴케는 낭만주의의 후예로 보인다. 그의 비판에서는 기술문명의 폭력에 맞서 예술과 삶의 본질을 보호하고자 하는 방어기재가 엿보인다. 그 가운데 가장 대표적인 비난의 대상이 화폐이다. 화폐는 획일화를 낳고 개인의 고유한 인격성을 말살한다. 화폐는 사물의 모든 성질과 특성을 단지 숫자에 의한 교환가치로 환원하기 때문이다. 화폐는 현대의 삶을 익명성으로 만드는 주범이다. 보이지 않게 추상적인 화폐의 유통과정을 보라.

보들레르가 《파리의 우울》에서 대중의 우매함을 일러 말했듯 모든 것을 계산하려 하고, 논할 수 없는 것을 논하려 하는, 몰인정한 비인격성이 공격의 대상이 된다. 인간이 수단으로 삼아야 할 것이 목적이 되면서 진정한 삶의 모습이 사라진다. 따라서 황금만능주의에 의한 고귀성의 파괴를 왕국의 붕괴와 폭도들의 등장에 비유하면서 릴케는 마지막 연에 이르러서는 계시록적인 어투로 원시성의 회복을 희구한다. 물질적 원시성의 회복은 곧 인간이 갖는 소박성과 근원성의 소생에 다름 아니다. 금속이 고향을 그리워하듯이 인간은 정서가 있는 자연의 품을 그리워한다. 그 세계는 아름다움의 세계이다. 대중적인 천박함을 떠난 고독 속에서 내적 자아를 찾는 시인의 세계가 그것이다. 자본주의의 신념인 무조건적 진보가 자유로운 개인의 영혼을 포박할 때 진정한 삶은 사라진다. 진정 인간을 인간답게 하는 것은 무엇인가, 그 문제를 시는 적시한다. 제

1차 세계대전이 발발하자 그것이 미칠 당혹스런 결과를 두고 릴케는 1915년 8월 18일자 이베트 하우프트만에게 보낸 편지에서 "세상은 인간들의 손안에 떨어졌습니다."라고 한탄한 바 있다. 현대의 탐욕적 문명사회가 가져온 문화사적 변화를 함축성 있고 명확하게 보여주는 표현이라고 할 수 있다. 위 시에서 릴케는 과학적 분석이나 사고방식이 만능이 될 수 없음을 미래적 세계관의 관점에서 직시하고 있다. 릴케는 비행기의 출현을 두고 깊은 관심을 가졌다. 《오르페우스에게 바치는 소네트》 중 하나에서 쓰인 비행의 비유가 이를 잘 알려준다.

오, 언젠가 비행이
나는 것 그 자체만을 위해
하늘의 고요 속으로,
높이 솟아올라, 자족하여,

옆모습을 반짝이면서
기계로서 바람의
애인이 되어 날씬한 몸매로
곡선 그리기만을 그만둘 때, 비로소

순수한 어디로의 방향이
커 가는 기계의
소년 같은 자만심을 넘어설 때, 비로소

저 먼 곳에 다가간 자는

자신이 얻은 이득에 놀라면서
그의 외로운 비행이 이루어낸 존재가 되리라.

1922년 당시 새로 등장한 목재와 천으로 만들어진 경비행기가 하늘을 나는 모습을 보며 거기서 릴케는 여러 가지 생각을 전개한다. 비행기가 나는 모습을 보면서 인간이 어떤 모습을 띠면 좋을까, 인간 존재, 시인의 존재는 어떤 것이 좋을까, 이런저런 생각을 해본다. 그는 인간으로서, 시인으로서 한곳에 죽치고 머무는 것을 좋아하지 않는다. 그는 비행기처럼 날아오르되 "순수한 어디로의 방향"을 찾아 나아가기를 바란다. "순수한"이라는 말에서 비행기의 비행이 초월적 의미를 획득한다. 인간으로서, 시인으로서 진정한 존재를 향한 비행은 어떠해야 하는가? 이 물음이 그의 문명비판과 늘 깊은 관련을 맺는다. 문명의 발전은 우선 "소년 같은 자만심"을 버려야 한다. 이는 마치 괴테가 시 〈프로메테우스〉에서 제우스를 향해 비웃을 때 썼던 어법을 그대로 가져온 것 같다. 〈프로메테우스〉에서 괴테가 노래한 것이 진정한 인간적 가치이듯이 릴케 역시 순수한 인간 존재란 무엇인가, 하고 묻고 있다. 인간 존재에게 방해가 되고 해가 될 때 과학문명이 부정되는 것이지 그렇지 않을 경우엔 릴케에게도 칭송의 대상이 된다. 후기에 쓴 글 〈원초의 음향〉에서 축음기의 발명과 관련하여 우리 경험세계의 확장을 가져올 수 있다는 점에서 좋게 생각했던 것이 이에 대한 좋은 예이다. 릴케에겐 인간 존재의 가능성의 확장과 인간이 원래부터 안에 지니고 있는 힘과 인간 존재의 진정성의 발견이 그 무엇보다 우선 가는 명제였다. 왜냐하면 우리의 현존재는 늘 다 열어보지 못한 가능성으로 충만하기 때문이다.

그러나 아직도 우리는 현존재에 매력을 느낀다, 수백의
자리에 아직 근원이 그대로 남아 있다. 무릎 꿇고서

경탄하지 않으면 누구도 건드릴 수 없는 순수한 힘의 유희.

말할 수 없는 것, 언어로 표현할 수 없는 것, 접근할 수 없는 것에 릴케는 무한한 매력을 느낀다. 이것을 표현해내는 데에 시의 사명이 있다. 인간 내면의 공간엔 얼마나 많은 그림들이 걸려 있는가.

모든 것이 다시 커지고

모든 것이 다시 커지고 힘을 얻게 될 것입니다.
땅은 소박해지고 물은 굽이쳐 흘러서
나무들은 거대해지고 담들은 아주 낮아질 것입니다.
그리고 계곡마다 목동과 농부들이
건장한 여러 모습으로 모여들 것입니다.

그리고 신을 도망자처럼 붙잡아
사로잡힌 짐승처럼 상처를 주고는
슬퍼하는 교회 하나 없을 것입니다,
집집마다 찾아오는 사람들을 반기고
가없는 희생의 정(情)만이 모든 행동에
그대와 나의 가슴에 깃듭니다.

저쪽을 바라지도 넘보지도 않으며,
죽음마저도 더럽히려 하지 않는 마음,
이승에서 모습을 새로이 하지 않고
순리에 따르려는 애틋한 마음만이 있습니다.

앞의 시를 받아서 어떤 사회가 과연 바람직한 사회인지 구체적인 구상을 내놓

은 작품이다. 고대 신화에 나오는 자연과 하나 된 삶의 풍경이 펼쳐진다. 소유의 상징인 담벼락 즉 부자들의 담벼락은 낮아질 것이라고 시인은 천명한다. 찾아오는 가난한 사람들을 배척하지 않고 누구나 반갑게 맞아준다. 서로를 위해 희생하려는 정신이 사람들 마음마다 싹튼다. 이를 알리기 위해 시에서 인위성과 자연성의 대조적 표현이 두드러진다. 성 프란체스코가 애초 노래했던 원초적 자연풍경이 전개된다. 그 바탕 위에서 아름다운 예술은 꽃을 피울 수 있다. 자연의 아름다움을 노래하려면 인위성을 피해야 한다. 자연과 인간이 함께 조화를 이루며 살던 시대로 돌아간다면, 그때의 주인은 농부와 목동이다. 목동은 초원과 하늘 가운데 위치한 하나의 풍경 같은 존재이다. 양 떼를 몰고 세상을 떠도는 목동은《말테의 수기》에서도 자연과 합일을 이룬 존재로 칭송된다. 탕아의 모습이 목동의 그것으로 그려진다.

> 그의 양들의 낮은 사랑은 그에게 부담이 되지 않았다. 그 사랑은 구름 사이로 내리비치는 빛처럼 그의 주위에 와서 부서져 초원 위에서 은은히 빛났다. 뭐라고 책잡을 것 없는, 양들의 배고픔의 자취를 따라가며 그는 말없이 세계의 초원을 누볐다. 이방인들은 아크로폴리스에서 그를 보았다. 그리고 어쩌면 오래도록 프랑스의 레보에서 목동이 되어 화석화된 시간이 그 명문가, 그러니까 숫자 7과 3을 그렇게 많이 얻고도 가문의 문장에 새겨진 별의 16개의 광선을 이겨내지 못했던 그 가문보다 더 오래 살아남는 것을 목격했을 수도 있다. 아니면 오랑주의 시골풍 개선문에 기대어 있는 그의 모습을 떠올려야 하나? 아니면 알리스캉 공동묘지의 영혼들이 머물고 있는 그늘에 서서 눈으로 부활한 자들의 무덤처럼 열려 있는 무덤들 사이로 잠자리를 좇고 있는 그의 모습을 그려보아야 하나?
>
> 그야 아무렇든 상관없다. 나는 외면적인 탕아의 모습 이상의 것을 보고 있다. 나는 그때 신을 향한 사랑을, 그 조용하고 목표 없는 작업을 시작한 그의 존재를 보고 있다.

탕아의 방랑의 발길은 목동의 그것과 같다. 그러기에 목동은 시인의 모범이 된다. 농부 역시 자연과 하나 된 존재로 시인의 다른 이름으로 등장한다. 시의 첫 번째 연에서 이렇게 시원(始原)의 목가적 세상을 노래한 시인은 두 번째 연에 이르러 모든 것을 옥죄는 인간의 사고에 대해 비판을 가한다. 그것은 신을 대하는 태도에 있어서도 예외가 아니다. 신을 이용만 하려는 교회가 아닌 원초의 벌판에서 신을 찾아야 한다는 말이다. 그렇게 했을 때 인간 사이에서도 사랑의 감정이 싹트고 또 인위적 종교의식에서 벗어나 이승의 가치를 깨닫고 거기서 진정한 인간성이 피어난다고 본다. 원초의 기독교 이전의 상태로 돌아가면 신의 모습마저도 한 가지로 정해서 교회 벽에 붙여놓고 그것을 믿으라고 강요하는 교회도 없어질 것이다. 기독교는 진정한 신을 찾을 수 있는 매체가 더 이상 되지 못한다. 기독교는 진정한 신을 위해 오히려 방해가 될 뿐이다. 구원이나 속죄 등을 위해 신을 이용하는 것이 아니라 직접적으로 태초의 신의 힘에 자신을 자유롭게 맡길 뿐이다. 제도화된 종교를 시인은 거부한다. 여기에 자유의 본질이 있고 창작의 열림이 있다. 고정된 개념들의 틀에 사로잡히지 않는 정신자세를 릴케는 노래한다. "저쪽을 바라지도 넘보지도 않으며,/죽음마저도 더럽히려 하지 않는 마음", 이것이야말로 릴케가 추구했던 유일한 가치였다. 죽음을 삶의 반대편이 아니라 온갖 노력을 다하여 삶의 끝에 가서 맺는 열매로 여기는 생각을 우리는 릴케의 세계에서 자주 마주한다. 우리에게 중요한 것은 대상을 바라보는 열린 마음의 상태이다. 1910년에서 1911년으로 넘어가는 겨울에 북아프리카를 여행하면서 그곳에서 보고 겪었던 회교도들의 생활과 회교 사원들까지도 열린 마음으로 바라보았던 그였으니 가능한 것이리라. "낯선 것임에도 불구하고 아랍적인 것은 내게 러시아적인 것 다음으로 가까운 것이었습니다."라고 그는 뒷날 고백했다. 시원적 자연과의 직접적 대면은 시인에게 영혼을 풀어준다.

신부(新婦)

사랑하는 이여, 나를 불러주세요, 큰 소리로 나를 불러주세요!
당신의 신부를 이토록 오래 창가에 서 있게 하지 마세요.
늙은 플라타너스 나무 가로수 길에는
이제 저녁도 잠들어
가로수 길은 텅 비어 있습니다.

당신이 오시어 나를 밤의 집에
잡아 두지 않으신다면,
나는 붙잡는 나의 두 손을 뿌리치고
짙은 쪽빛 정원으로 나가
내 가슴을 쏟아버릴 수밖에 없어요…

아주 초기의 〈마리아께 드리는 소녀들의 기도〉에서 릴케는 앞날이 창창한 소녀들이 지상에 발을 내린 여인의 모범으로서 마리아를 향해 자신들의 꿈을 기도하는 모습을 그려 보이면서 젊은이들의 성취에 대해 이야기한다. 마리아는 이 지상에서 예수 그리스도를 낳아서 성취를 이루어냈지만 릴케가 후기의 한 산문에서 밝혔듯이 예수는 "이 지상에 대해 나쁘게 말했다." 이 시는 그 연장선상에서 시의 화자인 "신부"가 미래의 임을 향해 애틋한 마음을 담아 호소를 하고 있다. 《형상시집》에 실린 시 작품 중 가장 초기 작품에 속한다. 릴케의 마

리아상에는 그가 군사학교 시절 교목이었던 호라체크 교수로부터 받은 종교 교육이 큰 영향을 미친 것으로 보인다.

미래의 "신부"는 많은 동경과 소망을 가슴에 품고 있다. 사랑하는 마음, 동경과 소망으로 가득 찬 가슴, 자꾸 무거워만 가는데, 아무리 불러도 사랑하는 임은 오지 않으니, 홀로 정원으로 나가, 못 다한 말 다 쏟아버릴 수밖에 어쩔 수 있으랴. 임을 향해 보내려 했던 깊은 사연도 오늘 깊은 밤에 정원에 한줌 공기가 되어 흩어 사라질 뿐이다. 성취를 향한 신부의 절절한 마음은 "붙잡는 나의 두 손을 뿌리치고"라는 말에서 잘 나타난다. 임이 신부를 찾지 않는다면 신부는 단호함을 보일 수밖에. 하지만 임이 없는 데에서 아무리 마음을 쏟아봐야 무엇하리.

고독

고독은 비와 같다.
고독은 바다에서 저녁을 향해 오른다.
고독은 아득히 외딴 평원에서
언제나 고독을 품어 주는 하늘로 향한다.
그러다 비로소 하늘에서 도시 위로 떨어져 내린다.

동틀 녘에 고독은 비가 되어 내린다.
모든 골목들이 아침을 향할 때,
아무것도 찾지 못한 몸뚱어리들이
실망과 슬픔에 서로를 놓아줄 때,
서로 미워하는 사람들이
한 침대에서 자야 할 때,

고독은 강물이 되어 흐른다…

추상적인 말인 고독을 어떻게 표현할까? 일상의 분주함 속에서 "고독"이라는 두 글자는 마치 햇볕 내리쬐는 건조한 날의 물처럼 하늘로 하늘로 모여들어 푸른 하늘 속으로 숨어버린다. 저녁의 어둠에 가려 "고독"이라는 두 글자는 평소에는 보이지 않는다. 평시에 우리는 하늘에 적혀 있는 "고독"이라는 두 글자를

보지 못한다.

그러다 어느 날, 마음에 구름이 끼어 기분이 우중충해졌을 때, 지상의 골목마다 비가 내린다. 고독에 빠져 있는 영혼들 위로 비가 내린다. 고독의 비가 내린다. 고독의 비는 한 침대에서 자고도 오히려 쓸쓸해진 영혼들 위로 주룩주룩 내린다. 밤중에는 두 사람이 하나인 줄 알았는데, 낮이 되니 결국 혼자로 남는다. 도시의 삶은 익명성으로 인한 자유의 허허로움 속에 외롭다. 특히 동터오는 아침은 살기가 바빠진다. 고독의 비에 젖은 마음들은 외롭다. 외로운 마음들이 강물처럼 흐른다. 도시의 거리에 고독이 범람한다. 고독의 홍수다.

릴케는 '나는 외롭다'라고 하지 않고《형상시집》의 시답게 강한 이미지로 고독이라는 관념을 효과적으로 표현해내고 있다.

엄숙한 시간

지금 이 세상 어디선가 울고 있는 사람은,
　이 세상에서 까닭 없이 울고 있는 그 사람은
　나를 위해 울고 있다.

지금 한밤중에 어디선가 웃고 있는 사람은,
　한밤중에 까닭 없이 웃고 있는 그 사람은
　나를 두고 웃고 있다.

지금 이 세상 어디선가 걷고 있는 사람은,
　까닭 없이 걷고 있는 그 사람은
　나를 향해 오고 있다.

지금 이 세상 어디선가 죽어가고 있는 사람은,
　까닭 없이 이 세상에서 죽어가고 있는 그 사람은
　나를 응시하고 있다.

이 세상에 혼자인 줄 알았는데, 이 세상 어딘가에서 누군가가 나를 보고 울고, 웃고, 또 나를 향해 걸어온다. 심지어 어디선가 죽어가는 사람이 나를 슬픈 눈으로 쳐다보고 있다. 지금 이 순간은 "엄숙한 시간"이다. 인생은 함부로 예단

할 수가 없다. 세상의 삶은 혼자가 아니다. 그럼에도 시인은 혼자이고 싶어 한다. 하지만 주변의 삶을 돌보지 않는 시인의 고독이란 게 과연 무슨 의미가 있을까?

세상은 모두가 자기도 모르는 사이에 연결되어 있다. 인간끼리의 암묵적 동맹이며 또한 자연을 포함한 만물 사이의 유대이다. 칸트의 철학에서도 나타나지만 자연의 다양한 현상들은 뿌리에 있어 하나로 연결되어 있다는 자연의 단일성의 사고이다. 그러기에 이 자연 속에서는 슬픔과 기쁨의 질량은 불변하는 법이다.

전혀 모르는 사람이 나를 쳐다보고 있다면, 무슨 생각이 들까? 내가 보지 않는 사이에 누군가 어디선가 죽어가고 있다면? 그런데 그 사람이 나를 쳐다보고 있다면? 위의 작품은 소설가 최인호(1945-2013)가 암에 걸려 사투를 벌이던 인생의 말년에 아주 좋아했던 시이다. 세상엔 자기 혼자만이 아니다. 인생의 위기에 처해 있던 독일 출신의 여배우 마를레네 디트리히(1901-1992)를 구해준 것도 이 시였다. 스무 살의 마를레네는 고통스런 건초염에 걸려 바이올리니스트가 되려는 희망을 버려야 했다. 그녀는 베를린의 부모 집에서 절망에 빠져 우울하게 하루하루를 버티고 있었다. "그러던 어느 날 나는 라이너 마리아 릴케를 발견했어요. 정말 말 그대로 '발견한 거예요.' 왜냐하면 학교에 다니던 때엔 아무도 그의 작품을 알려주지 않았으니까요. 이제 나는 새로운 신을, 두 번째 신을 갖게 된 거죠. 그 신을 믿게 되었어요.

여배우 마를레네 디트리히
(1901-1992)

지금 이 세상 어디선가 울고 있는 사람은,

이 세상에서 까닭 없이 울고 있는 그 사람은

나를 위해 울고 있다.

그의 시는 정말 멋졌어요. 그래서 여러 편의 시를 외워서 시간이 날 때마다 읊조리곤 했어요." 삶의 위기에 봉착해 있던 마를레네에게 릴케의 문학은 큰 위안으로 다가왔다. 거의 신으로까지 떠받들 정도가 되었다. 릴케의 초기 시 속에 들어 있는, 릴케 자신의 고통에서 오는 세계고와 슬픈 분위기에서 그녀는 자신의 당시 심정과 일치감을 느꼈고 거기서 자극을 받아 새로운 인생계획을 세우게 된다. "나는 연극배우가 되기로 결심했어요. 연극은 내게 감동으로 다가와 다시 용기를 준 릴케의 시처럼 아름다운 텍스트와 시들을 낭송할 수 있는 유일한 장소이니까요." 릴케의 작품을 즐겨 읽었던 그녀에겐 릴케의 시가 갖는 매력은 대체 불가능한 것이었다. "릴케 이후로는 내 귀에 그렇게 편안하게 울리고 내 영혼을 사로잡고 기억 속에 남는 서정시란 없어요."

릴케가 1900년 10월에 베를린에서 쓴 〈엄숙한 시간〉은 "엄숙"이라는 말로 가벼움을 떠나 생을 진지하고 겸허하게 바라보아야 함을 우리에게 웅변한다. 릴케가 그토록 많은 신경을 썼던 독일어의 음향이 마를레네 디트리히에겐 더욱 호소했던 것 같다. 릴케의 시엔 음향으로 만들어지는 공간이 위안의 장소가 된다.

예감

나는 먼 풍경에 둘러싸인 깃발.
저 아래 사물들은 움직일 기미 하나 없지만
나는 다가오는 바람을 예감하고, 또 겪어야 하리라.
문들은 소리 없이 닫히고, 굴뚝마다 정적이 감돈다.
유리창 하나 흔들리지 않고, 먼지 한 톨 꿈쩍 않는다.

그러나 순간 내겐 폭풍이 덮쳐와, 내 몸은 바다처럼 일렁인다.
가슴을 활짝 펼치며 내 속으로 뛰어들고
나를 던지며, 커다란 폭풍에 휩싸인 채
나는 완전히 혼자다.

깃발은 바람이 불면 펄럭인다. 바람이 불지 않는데도 깃발은 미리부터 잔뜩 긴장하고 있다. 이른바 스탠바이 상태다. 폭풍 전야라고 할까. 뭔가 다가오는 것 같은 느낌이 들 때 바로 이렇다. 깃발은 먼 풍경 한가운데에 있다.

순간, 폭풍이 덮쳐온다. 깃발은 펄럭인다. 세차게 펄럭이는 모습을 릴케는 "가슴을 활짝 펼치며 내 속으로 뛰어들고/나를 던지며,"라고 표현해놓고 있다. 들판에서 홀로 폭풍에 휘날리는 깃발의 이미지를 간단한 언어로 적확하게 묘사하고 있다.

깃발은 시인의 마음이고 폭풍은 영감이다. 영감의 폭풍이 불어오면 시인의 마음은 이렇게 바다처럼 출렁이며 시를 쓴다. 외롭게 시를 써내려간다. 폭풍의 외침소리를 들으면서.

어린 시절

저기 초등학교의 기나긴 불안과 시간이
기다림과 우울하기만 한 일들과 함께 천천히 흘러간다.
아 외로움, 아 보내기 힘든 시간…
학교 밖으로 나오면 거리엔 물이 뿌려지고 딸랑대는 소리,
광장엔 분수들이 물줄기를 품어 올리고
공원에 들어서면 세상은 넓기만 하다.
이 모든 것 사이로 어린애 옷차림으로 간다,
지나가고 지나간 다른 애들과는 아주 다른 모습.
아 기이한 시절, 아 시간 보내기,
아 외로움.

그리고 저 멀리로 보이는 것은
남자들, 여자들, 또 남자들, 남자들, 여자들
그리고 나와 다른 화려한 차림의 아이들.
저쪽엔 집 한 채, 가끔 개 한 마리 어슬렁거리고
놀람과 친근함이 소리 없이 교차된다.
아 뜻 모를 슬픔, 아 꿈, 아 두려움,
아 끝없는 나락(奈落).

그리고 약간 황폐해진 뜰에서
공과 고리와 굴렁쇠를 가지고 논다.

눈을 감고 이리저리 나대며 술래잡기 하다 보면
때로는 어른들을 가볍게 치기도 한다.
그러나 저녁이 되면 말없이, 축 늘어진 잔걸음으로
집을 향한다, 손목을 꼭 잡힌 채.
아 갈수록 알 수 없는
불안, 아 두려움.

그리고 몇 시간이고 커다란 회색빛 연못가에
작은 돛단배를 손에 들고 쪼그리고 앉아 있다.
그러다 동그란 물살을 헤치고 똑같이 생긴
더 멋진 배들이 지나가면 내 것은 잊고 만다.
그리고 빠져들어 가며 연못에서 내미는
창백하고 조그만 얼굴을 생각해야 한다.
아 어린 시절, 아 비교할 수 없는 그 무엇,
어디로 갔는가? 어디로?

이 시를 읽으면, 여름 저녁, 하늘은 노을로 물들고, 언덕바지에 앉아 멀리 마을을 내려다보던, 멀리 소쩍새 울음소리 들리고 마을의 굴뚝마다 연기가 오르던 때가 생각난다. 왠지 모를 슬픔이 푸르게 밀려오던 그 시절의 노래가 바로 이 시이다. 학교가 파하고 길거리로 나서면 분주한 거리 모습, 이런 것은 어린 시절에 우리가 보았던 것이다.

위의 시에서 묘사된 아이의 모습에서 보통 아이들과 다른 점이 있다면, "이 모든 것 사이로 어린애 옷차림으로 간다,/지나가고 지나간 다른 애들과는 아주 다른 모습."이라는 구절에서 찾을 수 있다. 어린 시절 일곱 살 때까지 여자애 옷을 입고 자란 릴케. 손위 누이가 어려서 죽자, 태어나는 순간부터 누이의 대용품이 되었던 릴케의 모습이다. 이 모든 것이 "불안"이라는 한 낱말에 들어 있다.

불행했던 어린 시절의 풍경이 슬프게 펼쳐진다. 연못에서 혼자 놀다가 엄마에게 손목을 잡힌 채 집으로 터벅터벅 돌아가는 아이의 모습, 이것은 우리의 자화상이기도 하다. 슬프고 불안하긴 하지만 어린 시절은 늘 아름다운 추억이다. "어디로 갔는가? 어디로?" 괴로웠던 어린 시절도 만회할 수 없지만, 사라져버린 어린 시절 역시 더 이상 찾을 길이 없다.

그러나 "그리고 빠져들어 가며 연못에서 내미는/창백하고 조그만 얼굴을 생각해야 한다."는 구절은 얼마나 많은 의미를 담고 있는가! 물속을 바라보는 어린 아이는 나르시스이자 미래의 시인이다. 그는 자기만의 감정에 충실하고 이 감정의 충일로 가득 찬 물속을 들여다본다. 그리고 거기에 비친 얼굴은, 창백하고 조그만 얼굴은 미래의 시인의 얼굴이다. 고독을 운명으로 삼아야 할 시인의 모습이 보인다.

어린 시절은 돌이킬 수 없는 시간이기에, 시인에게는 늘 아쉬움의 공간으로 등장한다. 하지만 어린 시절은 시인에게 시의 문을 열어주는 천사이다.

1906년의 자화상

둥그런 눈썹에 굳게 아로새겨진

옛날 오랜 귀족의 혈통.

눈길에 얼비치는 어린 시절의 두려움과 파란 빛,

여기저기에 깃들인, 하인의 것이 아니라

섬기는 자와 여인의 것 같은 겸손함.

크고 정확하게 만들어진 입다운 입,

설득하지는 않으나 바른 것을 말하는

입. 사악의 기색 하나 없고

아래쪽을 조용히 내려다보아 그늘진 이마.

이것들이 연관을 지닐지는 예감에 불과하다.

고뇌의 한가운데서나 성공 속이나 나의 모습은

아직도 지속적인 융합을 위해 합쳐진 적은 없다.

하지만 여기저기 흩어진 것들로써

진지하고 진실한 모양이 멀리서 계획된 듯하다.

이 시는 1906년에 파울라 모더존 베커가 그린 초상화 〈릴케〉에 대한 시인 자신의 화답이다. 릴케의 이 초상화는 공책 크기의 화판에 그려져 있는데, 릴케가 평소에 보였던 실제 모습보다는 내면의 모습을 그려낸 것 같은 느낌을 준다. 파울라 모더존 베커가 보여주었던, 사물을 보는 눈을 그대로 반영한다. 색채가 강렬하고 평소 화가의 내면의 호수에 비쳤던 릴케의 얼굴이 화폭으로 옮겨져 있다.

"오랜 귀족의 혈통"이라는 말이 위 시에 나오지만, 릴케는 본디 귀족 출신은 아니었고, 귀족이기를 바랐다. 아니, 한동안 그렇게 믿고 살았다. 시인으로서 고귀함을 추구하며 그런 생각을 많이 했던 것 같다. 실제로 릴케는 자신의 뿌리를 추적해보기도 했다. 하지만 전혀 귀족 가문은 아니었고 그의 가문에서 내놓을 만한 사람이라곤 몇 대를 뒤져보았지만 목사 한두 사람과 교사 한둘이 고작이었다. 하지만 "겸손함"이라는 말은 릴케의 생에 꼭 맞는 말이다. 시인으로서 릴케는 늘 겸손한 태도를 지녔는데, 이것은 사람을 대할 때뿐만 아니라 사물을 대할 때에도 마찬가지였다. 그림에서 전체적으로 조화는 안 보이는데, 릴케 스스로도 그것을 자신의 특질로 받아들인다. 얼굴의 각각 요소들이 갖는 부조화 속에서도 릴케는 자신만의 진실성을 추구한다.

회전목마

뤽상부르 식물원에서

지붕 하나와 그 그림자와 함께 빙빙
얼마 동안 온갖 색깔의 말들이 모두
돌아간다, 몰락하기 전 오래
망설이는 나라에서 온 말들이다.
대부분 뒤에 마차가 달려 있지만
저마다 얼굴엔 기백이 서려 있다.
이들과 함께 심술궂은 붉은 사자가 지나가고
때때로 하얀 코끼리 한 마리 다가온다.

가끔 사슴도 튀어나온다, 안장이 놓여 있고
그 위에 파란 옷의 작은 소녀 하나 매달려
있는 걸 빼면 흡사 숲에서 뛰노는 것 같다.

또 하얀 옷의 소년 하나 사자를 타고 있다,
사자가 이빨을 드러내며 혀를 내보이면
조그만 손에 열이 나도록 손잡이를 꼭 잡는다.

그리고 때때로 하얀 코끼리 한 마리 다가온다.

그리고 말을 타고 그들은 지나간다,

말 타기 놀이를 하기엔 너무 자라버린
밝은 옷의 소녀들도 지나간다. 한참 돌아가는 중에
소녀들은 어딘가 위를 바라본다, 저편 멀리,

그리고 때때로 하얀 코끼리 한 마리 다가온다.

회전목마가 돌아간다, 끝을 향해 서둘러 가며
돌고 돌 뿐 목표는 없다.
빨강, 초록, 잿빛이 뒤섞여 빙빙 돌아
채 시작하지 않은 옆모습 같다.
그리고 이따금 이쪽을 바라보는 미소 하나,
이 숨 가쁜 눈먼 놀이에 흠뻑 빠져
환희에 차 빛나는 그 미소…

이른바 릴케의 '사물시'이다. 《신시집》 중에서 이 시처럼 친근하고 쉬운 시도 없다. 독자들이 가장 좋아하는 시들 중의 하나이다. 가장 많이 낭송되는 릴케의 시의 하나이기도 하다. 릴케 자신도 1907년 11월 4일에 《신시집》의 몇 편의 "새것들을" 낭송한 후 아내 클라라에게 이런 편지를 썼다. "회전목마를 빼고는 어떤 작품도 좋은 대접을 받지 못했소." 《신시집》의 시들이 새로 보여준 생소함에 릴케의 독자들이 처음에 어리둥절한 반응을 보인 것에 비하면 이 시는 그만큼 호소력이 있었던 것이다. 처음 들을 때도 이 시는 전혀 낯설거나 거부감이 들지 않는다. 시의 이미지도 그렇고 음향도 그렇고 시가 품고 있는 뜻 역

시 그렇다. 은유나 비유법 같은 것도 없이 담백하다. 시 안에서 사물의 세계에서 다른 무엇으로의 이른바 '급변'도 없다. 다른 상징성이 없다는 말이다. 반복과 원운동이 주된 흐름이다. 독일어 원문에서는 한 행에 다섯 번의 강격이 들어간 약강격(Jambus)이 변화 없이 반복된다. 반복되는 접속사 "그리고"는 아이들의 동요나 말놀이를 연상시킨다. 어린 시절에 본 회전목마의 매력을 재생하는 듯하다. "몰락하기 전/오래 망설이는 나라에서 온 말들이다."이라는 표현에서 "나라"는 곧 어린 시절을 뜻한다. 어린 시절은 가버리기 전에 누구에게나 오래 망설이니까.

완벽한 구조를 추구하는 '사물시'답게 시적 균형이 잡혀 있다. 잘 짜인 소우주 같다. 소재인 회전목마라는 것 역시 균형을 기본으로 하여 돌아간다. 회전목마의 모습을 정확하게 재현하려 한 릴케의 의도가 시에 그대로 반영되어 있다. 정확하면서도 아름다운 모습, 그리스의 미에서 규칙성이 갖는 미를 강조했던 피타고라스의 생각을 따른 것 같기도 하다.

회전목마는 돌아간다. 지붕과 그림자, 알록달록한 말들, 붉은 사자, 하얀 코끼리, 사슴, 푸른 옷의 소녀, 하얀 옷의 소년, 뜨거운 손, 하얀 이빨 그리고 붉은 혀, 이 모두가 한데 어울려 돌아간다. 한 번 돌아갔던 말이 다시 나오고, 사자가 다시 보이고, 코끼리도 다시 보인다. 기본적인 틀은 이것이지만, 시인은 거기에 탄 소녀들, 소년들의 모습도 카메라로 찍어 보이듯 정확하게 묘사한다. 일렁이는 마차에 탄 채로 멀리 어딘가를 바라본다.

처음엔 천천히 망설이듯 돌아가다가 시의 후반부에 보면 "빨강, 초록, 잿빛" 색깔만 보일 만큼 빨리 돌아간다. 속도를 그려보여 준다. 특히 "잿빛"의 등장은 여러 색깔이 빠른 회전에 의해 뒤섞인 것임을 잘 나타낸다. 마치 그 모습이 채 다 그리지 않은 옆얼굴 같다. 끝을 향해 가지만 목표는 없다. 회전목마는 빙빙 돌아간다. 시의 리듬도 돌아가는 회전목마를 따라 돌아간다.

회전목마에 활기를 불어넣어 주는 것은 마지막 한 마디 "환희에 차 빛나는 그 미소"이다. 시적인 언어를 새롭게 추구한 릴케의 치밀한 노력이 엿보인다. 마치 몇 컷의 사진을 찍어서 책상 앞에 놓고 그것을 세밀히 분석하여 쓴 시 같다. 문학의 기본이 그렇듯이 객관적 사실의 묘사에 시인의 상상력이 개입한다. 그럼으로써 독자는 더 많은 유희 공간을 만난다. "그 미소"는 무엇을 나타낼까? 성숙을 향한 미소일까? 어린 시절을 뒤에 두고 훌쩍 떠나는 홀가분한 느낌을 표현하는 걸까? 어린 시절에 늘 남아 있는 순수함일까?

장미의 내부

이 안에 대한 바깥은
어디에 있는가? 어떤 고통 위에
이러한 아마포는 놓이는가?
이 활짝 열린 장미들의,
이 근심 없는 장미들의
안쪽 호수에는
어떤 하늘이 비치는가, 보라,
얼마나 느슨하게 이들은 느슨함 속에
긴장을 풀고 있는지, 어떤 갑작스런 손길도
이들을 흐트러뜨리지 못할 것 같다.
장미들은 스스로를 거의 제 안에 담지
못한다. 대부분은 스스로를
가득 채우다가 넘쳐흘러서
안쪽의 공간으로부터,
점점 더 가득 차오르다가
닫히는 날들
속으로 흘러 넘어간다,
이윽고 온 여름이 하나의 방이
될 때까지, 꿈속의 방이.

장미는 릴케의 생의 동반자였다. 그는 스위스의 뮈조 성에 살면서 앞마당에 장미정원을 직접 가꾸었으며 귀한 손님이 오면 직접 장미를 꺾어 선물했다. 장미와 함께하다 보니 장미는 그의 생과 함께 변전하면서 생의 국면마다 새로운 의미를 획득하기에 이른다. 그만큼 그의 글에서는 장미에 대한 언급이 자주 눈에 띈다. 그의 시에서만 봐도 "장미"라는 말이 250번 정도 나온다. 초기의 장미는 아주 흔한 사랑의 감정을 표현하는 메타포로 사용된다.

어제 그 소년이 내게 준
여기 이 샛노란 장미,
오늘 나는 그 장미를
갓 만든 소년의 무덤에 바치네.

장미 이파리마다 아직도 해맑은
물방울들이 매달려 있는데, 보라!
어제는 분명 이슬방울이었건만,
오늘 보니 눈물방울이어라…

1896년에 출간한 초기 시집 《꿈의 왕관을 쓰고》에서 이 시를 볼 수 있다. 이 시의 장미는 사랑과 죽음을 동시에 안에 품고 있다. 사랑은 이슬방울과 눈물방울을 함께 머금고 있다. 사랑은 장미 속에 담겨 그 안에서 피어났다가 진다.

《신시집》의 시 〈장미의 내부〉 역시 장미를 하나의 공간으로 파악하여 그 안에 시인의 많은 상상력을 보관한다. 장미는 많은 것을 담는 그릇이다. 그래서 릴케는 여름이 "꿈속의 방"이 될 때까지라는 표현을 쓴다. 여름의 모든 것이 담기는 공간이 바로 장미이며 그 공간의 무한한 화려함을 "꿈속의 방"이라고 말하는 것이다. 여기의 장미는 시적 묘사의 대상이 아니라 그 자체로서 일 하는 장미이다. 마치 많은 것을 자기 안에 담으려고 애쓰는 꿀벌과도 같다. 시적 변용의 분위기가 이 시에도 메타포에지 형식으로 담겨 있다. 이럴 때 장미는 세상의 무상함을 마음에 담아 영원히 되살리려는 시인과 같다.

제가 옳지 않나요?

제가 옳지 않나요? 당신, 내 인생을 맛본 뒤로
나 때문에 인생이 온통 쓴맛이 되어버린 아버지,
내가 자라나면서, 내가 해야 할 일들이 만들어낸
텁텁한 첫 국물 맛을 계속해서 맛보면서,
알 수 없는 장래의 뒷맛 생각에 골치를 썩이면서
당신은 나의 흐릿한 눈빛을 살펴보셨습니다,
나의 아버지, 당신은 돌아가신 뒤로도 내 마음속에서
내가 앞으로 어떻게 살아갈지 늘 걱정하셨고,
사자(死者)들이 누리는 평온함을, 평온함의 왕국을
보잘것없는 저의 운명을 위해 포기하셨습니다,
제가 옳지 않나요?

—《두이노의 비가》 중 〈제4비가〉에서

1970년대, 그땐 팝송의 시대였다. 미국의 존 덴버나 영국의 에릭 클랩튼, 로드 스튜어트가 전성기를 누리던 시절이다. 그때의 히트송 중에 폴 앵카가 부른 〈아빠Papa〉라는 곡이 있다. 아버지를 향한 애절한 마음을 담아 부른 이 노래는 전 세계적으로 사랑을 받았다. 아들은 나이가 들어서야 아버지의 마음을 깨닫는다. 릴케도 다르지 않다. 시인으로 성공하고 나서야 아버지 앞에 자신의 마음을 털어놓을 수 있었다. 그러나 이 시를 썼을 때 릴케의 아버지는 이미 이 세

상 사람이 아니었다. 자식이 군사학교를 성공적으로 끝마치고 장교로 출세하기를 바랐던 아버지, 못다 한 자신의 꿈을 아들에게서 이루어보려 했던 아버지, 무엇 하나 제대로 해내지 못하는 나약한 아들 때문에 속이 타들어가던 아버지.

젊은 시절, 릴케는 아버지에게 마구 대드는 투로 이렇게 말했었다. 20대 초반에 쓴 시구절에 다음과 같은 것이 있다.

우리는 대체 아버지를 사랑하나요? 예전에 당신이
내게서 떠났듯이, 굳은 얼굴로, 우리도
도리 없이 텅 빈 그의 손에서 떠나지 않나요?
우리는 아버지의 마른 말을 슬며시
읽지 않는 책장 속에다 끼워 넣지 않나요?
분수계(分水界)에서 흘러내리듯 우리는
저마다의 가슴에서 기쁨과 고통으로 나뉘어 흐르지 않나요?
우리에게 아버지란 과거의 존재가 아닌가요?
이제 낯설기만 한 흘러가 버린 세월,
늙은 몸짓, 다 해진 의복,
시든 손, 그리고 하얗게 바랜 머리가 아닌가요?
아버지는 그의 시대 동안 영웅이었다 해도
우리가 자라나면 떨어질 수밖에 없는 낙엽입니다.

—《기도시집》 중 〈순례의 서〉에서

아버지와 아들 사이의 갈등 관계 속에는 릴케 자신의 전기가 들어 있다. 아버지의 뜻을 버리려는 태도는 "우리는 아버지의 마른 말을 슬며시/읽지 않는 책장 속에다 끼워 넣지 않나요?"라는 구절로 명쾌하게 드러난다. 아버지가 무슨 말을 하든 듣지 않겠다는 뜻이다. 아들이 택한 예술가라는 직업에 반대하는 아버지에게 저항하려는 젊은 시인의 태도를 반영하는 것이다. 아버지는 흘러가 버린 세월, 늙은 몸짓, 다 해진 의복, 낙엽일 뿐이다. 아버지는 자라나는 새로운 잎을 위해 길을 양보해야 한다.

이렇게 싸웠던 아버지에게 장년의 릴케는 《두이노의 비가》에 들어서면서 "제가 옳지 않았나요?"라고 강변한다. 그러면서도 아버지의 기대를 뜻대로 들어주지 못한 아들의 심정을 릴케는 입맛으로 표현하고 있다. 첫 숟갈을 떴더니 느껴지던 쓴맛, 더 이상 손이 가지 않는 그 맛, 앞으로 다 먹고 나면 어떤 맛이 날지 알 수 없는 뒷맛, 아버지는 참으로 감당하기 힘들었으리라. 릴케가 하는 행동에서 그의 아버지는 얼마나 쓴맛을 느꼈을까. 변변치 못했던 아들 때문에 릴케의 아버지는 늘 입맛이 썼다.

세상을 뜬 뒤에도 "보잘것없는" 아들의 "운명" 때문에 "사자들이 누리는 평온함을 포기하"신 아버지에게 그래도 릴케는, 시인으로 성공한 릴케는 그래도 "제가 옳지 않나요?"라고 호소해본다. 아버지의 사랑을 향한 무한한 그리움과 애틋함이 묻어나온다. 자식과 아내를 두고 평생 객지로 떠돌았던 릴케는 자신의 고명딸인 루트를 보며 무슨 생각을 했을까?

결국 방랑자 역시

결국 방랑자 역시 산비탈에서 계곡으로 가지고 돌아오는 것은
누구도 말로 표현할 수 없는 한 줌의 흙이 아니라,
어렵게 익힌 말, 순수한 말, 노랗고 파란 용담 꽃이 아니던가.
어쩌면 우리는 말하기 위해 이곳에 있는 것이다: 집,
다리, 우물, 성문, 항아리, 과일나무, 창문, 그리고
잘해야: 기둥, 탑이라고… 그러나, 그대는 알겠는가, 이것들을
말하기 위해, 사물들 스스로도 그렇게 표현할 수 있으리라
한 번도 꿈꿔보지 못한 방식으로.

—《두이노의 비가》 중 〈제9비가〉에서

휴일에 산에 오르거나 산책길을 걷다보면 수많은 나무들, 풀들이 있다. 가끔 이름을 알 수 없는 꽃들도 보인다. 하지만 이름을 모르는 이상 내 것이 아니다. 산에 있는 나무들을 다 집으로 가져올 수 있는 것도 아니다.

더욱이 시인이라면! 시인은 수석 수집가나 식물 채집자가 아니라 언어의 곡예사이다. 그에게 중요한 것은 "누구도 말로 표현할 수 없는 한 줌의 흙이 아니라,/어렵게 익힌 말, 순수한 말, 노랗고 파란 용담 꽃이 아니던가."

시인은 말을 하기 위해 이 세상에 존재한다. 그는 사물들의 이름을 불러 사물들을 사람의 가슴에 불러내고 폭풍을 일으키고 번개를 친다. 마음속에. 듣는 사람의 마음속에다. 철학자 하이데거는 그러기에 릴케에게서 인간 존재의 가장 큰 모범을 읽는다.

그러나 그들, 영원히 죽은 자들이

그러나 그들, 영원히 죽은 자들이 우리에게 하나의 비유를 일깨워주었다면,
보라, 그들은 손가락으로 텅 빈 개암나무에 매달린
겨울눈을 가리켰는지도 모른다, 아니면
비를 생각했을까, 봄날 어두운 대지 위로 떨어지는.

그리고 솟아오르는 행복만을
생각하는 우리는
행복이 떨어질 때면
가슴이 무너지는 듯한 충격을 느끼리라.

—《두이노의 비가》 중 〈제10비가〉 마지막 부분에서

인생은 고통의 연속이다. 요즘엔 '희망의 인문학'이라는 말도 있고, 그 프로그램에 따라 강의도 많이 열린다. 릴케가 10년에 걸쳐 《두이노의 비가》를 완성하면서 마지막 얻은 결론은 무엇인가? 바로 희망이다.

고통 속에서 살다 죽은, 영원히 죽은 자들이 살아 있는 우리에게 한 가지 비유를 알려주었다면 그것은 무엇일까? 추운 겨울, 나무들도 다 시린 발을 눈 속에 묻고 추위에 떨고 있는 앙상한 겨울, 나무에 아무것도 보이지 않는 것 같지만, 만약 죽은 자들이 손가락으로 가리켰다면 그것은 바로 "텅 빈 개암나무에 매달린/겨울눈"이리라. "겨울눈" 즉 희망이다.

항상 행복만을 생각할 수는 없다. 행복이 떨어질 땐 엄청난 고통을 느낄 테니. 행복은 고통에 대한 인식을 바탕으로 존재하기 때문이다. 항상 고통과 기쁨은 함께한다. 이 두 가지를 한 가지로 보라 하면서 릴케는 이것을 "가득 찬 수(數)의 세계Vollzähligkeit"라고 말한다.

파괴자 시간이 정말 있는 것인가?

파괴자 시간이 정말 있는 것인가?
언제 그 시간은 쉬고 있는 저 산 위의 성을 박살낼까?
한없이 신들의 것인 이 마음,
이 마음을 데미우르고스는 언제 능욕할 것인가?

우리는 정말 언제 깨질까, 그토록 조마조마한 존재인가,
운명이 우리에게 믿으라고 강요하는 것처럼?
그토록 깊고 그토록 기대에 찬 어린 시절은
— 나중에는 — 뿌리 속에서는 잠잠해질 것인가?

아, 덧없음의 유령이여,
모든 것을 순박하게 받아들이는 존재 사이로
그 유령은 마치 연기처럼 지나간다.

흘러가는 존재들인 우리, 그래도
우리는 영속하는 힘들 사이에서는
신이 쓸 만한 존재로 통한다.

—《오르페우스에게 바치는 소네트》 중에서

시인이 시를 쓰는 계기는 여러 가지가 있다. 그중 가장 큰 계기는 무상함에 대한 저항이다. 릴케의 시 〈오르페우스에게 바치는 소네트〉는 죽음과 관련이 있다. 말하자면 이 시집은 19세에 요절한 무용수 베라 오우카마 크노프(1900-1919)에게 바쳐졌다. 1922년 1월 초 그녀의 삶과 죽음에 대한 기록을 입수한 릴케는 "소녀[베라]의 미완성과 순결이 묘지의 문을 열어놓음으로써 그녀로 하여금 삶의 절반을 신선하게 유지하고, 그리고 열린 다른 절반을 향할 수" 있도록 했다고 칭송하면서 그녀에게서 죽음의 세계의 비밀을 알아낸 여인을 보았다. 순간 그는 스스로 오르페우스적 존재의 열기에 휘감겼다. 릴케는 스스로 오르페우스가 되어 그녀를 새로운 오이리디케로 만들었다. 그리하여 시인은 삶과 죽음 양쪽에 발을 디딜 수 있는 자리를 차지한다.

베라 오우카마 크노프

1922년 대작《두이노의 비가》를 완성하고서 얼마 뒤, 시인의 말대로 "선물처럼" 덤으로 얻은 것이 바로 이《오르페우스에게 바치는 소네트》이다. 열흘 남짓한 짧은 시간에 그는 총 55편의 소네트를 완성한다. 그만큼 베라 오우카마 크노프에게서 비롯한 강력한 창작의 열기가 그를 덮쳤던 것이다.

이 시는 시간을 상대로 한 릴케의 관심사의 표명이다. 그는 모든 것을 파괴하는 시간 및 운명과 맞서려 한다. 그것은 무엇을 통해 가능한가. 그것은 바로 예술이다. 그러기에 그는 자신이 스스로 오르페우스가 되길 바란다. 삶과 죽음의 경계를 넘나들며 모든 무상한 것의 존재에 영원성을 불어넣어 주는 시인, 그것은 바로 시인의 이상이자 오르페우스의 존재 이유이다. 이러한 주체의 한계 초월은 의식의 한계를 벗어남을 뜻한다. 의식의 한계의 초월은 두려움에 멀리 떨쳐버린 죽음을 이승의 삶 쪽으로 받아들이는 것과 관련된다. 이것이 릴케가 추구한 진정한 시적 변용의 의미일 것이다.

소네트에 대하여

릴케는 고전적인 시 형식인 소네트 형식을 자주 사용한다. 본디 이탈리아의 시인 프란체스코 페트라르카(1304-1374)가 자신의 여인 라우라를 칭송하기 위해 즐겨 사용했던 시 형식이다. 그의 시집《칸초니에레》를 보면 알 수 있다. 이 형식이 사랑시에 많이 사용된 것은 셰익스피어의 소네트에서도 확인된다. 4행, 4행, 3행, 3행 형식의 이 시 형식은 내용상 변증법적 구조를 갖는다. 그러나 그것보다 중요한 것은 시가 갖는 운율과 음악성이다. 릴케가《오르페우스에게 바치는 소네트》를 헌정한 대상이 무용수인 베라 오우카마 크노프인 것을 보면, 저간의 사정을 짐작할 수 있다. 이 시는 독일어 원문을 읽어보는 것이 이해에 도움을 줄 수 있다. 절묘하게 맞추어 놓은 운들이, 어떤 내용의 낱말과 결합되고 있는지 살펴보는 것도 좋다. 형식과 내용이 한 몸이 되어 빚어내는 음악소리를 들어보라.

어느 여인의 운명

사냥하던 왕이 목을 축이려고
아무 잔이나 하나 집어들듯이, 그리고
나중에 그 잔을 손에 넣은 사람은
잔이 아닌 듯 다른 곳에 보관하듯이:

그처럼 운명도 때로 갈증에 겨워
한 여인을 입으로 가져가 마셔버렸다.
그 뒤로 두려움에 그녀를 깨부수지 못한
작은 삶이 그녀를 쓰지 않고 멀리하여

그 작은 삶의 귀중품들이 들어 있는
(혹은 귀중하게 여기는 물건들이 있는)
조심스런 유리 진열장 속에 세워두었다.

그곳에 그녀는 빌려온 물건처럼 어색하게 놓여
그저 늙어 갔으며 눈도 멀고
결코 소중하지도 진귀하지도 않게 되었다.

여인을 잔에 비유해서, 운명 혹은 남자에 의해 이리저리 소용되다가 결국엔 아

무도 보지 않는 진열장에 놓여 먼지가 쌓여간다는 스토리이다. 물을 마시거나 술을 마실 땐 잔이 정말 중요하다. 사실 내팽개치고 싶지만, 깨부수지 못하는 소심한 남자의 심정이 이후의 마지막 연까지 이어진다. 깨부수지는 못하지만 즉 결혼의 연을 깨지는 못하지만 그래도 돌보거나 사랑해주지는 않는다는 말이다. 처음의 만남은 왕이 쓰던 잔이나 되는 것처럼 소중하게 생각한다, 남자들이. 그렇지만 궁극에 가서는 마지막 연처럼 여자를 대하는 경우도 있는 것 같다. 왕이나 평범한 사람이나 여자를 대하는 법이 결국은 같다는 내용이다. 여자를 피동적인 존재로, 남자와 운명의 노리갯감이 되는 모습으로 그려놓았다. "작은 삶"은 소시민의 삶 같은 것이다.

오, 이것은 존재하지 않는 짐승

오, 이것은 존재하지 않는 짐승.
그들은 그 짐승을 모르면서도 어쨌든
그의 걸음걸이, 그의 거동, 그의 목덜미,
그의 조용한 눈빛까지도 사랑했다.

결코 존재하지 않았지만, 그들의 사랑으로 그것은
순수한 짐승이 되었다. 그들은 늘 공간을 남겨두었다.
그리고 그 비워놓은 맑은 공간 속에서
그 짐승은 쉽게 머리를 쳐들었으며 거의

존재할 필요가 없었다. 그들은 곡식알이 아닌,
존재하리라는 가능성만으로 그 짐승을 길렀다.
그리고 이것이 그 짐승에게 엄청난 힘을 주어

이마에 뿔이 하나 돋게 하였다. 뿔 하나.
그 짐승은 한 처녀에게 흰 모습으로 다가왔다
그리고 은거울 속에, 그녀의 마음속에 존재했다.

—《오르페우스에게 바치는 소네트》 중에서

파리 클뤼니 박물관에는 〈여인과 일각수〉라는 여섯 폭짜리 벽걸이 양탄자가 있다. 릴케는 1906년에 이 양탄자를 보고 크게 경탄을 했고, 자세한 내용을 《말테의 수기》에서 아벨로네에게 이야기로 들려주고 있다. 일련의 스토리가 여러 폭의 그림에서 전개된다. 이 시는 바로 이 일각수를 노래한다. 일각수 옆에는 처녀가 서 있다. 그림에는 사자도 있고 하늘을 나는 새도 있고 사슴, 원숭이도 있다. 중세의 기독교 동물 상징사전《피지올로구스》를 보면 이런 존재들이 모두 신이 의도한 상징들임을 알 수 있다. 중세에는 성스런 존재들을 일반 민중이 마음속으로 뚜렷이 아로새길 수 있게 회화 같은 조형예술로 표현하는 경우가 많았다. 이것들은 종교적 표현이면서 삶의 표현이었다. 잔인함과 탐욕, 오만한, 끔찍한 비참함 중에서도 궁정의 분위기만은 밝은 색채로 그려졌다. 비참 속의 숭고함이라고나 할까. 이는 문학과 달리 조형예술이 갖는 긍정적 차원의 변용 능력 때문이라고 할 것이다. 특히 종교적 배경하에서는 말할 나위가 없다. 예술은 신앙심의 고양을 위한 기제로 작용한다. 물론 이때 조형예술 특유의 평정심이 큰 역할을 한다.

〈여인과 일각수〉

이 시에서 "그들"은 숫처녀들을 말한다. 일각수는 현실에는 존재하지 않는 짐승이다. 존재하지 않지만 처녀들은 이 짐승을 사랑한다. 짐승의 걸음걸이며 목덜미며 거동, 그리고 눈빛까지도 사랑한다. 순수한 처녀들의 사랑을 먹고 자란 짐승 역시 순결함 자체가 된다. 이 짐승은 희고 아름다울 뿐이다. 이 짐승은

짐을 끌거나 잡아먹거나 하는 존재가 아니다. 그 자체로 아름다운 짐승이다. 인간의 모든 실용성과 합목적성에서 벗어난 자유로운 존재이다. 숫처녀들의 상상 속에서 이 짐승에겐 뿔이 자라나고, 이 짐승은 그들의 가슴속에서 그들의 사랑을 받아먹으며 살아 있다. 그러던 중 짐승은 한 처녀에게 다가가 그녀에게 사랑을 고백한다. 성령이 동정녀 마리아에게 다가가듯. 그녀는 일각수를 받아들이고 일각수를 가슴에 품는다. 여기서 일각수는 성모 마리아의 순결을 상징한다. 그것을 시인은 숫처녀가 일각수에게 은거울을 비쳐주는 것으로 현실화한다. 이 은거울은 바로 그녀의 마음이다. 인간의 순결과 자유가 살아 있는 공간은 어디인가?

마음의 산꼭대기에 버려져

마음의 산꼭대기에 버려져. 보라, 저기 얼마나 작아졌는지,
보라, 말의 마지막 마을을, 그리고 조금 더 올라보라,
아, 이 또한 얼마나 작은가, 감정의
마지막 오두막이야. 너는 그것을 알아보는가?
마음의 산꼭대기에 버려진 채. 손 밑에
짚이는 돌멩이 밭. 여기서도 몇몇은
꽃을 피운다. 말없는 낭떠러지엔
알 수 없는 잡초가 노래하며 피어난다.
그러나 아는 자는? 아, 알기 시작한 자,
그는 이제 침묵한다. 마음의 산꼭대기에 내버려져.
저기, 온전한 의식을 지닌 채, 많은 것들이
배회한다. 안전 속에 있는 산짐승들,
변하고 머문다. 그리고 비호 받는 커다란 새는
산꼭대기의 순수한 거부 주위를 맴돈다. — 그러나 나는
여기 마음의 산꼭대기에 버려져, 비호받지 못한다…

마음의 산꼭대기, 자갈밭이다. 그곳을 오르다 발에 생채기가 나지만 올라가려 하는, 시인의 의지는 한 마리 새가 된다. 자기의 마음속 광산을 들여다보는 자의 눈은 아프다. 그 산에 사는 짐승들의 모습은 부럽기만 한데, 나는 완전히 버

려진 거지와 같다. 시 한 편 못 쓰는 마음은 폐광을 품은 산과 같다.

이 시는《두이노의 비가》를 쓰던 시절의 릴케의 모습을 보여준다. 여류 화가 루 알베르 라사르(1885-1969)를 만나 한눈에 반해 서로 사랑에 빠졌지만, 창작을 제대로 하지 못하던, 분열된 시인의 모습이 잘 나타난다. "마음의 산꼭대기에 버려져"라는 반복되는 구절이 가슴을 친다. 시의 언어가 어떠해야 하는가를 보여준다. 시 자체가 완결된 것이 아닌 단편(斷片)이라 그런 면을 고려하여 읽어야 한다. 분열이 가슴에 남아 있을수록 시인은 통합과 조화를 그리워하게 된다. 여기에 릴케의 창작의 동인이 있다. 릴케가 평소 좋아했던 시인 프리드리히 횔덜린의 시 〈파트모스〉가 생각난다. "그러나 위험이 있는 곳에/구원도 자라난다."

거의 모든 사물들이 저를 느끼라고 손짓한다

거의 모든 사물들이 저를 느끼라고 손짓한다.
굽이마다 바람결에 실려 온다, 생각하라!는 말이.
우리가 무심코 지나쳐버린 어느 하루는
언젠가 우리의 선물이 되리라 다짐한다.

그 누가 우리의 이득을 헤아릴까? 그 누가
우리를 흘러간 옛 세월로부터 떼어놓을까?
우리가 태초부터 경험한 것은 무엇이었던가,
서로에게서 서로를 알아보는 것 말고는?

우리에게서 무심하던 것이 따스해지는 것 말고는?
오 집이여, 오 비탈진 초원이여, 오 저녁 불빛이여,
갑자기 너는 얼굴을 거의 드러내면서
우리 곁에 선다, 끌어안으며 그리고 끌어안기며.

모든 존재를 꿰뚫고 단 하나의 공간이 뻗어 있다,
그것은 세계내면공간이다. 새들은 소리 없이
우리를 꿰뚫고 날아간다. 오, 성장하고픈 나,
나는 밖을 내다본다, 그러면 내 안에서 나무가 자란다.

나는 보살핀다, 내 안에는 집이 한 채 서 있으니.

나는 경계한다, 내 안에는 망루가 있으니.
나는 사랑에 빠진 남자가 되었고, 내 가슴에는
어여쁜 창조의 그림이 안기어 실컷 울어본다.

미셸 푸코의 말에 따르면 "보들레르는 자신의 존재 자체를 하나의 예술작품으로 만들려고 했다." 자신의 온 존재를 불살라서 빛나는 미학으로 만들어 하나의 후광으로 독자들의 마음속에 타오기를 바라는 마음은 시인이면 누구나 갖는 꿈이다. 그것은 사물들과의 대화를 통해서 가능해진다. 사물들의 존재는 실로 다양하다. 시인에겐 모든 것이 사물들이다. 자신의 감정마저도 하나의 사물이다. 릴케가 1914년에 쓴 이 시의 첫 행은 "거의 모든 사물들이 저를 느끼라 손짓한다."는 하나의 시적 정언적 어법으로 아름답게 장식되어 있다. 시적 창작과정을 시인은 이야기하고 있다. 사물들은 우리가 모르는 사이에 무심코 사라진다. 그러나 골목에서 부는 바람을 타고 하나의 명령어가 날아온다. "생각하라!"고. 시인에겐 느끼는 것이 곧 생각하는 것이다. 무상하게 지나친 일들, 그냥 못 본 채 걸어갔던 길가의 꽃들, 풀들, 불어오던 바람, 떨어지던 햇살, 타성으로 보냈던 무심한 하루, 이 모든 것이 어느 날 느낌을 통해 다시 떠오른다. 한 편의 시로 탄생하는 것이 시인에겐 바로 "선물"이다. 회상을 통해 떠올리는 문학적 쓰기 방식은 서정시의 본질이다. 느끼는 것은 곧 자신의 내면으로 걸어 들어가는 길이다. 릴케에게서 낭만주의적 유산이 보이는 지점이 바로 여기이다. 독일 낭만주의의 대표적 시인 노발리스는 자연 속의 방랑은 결국은 자신의 내면을 향해 가는 길이라고 밝힌 바 있다. 유감스럽게도 미완성으로 중단된 노발리스의 소설《푸른 꽃》제2부에서 순례자는 소녀에게 묻는다. "우리 지

금 어디로 가는 거지?" 그 질문에 대해 소녀는 "집으로, 늘 그렇잖아."라고 이중적인 의미가 깃든 말로 대답한다. 순례의 길은 밖을 향하는 방랑길이면서 그 길은 결국은 자신의 고향을 찾아가는 길인 것이다. 낭만주의에서 먼 곳에 대한 그리움과 내면의 고향을 향한 향수가 함께 교호하는 면이 이 짧은 문답 속에 들어 있다. 시인은 나를 넘고 너를 넘는 초월적 세계를 노래한다.

시인의 사명이란 사물과 교통하고 서로가 서로에게 정감을 느끼는 것이다. 이것이 인간이 갖는 기본적 속성 아닌가? 그러다 보면 본디 차갑게 존재하던 것이 시인의 따스한 가슴에 와서 깃들이면서 따스해지지 않겠는가? 사물들을 생각하며 자신을 내세우지 않고 사물들과 같은 공간 속으로 섞여드는 것, 이것은 다른 말로 교감의 과정이다. 집, 초원, 비탈진 초원, 저녁 불빛, 이런 것들은 평소에는 너무나 흔해서 눈에 띄지 않는다. 베일에 감춰진 듯 보이지 않던 "얼굴"이 어느 날 갑자기 환하게 나타난다. 얼굴을 환히 밝히며 우리 곁에 와서 선다. 사물들과 시인은 하나가 된다. "끌어안으며 그리고 끌어안기며.", 이 표현은 괴테의 시 〈프로메테우스〉와 함께 하나의 짝을 이루는 〈가니메데스〉의 마지막 구절에 등장한다. 프로메테우스는 제우스에게서 스스로를 해방, 독립시킨 인간중심적 인물이고, 가니메데스는 제우스에게 술을 따라주는 미소년으로 순응적 인물이다. 괴테는 이를 심장수축과 심장이완이라는 말로 설명한다. 괴테의 견해에 따라 전자 즉 프로메테우스는 제우스에게서 벗어나 혼자만의 삶에 집중하므로 심장수축을 대변하고, 후자 즉 가니메데스는 이와 달리 제우스에게 향함으로써 심장이완의 개념으로 설명된다. 존재의 근원인 자연과 시적 화자의 관계가 심장수축과 심장이완의 과정에 의거하여 움직일 때, 릴케의 위 시에서 말하는 바는 심장이완에 해당한다. 대상이 시인과 하나가 됨을 "끌어안으며 그리고 끌어안기며."로 표현한 것이다. 상호 간의 적극적 포옹 장면을 잘 드러내 보여준다. 대상 속에 자신을 안기게 함으로써 오히려 자신의 집중이 가능하며, 또 스스로를 찾게 된다. 다른 말로 자아의 발산과 집중, 그것이다.

이어서 가장 릴케답고, 다른 시인으로서는 표현하기 힘든 구절이 등장한다. 시에 대한, 문학에 대한 릴케의 집약된 생각을 한 줄로 쓰라면 바로 이것이 아닐까 한다. "모든 존재를 꿰뚫고 단 하나의 공간이 뻗어 있다,/그것은 세계내면공간이다." 인간의 내면은 그 자체로 하나의 우주이다. 우주를 담을 만한 그릇이다. 사물들이 사는 곳은 인간의 외부이기도 하지만 동시에 인간의 내면이기도 하다. 안에 있는 것이 바깥에 살고, 바깥에 있는 것이 동시에 안에 산다. 새는 이 모든 공간을 넘나들 수 있다. 이 공간은 하나의 우주공간이기 때문이다. 마음속에 담은 새는 "우리를 꿰뚫고 날아간다." 마음속의 성장을 이끌어내기 위해서는 마음을 열고 세상을 크게 마음에 담아야 한다. 그러면 거대한 고목마저도 마음에 담을 수 있다. 그러면 밖의 나무도 내 안에서 자라난다. 정신과 물질이 섞이는 공간이 세계내면공간이다. 이때 전제가 되는 것은 바깥을 바라다보는 것이다.

이런 상태에서는 창조 그 자체가 언제나 가능하다. 내 안에는 집도 있고 망루도 있다. 밖에 있던 여인의 모습도 내 안에 와서 그림이 되었다. 이 모든 것의 힘은 변용이 아니고 무엇일까? 미적인 변용을 통해 사물들은 한 단계 상승하여 시인의 가슴속에서 새로운 삶을 영위한다. 이것은 시가 되어 다시 독자들의 가슴속에 가서 되살아난다. 이 한 편의 시는 시인의 가슴에서 독자의 가슴으로 또 다른 독자의 가슴으로 한 마리 새가 되어 계속하여 날아다닌다. 외부 세계를 어우르는 이 가슴속 공간이 바로 "세계내면공간"이다. 이 공간이 시인이 외부 세계와의 교감을 통하여 만들어 가는 공동의 공간이다. 이 공간은 궁극적으로 시의 공간이다. 또한 가장 이해하기 쉽게 말해서 공감의 공간이다. 언어로 만들어진 시적 상태이다. 〈제7비가〉에서 릴케는 이렇게 말한다.

세계는, 사랑하는 이여, 우리의 마음속 말고는 어디에도 없다.

우리의 인생은 변용 속에 흘러간다.

새들이 제 몸을 던지는 공간은

새들이 제 몸을 던지는 공간은 너에게
형상을 드높여주는 친숙한 공간이 아니다.
(저기 저 바깥에서는 너는 거부당하며,
다시는 돌아올 길 없이 사라질 뿐이다.)

공간은 우리로부터 사물들을 잡아 번역한다,
너에게 이 나무의 존재가 성공하게끔.
나무 주위에 너의 내면공간을 던져라,
네 안에 있는 공간을. 나무를 차분하게 감싸라.
나무는 경계를 짓지 않는다. 너의 체념 안으로
나무를 새겨 넣고서야 나무는 진정 나무가 된다.

세상을, 덧없이 사라져가는 이 세상을 어떻게 하면 한 편의 시 속에 고스란히 담을 수 있을까, 그런 고민을 기록한 시이다. 중국의 시화에서 말하는 의경(意境)의 경지에 이르는 과정을 릴케는 추구한다. 이른바 형상을 초월하여 형상에 경계를 주는 심미적 단계이다. 마음이 밖으로 나가고 바깥의 풍경은 안으로 들어온다. 그 과정을 표현하기 위해 시인은 여러 단계의 공간의 모습을 보여준다. "친숙한 공간"은 시인에겐 자기에게 늘 느껴지는 공간이다. 시인으로서 전혀 무감각한 공간이 아니라 너와 나의 구별이 없어지는 공간이다. 외부에 있는

공간은 시인의 개입이 없는 한 그저 하나의 텅 빈 공간일 뿐이다. 부정적인 공간이다. 진정한 "형상"을 만들어 주지 못한다. 이럴 경우 새들은 그저 하늘을 날아갈 뿐이다. 새들은 그저 새들일 뿐이다. 시인은 왜 바깥공간에서 거부당하는가? 거부당한다는 것은 여기서 자신의 존재를 확고히 하지 못함을 뜻한다. 인간은 이 세상에서 사실 몸을 붙일 곳이 없다. 덧없는 존재이다. 자연 속에서 영속하지 못한다. 여기서 필요한 것은 무엇인가? 세상의 덧없음을 잡아서 영속시킬 수 있는 적극적 내면공간의 존재이다. 내면의 공간만이 외부 사물들을 잡아서 언어로 옮긴다. 이를 "번역한다"고 릴케는 말한다. 한 그루의 진정한 나무가 존재하기 위해서는 어떻게 해야 하는가? 나무는 홀로 외부에 서 있을 때 객관적 경계가 없다. 보는 사람이 어떻게 받아들이느냐에 따라 그림자처럼 모습이 달라진다. 시인은 이를 "경계를 짓지 않는다."고 표현하고 있다. 그렇기 때문에 재단사가 옷감에 금을 그어 옷의 형상을 만들듯 무경계의 나무가 실제 나무가 되도록 해주는 것은 시인의 내면공간의 힘이다. 내면공간으로 나무를 둘러싸고 그 경계를 정해주어야 한다. 중국의 왕국유(1877-1927)의 다음 글이 이 말을 이해하는 데 도움이 될 것 같다.

> 경계란 오직 경물(景物)만을 일컫는 것이 아니니, 기쁨과 노여움, 슬픔과 즐거움 역시 인간의 마음속의 한 경계이다. 그러므로 참된 경물과 참된 감정을 잘 그려낼 수 있으면, 그것을 일컬어 경계가 있다고 하고, 그렇지 않으면 경계가 없다고 한다. (왕국유/류창교 역주, 《세상의 노래 비평 – 인간사화》)

경물의 존재는 보는 이의 정감을 바탕으로 한다. 경물과 정감의 결합을 통하여 의미 있는 의경이 생겨난다. 이를 중국의 시화에서는 정경교융(情景交融)이라고 한다. 인간의 의식과 사물 세계 간의 상호작용이 시인에겐 중요하다.

이때 의미를 만들어내는 시인의 능력이 큰 역할을 한다. 나무는 스스로의 경계를 허물고 있다. 나무의 모습은 수시로 변화한다. 그런데 진정한 한 그루 나무가 되기 위해서는 여기서 한 가지 근본조건이 있다. 바로 사물을 바라보는 시인의 "체념"이다. 마구 달려들어 아무렇게나 해대는 것이 아니라 "차분하게" 자신의 "체념 안으로" "나무"를 "새겨 넣고서야" 나무는 진정한 나무가 된다. 독일어 원문의 "Erst in der Eingestaltung/in dein Verzichten"[12]라는 표현은 시인이 체념을 향해 집중하는 모습을 두드러지게 보여준다. 전치사 "in"이 "체념"을 향한 방향성을 지시한다. "체념"이라는 추상명사를 거의 보통명사에 가깝게 대상화하여 표현한 릴케만의 기법이다. 이때의 "체념"은 대상과 나 사이를 구별하지 않는 것을 말한다. "체념"이라는 말 속에는 무소유와 마음의 평정이라는 개념이 들어 있다. 중요한 것은 대상을 자기 것으로 만들어 가지려고 억지를 쓰는 것이 아니라 체념의 바탕 위에 대상을 형상화하여 놓는 것이다. "체념"만을 쌓아올려 조형하는 것이 아니라 "체념"의 흰 도화지 위에 나무를 적극적으로 올려놓음을 뜻한다. 독일어 원문에서는 "나무를" "너의 체념 안으로"라는 의미가 문맥 안에 분명하게 들어가 있다. 이때 객관적 인식을 통해 대상과 나를 벗어난 '진정한' "나무"의 모습이 태어나는 것이다. 그 전제는 물론

12 김우창 교수는 이 구절 전후를 "나무는 스스로에/ 금을 긋지 않으니, 그대의 체념의 조형에서/ 비로소 사실에 있는 나무가 되리니"라고 우리말로 옮겼다. 독일어 원문은 "Er grenzt sich nicht. Erst in der Eingestaltung/in dein Verzichten wird er wirklich Baum."이다. 이 부분을 다시 번역해 보면 다음과 같다. "나무는 경계를 짓지 않는다. 너의 체념 안으로/ 나무를 새겨 넣고서야 나무는 진정 나무가 된다." "체념의 조형"이라고 할 경우, 체념을 만들어가는 것이라는 뜻으로 오해되기 쉽다. 그리고 원문의 "wirklich"는 '현실'이나 "사실"이 아니라 '진정한'이라는 뜻으로 보아야 한다. 분을 바르거나 화장을 하지 않은 진정한 존재로서의, 나무다운 나무가 된다는 말이다. "wirklich"가 이런 뜻으로 쓰이는 것은 릴케의 작품에서 수없이 발견된다. 대표적인 것이《말테의 수기》이다. "우리는 거울을 찾고 있어요. 분장을 지우고 싶습니다. 거짓된 것을 없애고 진실되고 싶습니다."라는 구절을 참조하라.

대상을 객관적으로 바라보고 그것을 인간의 언어로 "번역"하는 데 있다. 제5행의 "우리"라는 말은 시인의 행동이 인간 전체에 해당됨을 뜻한다. "우리로부터"는 우리의 안쪽에 있는 공간이 외부의 공간과 교호함을 뜻한다.

시 쓰기의 전체 과정이 짧은 시 안에 잘 담겨 있다. 시인이 행하는 일련의 행동들이 일목요연하게 전개된다. 외부의 사물을 바라보고 그것을 내면에 담아 언어로 형상화하는 것이다. 구체적인 경계가 없는 대상에 미적인 틀을 주는 행위를 통해 "나무는 진정 나무가 된다."고 시인은 말한다. 진정한 하나의 작품은 어떻게 태동하는지 잘 보여준다. 진정한 나무를 만들어내기 위해서는 "체념"이 필요하다는 말이 많은 여운을 남긴다. 욕심을 내지 않는 공간을 시인은 안에 만들어 가져야 한다. 《두이노의 비가》에서 말한 이 지상에서의 시인의 사명을 응축한 시이다. 릴케가 세상을 뜨기 바로 이태 전인 1924년에 쓴 작품이다.

꽃의 근육이여, 너는 아네모네에게

꽃의 근육이여, 너는 아네모네에게
초원의 아침을 조금씩 열어주어,
그 품속으로 소란스런 하늘들의
다음성의 빛이 쏟아져 들어간다,

무한한 받아들임을 위해 팽팽해진
근육의 그 조용한 꽃별 속으로.
때때로 그 넘쳐흐름에 **너무** 압도되어
이제는 쉬라는 일몰의 눈짓조차

활짝 벌어진 그 꽃의 가장자리를
너에게 다시 돌려줄 수 없다:
너, **얼마나 많은** 세계의 결단이며 힘인가!

우리는 거친 존재들, 우리는 더 오래간다.
그러나 **언제**, 모든 삶 중 어느 삶 속에서
마침내 문을 열어 받아들이는 존재가 될까?

—《오르페우스에게 바치는 소네트》 중에서

시인의 눈이 꽃의 세밀한 곳을 포착한다. "꽃의 근육"이라는 시어가 무엇보다 눈에 두드러지게 들어온다. 푸른 아네모네의 조그만 몸뚱어리를 움직이는, 하필이면 근육에 대한 이야기는 왜일까? 시인은 이 자연사물에서 무엇을 읽는 걸까? 이 시의 착상은 바로 이 꽃의 근육에서 시작된다. 근육은 꽃과 대지를 이어준다. 땅의 정기를 받아 꽃에 힘을 주고 꽃들로 하여 "꽃별"이 되어 지상의 들판을 화려하게 장식케 해주는 것이 꽃의 근육이다.

꽃의 조그만 근육은 지상의 힘을 받아 아침이면 뜨는 해를 향해 아네모네의 꽃봉오리를 열어준다. 그러면 온갖 우주의 함성이 꽃을 향해 밀려든다. 이것을 시인은 "다음성의 빛"이라고 말한다. 마치 쏟아지는 빛의 소리가 들리는 것 같다. 그 광경에 시인은 압도된다. 무자비할 만큼 쏟아지는 햇살을 조그만 꽃이 조용히 받아들이니 말이다. 이때의 아네모네는 "조그만 꽃별"이다. 하늘에서 넘쳐나는 것을 지상에서 고요히 받아들이는 이 모습은 낭만주의 시인 아이헨도르프의 〈달밤〉의 "하늘이 조용히 땅에 입 맞추면"이라는 구절을 떠올려주기도 하지만, 하늘과 땅이 합쳐서 하나의 위대한 행위를 만들어내는 것을 뚜렷하게 암시한다. 전 우주를 향해 한번 열린 꽃의 마음은 닫힐 줄 모른다. 일몰이 되어 넘어가는 해가 눈짓을 주지만 꽃을 다시 닫을 힘이 꽃의 근육에게 주어지지 않는다. 꽃은 세상을 향해 자신의 마음을 활짝 열어놓고 싶다. 한없이. 이 얼마나 행복한 일인가. 꽃의 이런 마음을 시인은 어디서 보았을까?

릴케는 1914년 6월 26일자 루 안드레아스 살로메에게 쓴 편지에서 자신의 심정을 다음 같이 털어놓는다. "나는 언젠가 로마의 한 정원에서 보았던 조그만 아네모네 같습니다. 그 꽃은 하루 종일 활짝 피어 있어서 밤이 되어도 닫힐 줄을 몰랐지요. 어두운 초원에서 몸을 활짝 열어젖힌 채, 난폭하게 찢긴 듯한 꽃받침으로 계속해서 외부세계를 받아들이며, 머리엔 많고 많은 밤을 이고서 서 있는 그 꽃을 보는 것은 두렵기도 했습니다. 〔…〕 나도 그처럼 무자비할 정도로 밖으로 열려져 있습니다." 그만큼 시인은 외부에서 들어오는 영향에 막무가내로 내맡겨질 수밖에 없다.

밤새 어둠 속을 헤매던 작은 아네모네는 아침햇살 환히 비치는 초원에서 빛을 마음껏 받아들인다. 너무나 활짝 열어젖혀 저녁이 되어 근육이 지쳐 꽃봉오리를 닫을 힘이 없지만 그렇다고 후회는 없다. 죽어도 괜찮다. 아니다. 릴케는 그것을 보고 안타까움을 금치 못한다. 그러나 거기서 릴케는 하나의 상징을 얻어냈다. 시의 마지막 연이 그 내용을 말해준다. 우리 인간들은 "거친 존재들"이다. 자기 것을 남에게 강요하려고만 하지 남의 것을 받아들이려 하지 않는다. 우리 인간들은 이 작은 아네모네가 보이는 열린 자세를 언제나 배울 것인가? 아네모네에게서 시인은 진정한 실존의 그리움을 느낀다. 아네모네는 시인에게 열린 삶을 향한 향수를 자극한다. 꽃은 노래되어 마땅하다. 사람은 초원의 아침 꽃처럼 마음을 열어 대기와 함께 빛을 마셔야 한다.

이별의 꽃

이 세상 어디선가 이별의 꽃은 피어나 우리를 향해 끝없이
꽃가루를 뿌리고 우리는 그 꽃가루를 마시며 산다.
가장 먼저 불어오는 바람결에서도 이별을 호흡하는 우리.

사람들이 만나는 곳마다 이별의 꽃은 피어나고 한여름 밤 아카시아 향 가득하듯 이별의 향은 훅훅 풍겨온다. 입으로 코로 들이닥치는 이별을 눈물로 마시며 지나가는 바람에게 사랑하는 이의 안부를 전한다. 방금 만나고 온 사람에게서도 이별의 꽃향기가 풍기니 사람의 가슴마다 피어 있는 저 꽃을 누가 꺾으랴. 그래 아마도 이런 게 아닌가, 이별이란? "손짓, 이미 나하고는 아무 상관이 없는/가만히 계속되는 손짓, 이제 더 이상/말로 할 수 없는 것: 자두나무라고나 할까,/뻐꾸기가 허겁지겁 날아가 버린 자두나무." 뻐꾸기의 무게를 느끼던 자두나무의 허망함, 그것이 이별이다. 상대의 무게를 느끼던 가슴은 허전하다. 뻐꾸기가 날아가 버린 나뭇가지의 품은 너무 허무하다. 이런 이별이 늘 향기처럼 우리에게로 날아든다. 이별은 공기 속에 늘 떠다닌다. 우리는 끝없이 그 공기를 호흡하고. 이별을 꽃과 꽃가루로 형상화하여 우리 삶의 주변에서 늘 보는 이별을 눈에 보이게 쓴 시이다.

이별이라는 추상적인 말을 이렇게 비유적으로 멋지게 표현해내는 릴케의 능력은 그만의 수많은 만남과 이별에서 그 자양분을 얻은 것으로 보인다.

눈물단지

다른 단지라면 제 몸이 그리는 움푹한 곳에
포도주를 담거나 기름을 담겠지만,
나야 조그맣고 날씬한 몸, 다른 쓰임새를 위해,
쏟아지는 눈물을 위해 몸을 동그랗게 만든다오.

단지에 담겨 포도주는 더 붉어지고 기름은 더 맑아지겠지만,
눈물이야 어찌 될까요? 눈물은 내 몸을 무겁게 만들고
내 눈을 더 멀게 만들고 내 허리 색을 아련히 변하게 하고
끝내는 나를 부서지게 하여 텅 비게 만들 뿐이니.

눈물단지에 얽힌 이야기는 여러 민족의 신화에 나온다. 사람이 죽으면 눈물단지를 함께 묻어준다는 것이다. 이승에 남은 사람들이 죽은 이를 생각한다는 것을, 죽은 이를 잊지 않고 있다는 것을 알아달라는 뜻이다. 이승에 남은 사람들의 눈물이 눈물단지에 고이는 것을 보면서 사자(死者)들은 옛일을 생각한다. 그러나 지상에 두고 온 사람들이 흘리는 눈물은 이미 떠난 이들이 저승으로 가져간 눈물단지에 고이면서 떠난 이들의 마음을 아프게 할 뿐이다.

13세기 경의 눈물단지

이 시에서 "나"는 바로 눈물단지다. 눈물단지가 제

몸에 고이는 눈물을 바라보며 심경을 털어놓는다. 독일의 민담수집가인 루트비히 베히슈타인의 〈눈물단지〉라는 글이 이 시를 이해하는 데 도움을 준다. 글의 전문을 소개해보겠다.

> 옛날에 엄마와 아이 단둘이 살았습니다. 엄마는 세상에 단 하나뿐인 자식을 애지중지했어요. 자식이 없으면 사는 이유도 없고 살아갈 수도 없었죠. 그러나 하느님께서는 이 땅에 큰 병을 보냈어요. 병은 아이들 사이를 휘젓고 다녔고 마침내는 그 아이마저도 손아귀에 넣었어요. 아이는 몸져누워 사경을 헤맸습니다. 엄마는 사랑하는 아이 옆에 앉아 사흘 밤낮을 자지 않고 깨어서 울면서 기도를 올렸어요. 하지만 아이는 죽고 말았어요. 이제 이 넓은 세상에 혼자 남게 된 엄마는 말로 다 할 수 없는 고통에 휩싸여 어쩔 줄 몰랐습니다. 엄마는 아무것도 먹지도 않고 마시지도 않고 자식의 이름만 부르며 사흘 밤낮을 끊임없이 울기만 했어요. 그렇게 사흘 째 되던 밤 아이가 죽은 자리에 거의 실신할 정도가 되어 슬픔과 고통에 잠겨 앉아 있는데 살그머니 문이 열리는 것이었어요. 엄마는 소스라치게 놀랐습니다. 죽은 아이가 눈앞에 나타나 서 있었거든요. 아이는 거룩한 천사가 되어 있었어요. 해맑은 미소를 지으며 환히 빛나는 모습이 정말 아름다웠어요. 그런데 가만히 보니 조그만 손에 작은 단지를 들고 있는 거였어요. 단지는 찰랑찰랑했어요. 아이가 말했어요. "엄마, 나 때문에 자꾸 울지 마! 이걸 봐. 여기 이 단지에 담겨 있는 건 엄마가 나 때문에 쏟은 눈물이야. 슬픔의 천사가 엄마의 눈물을 이 단지에 모았어. 엄마가 나 때문에 한 방울의 눈물이라도 더 흘리면 이 단지는 넘칠 거야. 그러면 나는 무덤 속에서도 마음이 편치 못할 거고, 하늘나라에서도 행복을 누리지 못해. 그러니 부탁이야, 엄마. 이제 나 때문에 더는 울지 마. 엄마의 자식은 아주 잘 있고 행복해. 천사들이 놀이동무들인 걸." 그 말을 남기고 죽은 아이는 사라졌어요. 그때부터 엄마는 더는 눈물을 흘리지 않았답니다. 자식이 무덤 속에서 마음 편히 잘 있고 하늘나라에서도 행복하게 잘 지내도록 말입니다.

위의 이야기는 죽은 자의 평화를 위하여 지상의 눈물을 그쳐야 한다는 메시지를 담고 있다. 하늘 아래 살아남은 자는 어떻게든 생을 이어가야 한다는 무언의 충언도 들어 있다. 이런 기본 틀에서 출발한 릴케의 생각은 약간 다르게 전개된다. 슬픔에 대해 말하지 않고 눈물단지 자체에 모든 생각을 집중한다. 여기의 눈물단지는 포도주나 기름을 담는 단지와 다르다. 일상의 생활을 위한 것이 아니다. 그렇지만 죽은 사람, 산 사람 모두를 위한 단지이다. 쏟아지는 눈물을 담아내기 때문이다. 눈물단지는 쏟아지는 눈물에 결국엔 원래의 흙으로 돌아가 무너지고 텅 비어 간다. 인간의 죽음과 슬픔의 역할을 맡은 단지의 생이 오히려 많은 것을 생각나게 한다. 눈물의 무게, 그것은 삶의 무게이자 죽음의 무게이다. 눈물단지에 와서 고이는 눈물의 무게와 그것의 텅 빔, 이것이 릴케가 말하고자 한 것이 아닌가?

가만히 보면 이승에서도 누구나의 가슴마다 눈물단지가 하나씩 매달려 있는 것 같다. 자기가 흘린 눈물을 담고 또 담는, 그리하여 끝내 소금기로 남는 눈물의 잔재, 부식의 무게로 스러지는….

시인 역시 눈물단지처럼 무너져내린다. 그에겐 생의 진물인 소금기 남은 작품들만 남는다. 시인은 생의 고난을 말하고 그것으로 텅 비어간다. 거기서 남은 것이 시 작품들이다. 시인의 눈물이 말라 소금기에 절어 텅 빈 시 작품들은 우리에게 무엇을 말하는가? 우리도 그 눈물단지를 눈물로 채우고 스스로 텅 비어간다.

오라, 너, 마지막 존재여,

오라, 너, 마지막 존재여, 나 너를 인정한다,
육체의 조직 속에 깃든 고칠 수 없는 고통아.
정신의 열기로 타올랐듯, 보라, 나는 타오른다.
네 속에서. 장작은 너울대는 너의 불꽃을
받아들이기를 오래도록 거부했다,
그러나 이제 나 너를 키우고, 네 속에서 타오른다.
네 분노의 불길 속에서 나의 타고난 온화함은
그 무엇과도 견줄 수 없는 지옥의 분노가 된다.
모든 생각을 다 버리고 나는 순수한 마음으로
미래의 고통의 일그러지는 장작 위에 오른다,
모든 게 멈춰버린 이 심장의 위안을 위하여
내가 더 이상 구할 것이 없음을 안다.
저기 알아볼 수 없이 타고 있는 것이 나인가?
불꽃 속으로 추억을 끌어들이지는 않겠다.
오, 생이여, 생이란 저 바깥에 있는 것,
나는 불타니, 나를 알아보는 이 아무도 없다.

릴케에게도 죽음은 찾아왔다. 10년 넘게 그의 몸속에서 싹을 틔워온 백혈병이 그를 압도하는 순간이 온 것이다. 그는 1926년 12월 중순에 늘 몸에 지니고 다니던 수첩을 꺼내 이 시를 적었다. 그의 생의 마지막 시였다. 늘 쓰던 글씨체로

그는 내면의 생각을 써내려갔다. 죽음을 앞둔 그는 주위 사람들에게 병실로 꽃을 더는 보내지 말라고 부탁했다. 자기를 찾아오겠다고 하는 사람들에게도 오지 말라고 했다. 남편이 죽을병에 걸렸다는 소식을 듣고 아내 클라라가 찾아왔지만 그는 면회를 허락하지 않았다. 릴케에 대한 방대한 전기《릴케. 영혼의 모험가》를 쓴 볼프강 레프만의 말이다.

위 시를 보면 죽음을 위해서도 그리고 고통을 위해서도 온 마음을 열어놓은 시인의 자세를 엿볼 수 있다. 릴케는 이미 1922년 4월 12일자의 한 편지에서도 "날뛰는 고통의 불빛"에 대해 말하면서 "고통을 그냥 불타오르게 놔두어야 한다."고 선언한 바 있다. 고통을 긍정하고 오히려 어려운 것에 집착하려는 젊었을 때부터 견지해온 그의 태도의 구현이라고 하겠다. 인생에서 쉬운 것에 대한 저항을 모토로 삼았던 그는 시인다운 죽음을 택했다. 죽음을 앞둔 상태에서도 평소의 시적인 사고를 끝까지 견지했다. 천국에 대한 막연한 기대로 죽음을 피하려 하지 않고 죽음을 삶의 연장으로 보고자 했던 것이다. 그는 죽으면서도 편지에 이렇게 썼다. "나는 의사들에 의한 죽음을 원치 않습니다. 나는 나의 자유를 갖고 싶습니다." 그는 죽음의 세계를 믿지 않았고 삶만을 생각했다. 결국 그는 고통을 받아들였다. 그것이 1926년 12월 29일 새벽이었다. 그의 나이 51세였다. 발몽 요양원에서의 그의 죽음은 다음 날 아침 전 세계적으로 큰 반향을 일으켰다. 보름 뒤인 1월 16일에는 오스트리아 빈에서 추모음악회가 열렸고, 그가 사랑했던 피아니스트 "벤베누타"(마그다 폰 하팅베르크)가 피아노 연주를 맡았다. 23일의 공연에서는 배우가 〈기수 크리스토프 릴케의 사랑과 죽음의 노래〉의 주인공 차림으로 릴케 집안의 문장을 연상시키는 장식을 하고 나와 이런 대사를 읊었다. "주님이 찾는 그분은 죽은 게 아닙니다. 비록 죽기는 했지만 그분은 살아 있습니다. 그분은 정말로 위대한 시인입니다. 그는 유령들에 속하지 않고 정신에 속합니다."

제7부
장미와 시의 향기

거지들이 뭔가 생각에 잠겨 있을 땐
방해를 해서는 안 된다. 어쩌면 그 사람들의 머리에
무슨 생각이 떠오를 수도 있을 테니.
《말테의 수기》 중에서

미헬 핑스텐(1884-1943)이 제작한
〈릴케의 장미〉 동판화(1921)

거지 여인과 장미

시인 라이너 마리아 릴케가 처음으로 파리에 체류하던 시절의 이야기입니다. 릴케는 점심때마다 산책길에 한 장소를 규칙적으로 지나쳤는데, 그곳에는 한 거지 여인이 앉아서 구걸을 하고 있었습니다. 지나가는 사람을 쳐다보거나, 한 푼 보태달라거나 아니면 고맙다는 일체의 표시도 하지 않고 그 여인은 그냥 늘 같은 자리에 앉아 있었지요.

릴케는 단 한 번도 뭔가를 건네주지 않았습니다. 그와 함께 산책을 하던 프랑스 여인은 거지에게 수시로 동전을 한 닢씩 던져주곤 했지요. 그러던 어느 날 프랑스 여인은 릴케에게 왜 아무것도 안 주는 거냐고 의아한 표정으로 물었습니다. 릴케는 이렇게 대답했습니다. "우리는 그녀의 손이 아닌 마음에 뭔가를 선물해야 해요."

그로부터 며칠 뒤 릴케는 활짝 핀 흰 장미를 들고 가서 거지 여인의 펼쳐진 야윈 손에 올려놓았습니다. 그때 전혀 예기치 못했던 일이 일어났습니다. 거지 여인은 고개를 들어 릴케를 쳐다보더니 자리에서 힘겹게 일어나 그의 손을 더듬어 찾아 입을 맞추고는 장미를 들고서 그 자리를 떠났습니다.

일주일 내내 거지 노파는 그 자리에 나타나지 않았습니다. 그녀가 앉아서 구걸을 하던 자리는 텅 비어 있었습니다.

일주일이 지났을 때 거지 여인은 늘 있던 자리에 갑자기 다시 나타났습니다. 그녀는 전과 다름없이 말이 없었고, 손을 내밀어 여전히 구걸을 했습니다.

"그런데 그동안 내내 그녀는 무얼 먹고 살았을까요?" 프랑스 여인이 물었습니다. 릴케가 대답했습니다. "장미를 먹고 살았겠지요."

Rainer Maria Rilke

릴케가 한 번이라도 거쳐 간 삶의 주변으로는 이런저런 많은 일화들이 전해진다. 그가 파리에서 로댕 밑에서 비서 일을 하며 살 때 그의 모습을 본 친구들은 그가 손을 씻을 때조차도 시인처럼 씻었다고 회상한다. 《젊은 시인에게 보내는 편지》에서 말했던 바대로 그는 일상생활의 무심한 순간까지도 시인의 삶으로 변환시켰다는 뜻이다. 남을 위해 선물을 마련하는 작은 일에서도 남다른 세심함을 보여준 그였기에 나날의 삶에서 시인다웠던 그의 모습을 찾아내기는 어렵지 않다. 그가 세상을 떴을 때 그와 한 번이라도 같은 테이블에 앉아 커피를 마신 여인들은 자신을 유일한 릴케의 사랑으로 내세우며 릴케와의 추억을 글로 써냈다. 그중에는 시인으로서의 릴케를 보여주는 많은 일화들이 곳곳에 들어 있다.

릴케가 젊은 나이로 파리에 가서 고생을 하며 살았다는 것은 아내에게 보낸 그의 편지에 고스란히 드러난다. 이때의 그의 모습은 《말테의 수기》 초반부에 그대로 기록되어 있다. 아내 클라라에게 보낸 이 편지 구절들이 이 작품에서 한 자리를 차지할 만큼 파리 시절의 릴케는 주인공 말테 그 자체이다. 그만큼 이 시절의 실존적 상황이 문학이 되었고, 이때의 곤란함이 글쓰기를 통해서 극복되었음을 알려준다. 궁핍과 죽음의 체험이 《말테의 수기》 초반부를 장식하므로 위에서 인용한 일화는 누군가가 기록한 실제의 릴케의 모습으로 봐도 무방할 듯하다. 이 시절의 릴케는 스스로 가난한 자들 속에 있으면서 거기서 자기만의 구원을 구했는데, 이것이 누군가의 가슴에 장미를 선물하는 선명한 한 폭의 그림으로 각인된 것으로 보인다.

왜 릴케는 거지 여인에게 동전 한 닢도 던져주지 않았을까? 릴케는 무슨 생각을 했던 것일까? 왜 릴케의 선물이 특별한 의미를 지닐까? 릴케에게서 흰 장미 선물을 받는 순간 거지 여인의 머릿속에는 어떤 생각이 스쳤을까? 한 송이 장미는 때론 한 푼의 동전보다 훨씬 더 세찬 감동을 준다. 릴케가 거지 여인에게 준 것은 한 푼의 동전이 아니다. 아무리 거지라도 돈만 필요한 것은 아니며 하나의 인간으로 대해주는 존중심이 더 중요하게 다가갈 수 있다. 지나가는 사람들로부터 늘 걸인에 불과한 존재로 타성적으로 여겨지다 보면 걸인은 하나의 완벽한 걸인으로 굳어지게 마련이다. 거지 여인은 누구와도 눈길조차 마주치려 하지 않는다. 관성이 모두를 지배한다. 거지 여인은 그저 거지 여인일 뿐이고, 지나치는 사람들은 그녀를 거지로 간주하여 동전을 한 닢 던져줄 뿐이다.

1910년대 중반 유럽의 출판시장을 석권했던 독일 작가 구스타프 마이링크의 소설《골렘》에 다음 같은 구절이 있다. 상대가 우리의 도움을 필요로 한다고 우리 스스로 판단했을 때 상대를 대하는 우리의 눈길이 어떠해야 하는지 소설의 다음 대목이 잘 보여준다.

> '도와주고 싶다'는 동기 자체가 겉으로만 '순수하다면' 어쩔 것인가? 혹시 그 배후에는 은밀한 거짓이 숨겨져 있지 않을까? 후원자의 역할을 한번 해보고 싶다는, 자만에 빠진 무의식적 소망이 숨겨져 있다면?

이 대목에 견주어 위에서 인용한 글을 해석해보자. 릴케는 초반에 왜 그 거지 여인이 앉아 있는 곳을 모른 척 지나치기만 했을까? 릴케는 구걸을 한다고 하여 그녀를 함부로 판단하려 하지 않았다. 릴케는 돈이 아까워서 거지에게 돈을 주지 않았던 것은 아니다. 정녕 그녀에게 필요한 것이 무엇일까 매일매일 그녀를 바라보면서 곰곰이 생각했던 것이다. 그것은 바로 한 인간에 대한 배려였다. 시인 릴케의 가슴에서 우러나온 지혜는 바로 그것이었다. 그 지혜는 거지 여인의 가슴을 관통하여 그녀의 가슴에 생명력을 불어넣어 주었다. 결국 그녀는, 남들과 달리 한 푼의 동전을 던져주지 않고 흰 장미를 손에 쥐어준 시인의 손에 입을 맞추었다. 그녀의 마음속에 들어 있던 장밋빛 기운이 불을 뿜어 그의 손에 입 맞추게 해준 것이었다. 금전적인 보상보다 더 중요한 것은 그녀의 마음을 진정으로 이해하고 생각해주는 배려 깊은 손길이었다.

파리의 시인 보들레르 같았으면 어떻게 했을까? 그는 파리의 하층 계급과 주변인들을 대상으로 삼은 시를 많이 썼다. 그중에 《파리의 우울》에 〈가난뱅이를 때려눕히자!〉라는 아주 도발적인 제목의 산문시가 있다. 산문시의 화자는 파리 외곽을 산책하다가 구걸을 하는 노인을 향해 느닷없이 주먹을 날린다. 그러나 흠씬 두들겨 맞던 거지가 반격을 가해 와 화자 역시 이가 네 개나 부러지고 온몸에 상처를 입는다. 그때 화자는 이렇게 말한다. "자, 이제 당신은 나와 동등해졌소! 내 주머니에 든 동전을 당신과 함께 나눌 수 있는 영광을 내게 베풀어주시오." 같은 인간으로서 상대의 자존심을 살리는 것이 보들레르에겐 문제였다. 릴케는 보들레르가 주먹으로 했던 것을 흰 장미로 했다. 거지의 관성적 사고방식을 깨고 인간다움을 찾아주는 것을 더 중요하게 여겼기 때문이다.

릴케가 건네준 한 송이 흰 장미는 거지 여인에게 새 삶을 선사했다. 장미 한 송이만으로도 그녀는 일주일이 행복했다. 돈이 아니라 장미의 향기가 그녀에게 일주일의 행복을 가져다준 것이다. 그 일주일 동안은 그녀는 거리에 쭈그리고 앉아 구걸을 할 필요가 없었다. 시인의 가슴속에 들어 있던 밝은 불빛이 세파에 시든 거지 여인의 마음속에서 감동의 씨앗을 살려낸 덕분이다. 어디론가 사라져 그녀가 가졌던 일주일의 시간은 삶의 새로움을 맛본 시간이었을 것이다. 장미는 자신이 거지가 아닌 인간임을, 아니 한 여성임을 느끼게 해준, 마음으로 느낀 감동의 다른 이름이었다. 시가 갖는 의미가 바로 이런 것 아닐까? 세파에 흔들리는 독자의 여린 마음속에 다가와 참된 나를 찾게 해주는 것, 그게 아닐까?

에필로그

1906년 12월 2일, 릴케는 아내 클라라에게 다음과 같은 편지를 쓴다.

> 내가 그 모든 것을 알게 된 것은 그의 편지 때문인 것 같소. (뮌헨에서 구한 완결판으로 읽었소. 이 책은 나의 긴 여행에 가장 멋진 친구였소. 정말 훌륭한 책이오. 어떤 면에서 보면 미숙한 점도 있지만 너무나도 진지하고 너무나도 감동적이오. 화가들에게 정말 친절한 도움이 되는 목소리라오). 제목은 빈센트 반 고흐의 편지요.

릴케는 고흐의 모습에서 무엇을 보고 이렇게 열광했을까? 이 책의 프롤로그에서 언급했던 바대로 멘델스존이 음표로 했던 것을 빈센트 반 고흐는 바로 색깔과 붓질로 해냈다. 숲과 바다가 전하는 냄새와 향기, 가난한 사람들이 들려주는 고뇌와 한탄, 사랑의 감정을 붓질로 받아 적었다. 그러면서 모방에 그치지 않고 자신의 생각을 색깔로 표현해냈다. 고흐는 동생 테오에게 쓴 편지에서 삶과 예술의 의미와 고통을 이렇게 고백한다. "돈에 쫓긴 나머지 자신을 잊고 다른 사람의 입맛에 맞는 작품을 만들다 보면 결과는 늘 불쾌뿐이야. 나는 그렇게 못 해." "인물화나 풍경화를 통해 내가 표현하고 싶은 것은 감상이나 우울함이 아니라 뿌리 깊은 고뇌라고." 화가는 오로지 자연에 몰두해서 작품

안에 자신의 모든 힘을 쏟아 부어야 한다. 돈이나 다른 사람의 눈을 의식하는 한 진실한 작품의 경지에 도달할 수 없으며 사람들의 공감을 얻기도 힘들다. 그러나 이렇게 예술을 위해 분투하던 고흐는 정신병 증세에 생의 압박을 못 견디고 37세의 이른 나이로 권총자살로 생을 마감한다. 살아 있을 땐 자신의 예술을 통해 세상에서 빛을 보지 못한 그였다.

고흐 〈아를의 배나무〉(1888)

릴케는 시인으로서의 길을 추구하다 불과 19살의 나이로 스스로 목숨을 끊은 젊은 시인 볼프 그라프 폰 칼크로이트를 위한 〈진혼곡〉에서 이렇게 외쳤다. "누가 승리를 말하는가? 극복만이 전부인데." 독일의 어느 시인은 이를 두고 "한 세대가 절대 잊지 못할 절창"이라고 말했다. 인생의 승리란 무엇인가? 정상에 오른 삶에게는 하강밖에는 남지 않는다. 삶에서 패하지 않기 위해서는 끊임없이 버티며 애를 쓰는 수밖에 없다. 인생은 늘 불확실하다. 불안의 계단을 딛고 다음 계단을 밟는 것이 인생이다. 오르기 위해 엉버티는 이 순간만이 승리이다. 버티지 못하고 무너지는 삶에겐 승리란 없다. "복면을 한 운명" 앞에서 시인은 불안에 떨지만, 그것을 시로써 심미적으로 이겨냄으로써 존재의 확실성을 찾는다.

릴케는 "불안으로부터 사물을 만든다."고 했다. 고통의 존재가 예술을 하는데 오히려 꼭 필요한 요소가 된다는 말이다. 파리 시절, 극도의 가난과 외국어인 프랑스어 속에서 젊은 릴케가 느꼈던 처절한 실존의 문제는 《말테의 수기》 초반부에 그대로 기록되어 있다. 불안한 마음에 아내 클라라에게 보냈던 편지의 내용이 이 작품 속에 거의 수정 없이 들어가 있음을 우리는 그의 푸른 종이에 쓴 편지에서 직접 확인한다. 외지에서 고생하며 고난에 시달리던 주인공 말테는 작품 후반부에 이르러 '돌아온 탕아 이야기'를 들려주며 스스로 한 단계 상승한다. 탕아의 모습은 어딘가 모르게 성 프란체스코의 모습을 닮아 있다. 젊은 날의 방탕을 맑은 가난으로 씻어낸 프란체스코는 들녘을 따라 거닐며 새들과 짐승들과도 대화를 나누는 자연 그 자체가 되었다. 릴케가 《두이노의 비가》 첫머리에서 말한 "모든 천사는 무섭다"는 말은 완벽한 존재인 천사 앞에 선 인간의 나약함을 말하는 것이지만, 이 자체가 중요한 것이 아니다. 그것을 극복하여 〈제10비가〉에 접어들며 천사를 향해 찬양의 노래를 부를 수 있는 그간의 각고의 인간적 노력이 더 값진 것이다. 10년에 걸친 방황과 방랑의 결실로서 릴케는 이 땅에서의 자신의 존재 이유를 알아냈다.

체코 프라하의 변방 독일어로 연애 감정을 노래하던 촌뜨기 시인 릴케는 인생의 중년에 이르러서는 더욱 단단해진 언어로 사물을 만드는 기술을 선보인다. 이른바 '사물시'라고 하는 장르는 릴케가 독일 시문학사에서 이룩해놓은 훌륭한 업적이다. 그런 작업을 거쳐 그는 독일어를 통한 정신의 고공비행까지 수행한다. 《두이노의 비가》와 《오르페우스에게 바치는 소네트》는 바로 그 결과물들이다. 인생의 빗면을 타고 미끄러지며 다시 오르며 이루어낸 이런 일련의 상승 과정은 숱한 체험을 어느 것 하나 그냥 흘려보내지 않고 시로 녹여낸 시인의 열정이 없었다면 불가능했을 것이다. 삶과 예술작업 사이의 갈등과 모순은 역설적으로 그에게 생명의 몸통이 되었다.

나는 한 촌뜨기 시인이 대가로 커가는 이런 극복의 과정을 우리 독자들에게 전하고 싶었다. 자신이 이 현실의 땅에서 해낼 수 있는 것을 찾아내고 그것을 수행하고 노래하는 것, 그것이 가장 소중한 일이 아닌가. 그래서 릴케는 이렇게 노래한다.

대지여, 그대가 원하는 것은 이것이 아닌가? 우리의 마음에서
보이지 않게 다시 한 번 살아나는 것. 언젠가 눈에 보이지
않게 되는, 그것이 그대의 꿈이 아니던가? 대지여! 보이지 않음이여!
변용이 아니라면, 무엇이 너의 절박한 사명이랴?
대지여, 내 사랑이여, 나는 그것을 해낼 것이다.

빈센트 반 고흐가 정신적 발작에서 벗어나기 위해 그림을 그릴 수 있게 해달라고 절규하였듯이, 문학은 릴케에게 정신적 발산이자 하나의 힘이었다. 아주 거룩한 힘이었다. 릴케의 시는 고흐의 〈해 뜰 무렵 밀밭에서 수확하는 사람〉의 그림 속 풍경처럼 황금빛으로 빛난다. 시인의 인력(引力) 아래 세상의 풍경은 성화의 후광이 되어 되살아난다. 그것이 릴케가 유럽 전역을 방랑하며 찾아낸 빛이었다. 세월에 노출된 자연의 벌판을 마음에 담아 무상함의 그늘에서 벗어나게 하는 것, 한 권의 책에 담아내는 것, 그것이 바로 그가 생각했던 시인의 사명이었다. 이 세상의 사물들을 노래함으로써 무상함을 극복하는 자, 그에겐 "노래는 현존재" 그 자체였다. 마음속에 신전을 세워놓고 경배하는 자였던 그의 내면에는 시의 권위와 덕성이 숨 쉬고 있었다고 할 것이다. 시인은 〈태양의 노래〉를 통해 이 지상의 만물을 노래했던 성 프란체스코의 마음으로 다시 돌아간다.

나는 이제 이 책을 끝맺는다. 폴란드의 시인 체슬라브 밀로즈(1911-2004)의 다음 말이 내 생각을 대신한다.

나는 말하자면 살아남기 위한 그 무엇만을 위해 살아왔다. 종이 위에 이 보잘것없는 추억을 털어놓으며 나는 내 삶에서 가장 중요한 일을 해낸 듯한 생각이 든다.

참고문헌

(이 글을 작성하는 데 도움이 된 자료들은 다음과 같다. 글 중에 인용한 경우에도 다음 저서들에 기반을 두었음을 밝힌다.)

고흐, 빈센트 반.《반 고흐, 영혼의 편지》. 신성림 옮김. 예담, 2005.

공지영.《네가 어떤 삶을 살든 나는 너를 응원할 것이다》. 오픈하우스, 2008.

괴테, 요한 볼프강 폰.《파우스트》. 김재혁 옮김. 펭귄클래식코리아, 2012.

김달진 편저.《한산시》. 최동호 옮김. 서정시학, 2012.

김재혁.《릴케와 한국의 시인들》. 고려대학교출판부, 2006.

김재혁.《릴케의 작가정신과 예술적 변용》. 한국문화사, 1998.

김재혁.《릴케의 예술과 종교성》. 우삼, 1994.

김재혁.《바보여 시인이여 — 독일의 시인들과 그들의 삶, 그리고 문학 이야기》. 고려대학교출판부, 2008.

김재혁.〈릴케와 조형예술 — 부분에서 핵심을 찾다〉.《시인수첩》 2012년 여름호(9집). pp.154-166.

김재혁.〈문학 속의 유토피아 : 릴케와 백석과 윤동주 — 시적 주체와 공간의식의 관점에서〉.《헤세연구》 제26집(한국헤세학회, 2011). pp.127-151.

김재혁.〈텍스트 읽기와 작가 이해, 글쓰기 과정으로서의 번역 : 릴케의〈묘비명*Die Grabschrift*〉을 중심으로〉.《독일문학》 51권 1호(제113집)(한국독어독문학회, 2010). pp.5-26.

노발리스.《푸른 꽃》(민음사세계문학전집). 김재혁 옮김. 민음사, 2003.

니체, 프리드리히.《선악의 저편, 도덕의 계보》. 김정현 옮김. 책세상, 2002.

니체, 프리드리히.《차라투스트라는 이렇게 말했다》. 정동호 옮김. 책세상, 2000.

되블린, 알프레트.《베를린 알렉산더 광장》(민음사세계문학전집). 김재혁 옮김. 민음사,

2011.
드 퀸시, 토머스. 《어느 영국인 아편 중독자의 고백》. 김명복 옮김. 펭귄클래식코리아, 2011.
라사르트, 루 알버트. 《내가 사랑한 시인 내가 사랑한 릴케》. 김재혁 옮김. 하늘연못, 1998.
라피에르, 니콜. 《다른 곳을 사유하자 — 정주하지 않는 지식인의 삶과 사유》. 이세진 옮김. 푸른숲, 2007.
레싱, 고트홀트 에프라임. 《라오콘 : 미술과 문학의 경계에 관하여》. 윤도중 옮김. 나남, 2008.
레프만, 볼프강. 《릴케 — 영혼의 모험가》(위대한 작가들 1). 김재혁 옮김. 책세상, 1997.
로르카, 가르시아. 《인상과 풍경》. 엄지영 옮김. 펭귄클래식코리아, 2008.
로젠크란츠, 카를. 《추의 미학》. 조경식 옮김. 나남출판, 2008.
릴케, 라이너 마리아. 《사랑하는 하느님 이야기》. 김재혁 옮김. 서정시학, 2011.
릴케, 라이너 마리아. 《말테의 수기》. 김재혁 옮김. 펭귄클래식코리아, 2010.
릴케, 라이너 마리아. 《그대의 축제를 위하여》. 김재혁 옮김. 고려대학교출판부, 2009.
릴케, 라이너 마리아. 《젊은 시인에게 보내는 편지 — 고독으로부터 찾는 해답》(서양문학의 향기 10). 김재혁 옮김. 고려대학교출판부, 2006.
릴케, 라이너 마리아. 《소유하지 않는 사랑 — 릴케의 가장 아름다운 시》. 김재혁 옮김. 고려대학교출판부, 2003.
릴케, 라이너 마리아 지음 · 오귀스트 로댕 그림. 《황홀의 순간 — 릴케와 로댕이 함께 손잡고 들려주는 관능과 탐미의 노래》. 김재혁 옮김. 생각의나무, 2002.
릴케, 라이너 마리아. 《두이노의 비가 외 — 형상시집, 신시집, 진혼곡, 마리아의 생애, 오르페우스에게 바치는 소네트》(릴케전집 2). 김재혁 옮김. 책세상, 2000.
릴케, 라이너 마리아. 《기도시집 — 첫 시집들, 초기 시들, 백의의 후작부인, 기수 크리스토프 릴케의 사랑과 죽음의 노래》(릴케전집 1). 김재혁 옮김. 책세상, 2000.
릴케, 라이너 마리아. 《이별의 꽃》. 김재혁 옮김. 책세상, 1993.
마이링크, 구스타프. 《골렘》. 김재혁 옮김. 책세상, 2003.
말라르메, 스테판. 《시집》. 황현산 옮김. 문학과지성사, 2005.
바슐라르, 가스똥. 《몽상의 시학》. 김현 옮김. 기린원, 1989.
바슐라르, 가스통. 《촛불의 미학》. 이가림 옮김. 문예출판사, 1994.
바우만, 지그문트. 《고독을 잃어버린 시간》. 조은평 외 옮김. 동녘, 2012.

바우만, 지그문트.《방황하는 개인들의 사회》. 홍지수 옮김. 봄아필, 2013.
바우만, 지그문트.《이것은 일기가 아니다》. 이택광 외 옮김. 자음과모음, 2013.
발레리, 폴.《말라르메를 만나다》. 김진하 옮김. 문학과지성사, 2007.
발레리, 폴.《발레리 선집》. 박은수 옮김. 을유문화사, 1999.
발레리, 폴.《해변의 묘지》. 김현 옮김. 민음사, 1997.
백석.《백석 시 바로 읽기》. 고형진 편. 현대문학, 2006.
베르만, 앙트완.《낯선 것으로부터 오는 시련 — 독일 낭만주의 문화와 번역》. 윤성우·이향 옮김. 철학과현실사, 2009.
벨로스, 데이비드.《내 귀에 바벨 피시》. 정해영 외 옮김. 메멘토, 2014.
보들레르, 샤를 피에르.《보들레르의 수첩》. 이건수 옮김. 문학과지성사, 2011.
보들레르, 샤를 피에르.《파리의 우울》(민음사세계문학전집). 윤영애 옮김. 민음사, 2008.
보들레르, 샤를 피에르.《벌거벗은 내 마음》. 이건수 옮김. 문학과지성사, 2001.
볼노, 오토 프리드리히.《인간과 공간》. 이기숙 옮김. 에코리브르, 2011.
뵐, 하인리히 외.《상상동화》. 김재혁 옮김. 하늘연못, 2007.
블랑쇼, 모리스.《문학의 공간》. 이달승 옮김. 그린비, 2010.
블룸, 헤럴드.《영향에 대한 불안》. 양석원 옮김. 문학과지성사, 2012.
블룸, 헤럴드.《세계문학의 천재들》. 이정원 옮김. 들녘, 2008.
사르트르, 장 폴.《구토》. 방곤 옮김. 문예출판사. 1999.
서순, 도널드.《유럽문화사》. 오숙은·이은진·정영목·한경희 옮김. 뿌리와이파리, 2012.
소쉬르, 페르디낭 드.《일반언어학 강의》. 최승언 옮김. 민음사, 2006.
손택, 수전.《강조해야 할 것》. 김유정 옮김. 시울, 2006.
손택, 수전.《우울한 열정》. 홍한별 옮김. 이후, 2005.
송우혜.《윤동주 평전》(재개정판). 푸른역사, 2004.
슐링크, 베른하르트.《여름 거짓말》. 김재혁 옮김. 시공사, 2013.
신경숙.《어디선가 나를 찾는 전화벨이 울리고》. 문학동네, 2010.
알베르티, 레온 바티스타.《회화론》. 김보경 옮김. 기파랑, 2011.
에코, 움베르토.《미의 역사》. 이현경 옮김. 열린책들, 2005.
오병남.《미학강의》. 서울대학교출판부, 2003.
왕국유.《세상의 노래 비평 — 인간사화》. 류창교 역주. 소명출판, 2004.

왕신영 외, 《윤동주 자필 시고전집 : 사진판》. 민음사, 2011.
왕신영, 〈尹東柱와 다찌하라 미찌조(立原道造) : Rilke를 軸으로 하여〉. 《비교문학》(별권) (한국비교문학회, 1998. 12). pp.277-308.
유종호. 〈서정적 진실의 실종 : 시 비평과 연구와 교육에 부쳐〉. 《창작과비평》 104호(1999. 6). pp.219-238.
유협. 《문심조룡》. 최동호 역편. 민음사, 1994.
윤성우·이향. 《번역학과 번역철학》. 한국외국어대학교출판부, 2013.
이주헌. 《내 마음속의 그림 — 이주헌의 행복한 그림읽기》. 학고재, 1997.
자입트, 페르디난트. 《중세, 천년의 빛과 그림자 — 근대 유럽을 만든 중세의 모든 순간들》. 차용구 옮김. 현실문화, 2013.
조연홍. 〈윤동주와 정지용, 프란시스 잠, 라이너 마리아 릴케〉. 《월간 시문학》 2013년 2월호.
쥐스킨트, 파트리크. 《깊이에의 강요》. 김인순 옮김. 열린책들, 2000.
짐멜, 게오르그. 《짐멜의 모더니티 읽기》. 김덕영·윤미애 옮김. 새물결, 2005.
카프카, 프란츠 외. 《환상동화》. 김재혁 옮김. 하늘연못, 2007.
칸트, 임마누엘. 《실천이성비판》. 백종현 옮김. 아카넷, 2009.
쿤데라, 밀란. 《생은 다른 곳에》. 안정효 옮김. 까치, 1988.
페소아, 페르난두. 《불안의 책》. 김효정 옮김. 까치, 2012.
푸전위안. 《의경 — 동아시아 미학의 거울》. 신정근 외 옮김. 성균관대학교출판부, 2013.
프리드리히, 후고. 《현대시의 구조》. 장희창 옮김. 지만지, 2008.
피지올로구스. 《피지올로구스 — 기독교동물상징사전》. 노성두 옮김. 미술문화, 1999.
하이네, 하인리히. 《노래의 책》. 김재혁 옮김. 문학과지성사, 2001.
헤르더, 요한 고트프리트 폰. 《언어의 기원에 대하여》. 조경식 옮김. 한길사. 2003.
헤세, 헤르만. 《데미안 — 에밀 싱클레어의 젊은 날의 이야기》. 김재혁 옮김. 고려대학교출판부, 2013.
호이징가, 요한. 《중세의 가을》. 최홍숙 옮김. 문학과지성사, 1988.
호이징하, 요한. 《호모 루덴스 — 놀이와 문화에 관한 한 연구》. 김윤수 옮김. 까치, 1993.
홍성욱. 《홍성욱의 과학에세이 — 과학, 인간과 사회를 말하다》. 동아시아, 2008.
홍장학. 《정본 윤동주 전집 원전 연구》. 문학과지성사, 2004.
히메네스, 후안 라몬. 《플라테로와 나》. 박채연 옮김. 을유문화사, 2013.

Adel, Kurt. *Franz Xaver Kappus (1883-1966): Österreichischer Offizier und deutscher Schriftsteller.* Frankfurt am Main: Peter Lang Verlag, 2006.

Arendt, Hannah/Stern, Günther, Rilkes Duineser Elegien. In: *Rilkes Duineser Elegien. Forschungsgeschichte.* Hrsg. Ulrich Fülleborn und Manfred Engel. Zweiter Band. Frankfurt am Main: Suhrkamp, 1982.

Baer, Ulrich. *Das Rilke-Alphabet.* Frankfurt am Main: Suhrkamp Verlag, 2006.

Baudelaire, Charles/Pichois, Claude(Herausgeber)/ Kemp, Friedhelm(Übersetzer). *Die Blumen des Bösen / Les Fleurs du Mal.* Vollständige zweisprachige Ausgabe Deutsch / Französisch. München: Deutscher Taschenbuch Verlag, 1997.

Baudelaire, Charles/Kuhn, Irene(Übersetzerin). *Der Spleen von Paris: Kleine Prosagedichte.* Darmstadt: Lambert Schneider Verlag, 2011.

Bechstein, Ludwig. *Märchenbuch.* 2 Bde. Hrsg. von Hans-Jörg Uther. München: Eugen Diederichs Verlag, 1997.

Betz, Otto. *Jetzt, da ich sehen lerne... Rilke auf Reisen. Von den Erfahrungen eines Dichters.* Passau: Verlag Karl Stutz, 2009.

Casey, Timothy. *Rilkes Briefe. Der persönliche Hintergrund seiner Dichtung und die Entwicklung ihrer Grundthemen.* Bonn: Universität Bonn, 1953.

Czernin, Monika. *Duino, Rilke und die Duineser Elegien.* München: Deutscher Taschenbuch Verlag, 2004.

Decker, Gunnar. *Rilkes Frauen oder die Erfindung der Liebe.* Leipzig: Reclam Verlag, 2004.

Engel, Manfred(Herausgeber). *Rilke Handbuch. Leben-Werk-Wirkung.* Stuttgart und Weimar: Verlag J. B. Metzler, 2004.

Fingerhut, Karl-Heinz. *Das Kreatürliche im Werke Rainer Maria Rilkes. Untersuchungen zur Figur des Tieres.* Bonn: H. Bourvier u. Co. Verlag, 1970.

Gass, William H.. *Reading Rilke. Reflections on the Problems of Translation.* New York: Basic Books, 1999.

Göbel, Hannelore. *Der Dichter und die Weiblichkeit: Rainer Maria Rilke.* Verlag: united p.c. Marston Gate, 2013.

Groddeck, Wolfram(Herausgeber). *Gedichte von Rainer Maria Rilke. Interpretationen.* Stuttgart:

Philipp Reclam jun, 2008.

Henne, Helmut. *Sprachliche Spur der Moderne. In Gedichten um 1900: Nietzsche, Holz, George, Rilke, Morgenstern*. Berlin/New York: De Gruyter, 2010.

Hirsch, Rudolf/Schnack, Ingeborg(Herausgeber). *Hugo von Hofmannsthal/Rainer Maria Rilke: Briefwechsel 1899-1925*. Frankfurt am Main: Suhrkamp Verlag, 1978.

Hölderlin, Friedrich. *Sämtliche Werke und Briefe*. Erster Band. München: Carl Hanser Verlag, 1989.

Kim, Jae Hyeok. Zur Lektüre Rilkes: Aus dem Blickwinkel eines fernöstlichen Rilke-Forschers. In: Stahl, August. *Rilkes Welt. Festschrift zum 75. Geburtstag*. Herausgegben von Andrea Hübener, Rätus Luck, Renate Scharffenberg, Erich Unglaub und William Waters. Rilke Gesellschaft. Frankfurt am Main, 2009.

Kinsky, Esther. *Fremdsprechen. Gedanken zum Übersetzen*. Berlin: Mathes & Seitz, 2013.

Leeder, Karen/Vilain, Robert(Herausgeber). *Nach Duino. Studien zu Rainer Maria Rilkes späten Gedichten*. Göttingen: Wallstein Verlag, 2010.

Milosz, Czeslaw. *To Begin Where I Am*. New York: Farrar Straus & Giroux, 2002.

Pfeiffer, Ernst(Herausgeber). *Rainer Maria Rilke/Lou Andreas-Salome: Briefwechsel*. Frankfurt am Main: Insel Verlag, 1989.

Reich-Ranicki, Marcel. *1000 Deutsche Gedichte und ihre Interpretationen*, 10 Bde. Frankfurt am Main und Liepzig: Insel Verlag, 1994.

Rilke-Gesellschaft(Herausgeber). *Rilke in Spanien*. Blätter der Rilke-Gesellschaft. Band 22. Stuttgart: Jan Thorbecke Verlag, 1999.

Rilke-Gesellschaft(Herausgeber). *Berlin-Wien. Stationen der Moderne*. Blätter der Rilke-Gesellschaft. Band 23. Stuttgart: Jan Thorbecke Verlag, 2000.

Rilke, Rainer Maria. *Werke. Kommentierte Ausgabe in vier Bänden*. Hrsg. von Manfred Engel, Ulrich Fülleborn. Horst Nalewski und August Stahl. Frankfurt am Main und Leipzig: Insel Verlag, 1996.

Rilke, Rainer Maria. *Das Testament. Faksimile der Handschrift aus dem Nachlass*. Im Anhang Transkription der Handschrift. Frankfurt am Main: Insel Verlag, 1974.

Rilke, Rainer Maria. *Tagebücher aus der Frühzeit*. Frankfurt am Main: Insel Verlag, 1973.

Rilke, Rainer Maria. *Briefe*. 1 Band. Hrsg. Rilke-Archiv in Weimar. In Verbindung mit Ruth

Sieber-Rilke, besorgt durch Karl Altheim. Wiesbaden: Insel Verlag, 1950.

Ritter, Ina. *Die Epiphanie des Augenblicks: Wahrnehmung und Projektion bei Rainer Maria Rilke und Jens Peter Jacobsen*. Frankfurt am Main: Peter Lang, 2009.

Salis, J. R. von. *Rainer Maria Rilkes Schweizerjahre*. Frauenfeld: Verlag Huber & Co. Ag, 1952.

Schiwy, Günther. *Rilke und Religion*. Frankfurt am Main und Leipzig: Insel Verlag, 2006.

Schnack, Ingeborg. *Rainer Maria Rilke: Chronik seines Lebens und seines Werkes. 1875-1926*. Erweiterte Ausgabe von Renate Scharffenberg. Frankfurt am Main und Leipzig: Insel Verlag, 2009.

Schwarzkopf, Volker. *Arm dran!?* Kopiervorlagen zum Thema Armut (Das Brennt Mir Auf Der Seele). Göttingen: Vandenhoeck & Ruprecht Verlag, 2010.

Schweikert, Rudi(Herausgeber). *"Ich fand alle Wege". 100 Jahre Stunden-Buch/Rilke in Flandern*. Blätter der Rilke-Gesellschaft. Band 27/28. Frankfurt am Main und Leipzig: Insel Verlag, 2006/2007.

Schweikert, Rudi(Herausgeber). *"Auf geborgtem Boden". Rilke und die französische Sprache*. Blätter der Rilke-Gesellschaft. Band 26. Frankfurt am Main und Leipzig: Insel Verlag, 2005.

Schweikert, Rudi(Herausgeber). *"Unter den großen Städten die sympathischte, duldsamste und weiteste". Rilke und München*. Blätter der Rilke-Gesellschaft. Band 25. Insel Verlag. Frankfurt am Main und Leipzig 2004.

Schweikert, Rudi(Herausgeber). *"Die Welt ist in die Hände der Menschen gefallen". Rilke und das moderne Selbstverständnis*. Blätter der Rilke-Gesellschaft. Band 24. Frankfurt am Main und Leipzig: Insel Verlag, 2002.

Storck, Joachim W./Bonami, Zinaida(Übersetzer). *Rainer Maria Rilke in Jasnaja Poljana: Dt. / Russ*. Marbach: Deutsche Schillerges.; Auflage: Sonderheft, 2000.

Tavis, Anna A.. *Rilke's Russia. A Cultural Encounter*. Evanston: Northwestern University Press, 1994.

Unglaub, Erich/Hübener, Andrea(Herausgeber). *Rilkes Dresden. Das Buch der Bilder*. Blätter der Rilke-Gesellschaft. Band 29. Frankfurt am Main und Leipzig: Insel Verlag, 2008.

Unglaub, Erich/Paulus, Jörg(Herausgeber). *Im Schwarzwald. Uncollected Poems 1906-1911*. Blätter der Rilke-Gesellschaft. Band 31. Braunschweig: Wallstein Verlag, 2012.

Unglaub, Erich/Paulus, Jörg(Herausgeber). *Paris. 1920, 1925. Neue Gedichte*. Blätter der Rilke-

Gesellschaft. Band 30. Braunschweig: Wallstein Verlag, 2010.

Weiss, Peter. *Ästhetik des Widerstandes.* Roman. (1975, 1978, 1981), Sonderausgabe in einem Band. 2. Aufl. Frankfurt am Main: Suhrkamp Verlag, 1983.

Winckelmann, Johann Jochaim. *Gedanken über die Nachahmung der griechischen Werke in der Malerei und Bildhauerkunst.* Ditzingen: Reclam Verlag, 1986.

복면을 한 운명

릴케의 고통의 해석과 인문학

초판발행 2014년 9월 29일
초판 2쇄 2015년 9월 10일
지은이 김재혁
펴낸곳 고려대학교출판문화원
www.kupress.com
kupress@korea.ac.kr
02841 서울특별시 성북구 안암로 145
02-3290-4230, 4232
Fax 923-6311
찍은곳 (주)동화인쇄공사

ISBN 978-89-7641-861-6 93850

값 15,000원